Modulação de Efeitos em Matéria Tributária

Modulação de Efeitos em Matéria Tributária

2024

Smith Barreni

ALMEDINA

MODULAÇÃO DE EFEITOS EM MATÉRIA TRIBUTÁRIA
© ALMEDINA, 2024

AUTOR: Smith Robert Barreni

DIRETOR ALMEDINA BRASIL: Rodrigo Mentz
EDITORA-CHEFE: Manuella Santos de Castro
EDITOR PLENO: Aurélio Cesar Nogueira
PRODUTORA EDITORIAL: Erika Alonso
ASSISTENTES EDITORIAIS: Laura Roberti, Tacila da Silva Souza e Patícia Romero
ESTAGIÁRIA DE PRODUÇÃO: Natasha Oliveira

DIAGRAMAÇÃO: Almedina
DESIGN DE CAPA: FBA

ISBN: 9788584936915
Abril, 2024

Dados Internacionais de Catalogação na Publicação (CIP)
(Câmara Brasileira do Livro, SP, Brasil)

Barreni, Smith Robert
Modulação de efeitos em matéria tributária / Smith
Robert Barreni. – São Paulo : Almedina, 2024.

ISBN 978-85-8493-691-5

1. Direito tributário – Brasil 2. Segurança jurídica I. Título.

24-196706 CDU-34:336.2(81)

Índices para catálogo sistemático:

1. Brasil : Direito tributário 34:336.2(81)

Eliane de Freitas Leite – Bibliotecária – CRB 8/8415

Este livro segue as regras do novo Acordo Ortográfico da Língua Portuguesa (1990).

EDITORA: Almedina Brasil
Rua José Maria Lisboa, 860, Conj. 131 e 132, Jardim Paulista | 01423-001 São Paulo | Brasil
www.almedina.com.br

SUMÁRIO

INTRODUÇÃO

Este livro é o fruto da tese de doutorado defendida pelo autor em agosto de 2022 na Pontifícia Universidade Católica de São Paulo, sob o título "Direito Tributário e Modulação: a Segurança Jurídica no Contexto da Teoria dos Sistemas de Niklas Luhmann".

Antes de expor os assuntos centrais que serão tratados nas páginas seguintes, é importante esclarecer as razões que levaram à escolha do tema atinente à modulação baseada no princípio da segurança jurídica, sob a perspectiva da teoria dos sistemas de Niklas Luhmann.

Nos últimos anos – especialmente após a vigência do CPC/15 –, o Poder Judiciário tem exercido papel de destaque na estipulação dos contornos do sistema tributário brasileiro. A judicialização "em massa" de questões tributárias, observada sob o prisma da inafastabilidade da jurisdição (art. 5º, XXXV, da CF, que impõe ao juiz o dever de decidir as demandas que lhe são submetidas – proibição do *non liquet*), abriu caminho para que os tribunais superiores –especialmente o STF – passassem a estabelecer *pautas de conduta* a serem seguidas pelos sujeitos passivos das relações de natureza tributária[1].

[1] O próprio sistema político exerce uma espécie de "pressão" para que o judiciário decida sobre temas que, a bem da verdade, ultrapassam o âmbito do direito. Por exemplo: em 2021, um partido político ajuizou ADPF com o objetivo de que o STF declarasse *a inconstitucionalidade do sistema tributário brasileiro*, e, ato contínuo, determinasse a elaboração de proposta de "reforma tributária" que corrigisse a "regressividade do sistema". Os pedidos formulados na ADPF foram os seguintes: "a) seja conhecida a presente arguição de descumprimento de preceito

Portanto, **o Poder Judiciário exerce papel central no sistema jurídico**, haja vista que *o que vale* não é o "texto da lei", e, sim, a *interpretação* conferida pelo juiz ou tribunal aos textos legais[2].

fundamental e lhe dado provimento para declarar que a regressividade do sistema tributário brasileiro viola os preceitos fundamentais de redução das desigualdades sociais (artigo 3º, III, CF/88) e construção de uma sociedade justa e solidária (artigo 3º, I, CF/88) traduzidos como objetivos da República; bem como violação à igualdade material tributária (art. 5º, caput e 145 §1º, CF/88), determinado ao Poder Executivo e ao Poder Legislativo federais: b.1) em seis meses, a elaboração de proposta de reforma tributária com vistas a corrigir a regressividade do sistema tributário brasileiro, cuja comprovação dependerá de relatório estimativo da Receita Federal indicando a progressividade da estrutura da carga tributária, por tributo e total, por 0,2 percentil de renda (padrões já usados em relatórios) b.2) a realização de audiências públicas no âmbito da Câmara dos Deputados, do Senado Federal e do Poder Executivo para acolher contribuições de toda a sociedade sobre diferentes propostas para se atingir o objetivo de corrigir a regressividade do sistema tributário brasileiro; b.3) a reavaliação, pelo Senado Federal, com fundamento no artigo 52, XV da CF/88, de todos os gastos tributários da União, dos Estados, do Distrito Federal e dos Municípios, em seis meses, tendo como parâmetros impacto extrafiscal almejado e a regressividade do sistema tributário brasileiro, com a emissão de respectivo relatório indicando quais devem ser mantidas e quais devem ser extintas; c) seja mantida a jurisdição, por este E. Supremo Tribunal Federal, após o acórdão decisório e durante o prazo estabelecido para implementação das medidas constantes no pedido b) acima, para acompanhamento da implementação das medidas exigidas para sanar a lesividade a preceitos fundamentais". **Felizmente, a petição inicial sequer foi admitida**. O Ministro Alexandre de Moraes (relator), após reconhecer que o partido político pretendia "utilizar a presente ADPF para que o Supremo Tribunal Federal substitua integralmente a função legiferante do Congresso Nacional, dando curso a uma ampla reforma tributária", negou seguimento ao feito, por entender que competiria ao autor "impugnar especificamente as leis e atos normativos tributários que entender inconstitucionais", ou, se fosse o caso, "arguir a inconstitucionalidade por omissão especificamente caso a caso, demonstrando a presença dos requisitos legais exigidos" (ADPF 786, Relator Ministro Alexandre de Moraes, DJe 10/02/2021). E agiu corretamente o Tribunal, pois **o Judiciário participa do processo de criação do direito por meio da criação de *normas de decisão*** – que compreende a *criação do caso* mediante a análise dos fatos e a *interpretação dos textos do direito positivo* aplicáveis ao caso construído –, **e não pelo exercício das tarefas que são atribuídas pela Constituição aos poderes Legislativo e/ou Executivo**.

[2] Pode-se afirmar, então, que decisões judiciais são *normas jurídicas* (=normas de decisão) e, justamente pela carga normativa que têm, prescrevem comportamentos a serem seguidos por aqueles que forem atingidos pela eficácia do pronunciamento jurisdicional. Tratando-se de controle de constitucionalidade (notadamente o concentrado), isso fica ainda mais evidente: a decisão do STF terá *força de lei*, caracterizando-se como *norma geral e abstrata* prescritiva de pauta de conduta a ser adotada por todos aqueles que estiverem sujeitos aos efeitos do precedente.

Nesse contexto é que surgiu o interesse pelo estudo da *modulação* em matéria tributária.

O Judiciário, que, afinal, *cria* o direito ao interpretar a Constituição e a lei à luz da doutrina e da jurisprudência, tem o *poder-dever* de, em casos excepcionais, **modular** os efeitos das suas decisões (por razões de **segurança jurídica** e/ou de interesse social[3], considerando, ainda, as consequências práticas da decisão[4]), o que significa atribuir à norma produzida *efeitos jurídicos diversos* daqueles que seriam os "normais" (=*ex* tunc) do ato decisório.

A modulação, que é importantíssimo instrumento voltado ao estabelecimento do equilíbrio entre a **consistência interna** e a **adequação social** do sistema jurídico, não é novidade no direito brasileiro. Embora tenha ganhado destaque com a edição do CPC/15[5], a aplicação do instituto remonta à década de 1970[6], e sua previsão em lei é algo existente desde o final da década de 1990[7]. **O que de fato é "novo"** é o modo **frequente**

[3] Art. 927, §3º, do CPC e art. 27 da Lei 9.868/1999.

[4] Art. 20 da Lei de Introdução às Normas do Direito Brasileiro – LINDB.

[5] Confira-se a redação do §3 do art. 927 do CPC "Na hipótese de alteração de jurisprudência dominante do Supremo Tribunal Federal e dos tribunais superiores ou daquela oriunda de julgamento de casos repetitivos, pode haver modulação dos efeitos da alteração no interesse social e no da segurança jurídica".

[6] Exemplo disso é o RE 79343/BA, Relator Ministro Leitão de Abreu, julgado em 31/05/1977: "Acertado se me afigura, também, o entendimento de que se não deve ter como nulo *ab initio* ato legislativo, que entrou no mundo jurídico munido de presunção de validade, impondo-se, em razão disso, enquanto não declarado inconstitucional, à obediência pelos destinatários dos seus comandos". Mais adiante, se faz referência a aspectos ligados à boa-fé e à segurança jurídica, que configuram a essência do instituto da modulação: "a lei inconstitucional é um fato eficaz, ao menos antes da determinação da inconstitucionalidade, podendo ter consequências que não é lícito ignorar. A tutela da boa fé exige que, em determinadas circunstâncias, notadamente quando, sob a lei ainda não declarada inconstitucional, se estabeleceram relações entre o particular e o poder público, se apure, prudencialmente, até que ponto a retroatividade da decisão, que decreta a inconstitucionalidade, pode atingir, prejudicando-o, o agente que teve por legítimo o ato e, fundado nele, operou na presunção de que estava procedendo sob o amparo do direito objetivo".

[7] A esse respeito, confira-se a lei 9.868/1999, especificamente o seu art. 27: "Ao declarar a inconstitucionalidade de lei ou ato normativo, e tendo em vista razões de segurança jurídica ou de excepcional interesse social, poderá o Supremo Tribunal Federal, por maioria de dois terços de seus membros, restringir os efeitos daquela declaração ou decidir que ela só tenha eficácia a partir de seu trânsito em julgado ou de outro momento que venha a ser fixado".

com que o STF tem utilizado a modulação para alterar a *eficácia normal* das decisões que versam sobre relações entre o fisco e o particular: o que deveria ser *exceção*, tem se revelado como *regra*.

Mas o que é mesmo problemático – **e aqui reside o ponto central deste livro** – é que o salto quantitativo no uso da modulação ocorreu (e tem ocorrido) com base em argumentação **genérica**[8] ligada ao princípio da **segurança jurídica** e às **consequências práticas** da decisão para o **orçamento público**[9].

Não há **critérios jurídicos suficientemente objetivos** que permitam identificar, com certo grau de previsibilidade, ***quando*** e ***como***, no direito tributário, **deve haver modulação**. Isso é perigoso, e tende a não dar certo para o bom funcionamento do sistema jurídico, especialmente porque fundamentos de ordem política e econômica têm predominado em (recentes) decisões que tiveram seus efeitos modulados. O que deveria funcionar como instrumento de efetivação da segurança jurídica acaba contribuindo para a estabilização de um estado de **insegurança**, marcado pela falta de previsibilidade e pela frustração de expectativas[10];

[8] "Esse argumento que diz respeito à justificação é algo que para os juristas (como para quase todos os que usam o termo) é determinado no próprio conceito de argumento e não requer maiores explicações". No original: "That argument is concerned with justification is something which for lawyers (as for almost all who use the term) is determined in the very concept of argument and requires no further explanation." (LUHMANN, Niklas. Legal Argumentation: An Analysis of Its Form. In *The Modern Law Review*, vol. 58, n. 3, 1995, p. 285–98).

[9] Nos últimos anos, as decisões do Supremo Tribunal Federal que tiveram seus efeitos modulados seguiram a tendência de *preservação do erário*. De fato, nos casos de declaração de inconstitucionalidade de norma tributária (ou de algum de seus elementos), costuma *haver modulação* que resulta na impossibilidade de o particular promover a repetição do indébito frente o Estado. Isso é problemático, pois a partir do momento em que o *papel político* do STF prepondera em relação à sua função de *órgão garantidor da força normativa da Constituição*, a estrutura do sistema do direito é comprometida, e a sua credibilidade perante a sociedade tende a enfraquecer. Modula-se para preservar os cofres públicos em detrimento do direito do particular à repetição do indébito, e alteram-se os efeitos *normais* das decisões na tentativa de se resolver problemas de *dinheiro* (do Estado), e não de *direito* (como deveria ser).

[10] Há limites que marcam as diferenças entre os sistemas do direito, da política e da economia; porém, da forma como a modulação tem sido aplicada, as linhas divisórias dos sistemas funcionalmente diferenciados ficam cada vez menos perceptíveis, a ponto de, na solução de questões tributárias com relevante impacto econômico, não ser possível prever o programa decisório que será adotado para a solução do caso: se o **jurídico** (o a sociedade espera); o **político**; e/ou o **econômico**.

consequentemente, a desconfiança no direito aumenta, e a sua utilidade, para a sociedade, tende a diminuir.

Esse contexto motivou a análise da modulação e da segurança sob uma perspectiva diferente: a dos sistemas. O direito deve se preocupar em se "auto-apresentar" à sociedade como algo "seguro", pois assim poderá receber a confiança social necessária à preservação da sua existência como sistema social autônomo. Em outras palavras: *oferecer* segurança é pressuposto para a perpetuação do direito no âmbito da sociedade.

Assim, o interesse pelo tema se justifica na medida em que os problemas atinentes à modulação demandam respostas a **três perguntas** que, no final deste livro, se pretende responder (à luz do princípio da segurança jurídica):

1ª) quando o Poder Judiciário *deve* modular os efeitos de suas decisões sobre matéria tributária?
2ª) Nos casos atinentes ao direito tributário em que *deve* haver modulação: como modular?
3ª) Quais são as consequências, para o sistema jurídico, das decisões "consequencialistas" tomadas em favor do Estado?

Para o desenvolvimento do trabalho e enfrentamento desses questionamentos, o livro foi dividido em dois capítulos:

O **PRIMEIRO CAPÍTULO** é voltado à exposição dos principais aspectos ligados ao referencial teórico adotado para a pesquisa, que compreende a **teoria dos sistemas de Niklas Luhmann.**

Luhmann parte da ideia de que a sociedade moderna é formada por sistemas especializados de comunicação, sendo o direito um sistema que se **diferencia** dos demais pelo fato de ser o único capaz de processar a ***comunicação jurídica***. Isso é importante porque delimita os próprios limites do sistema jurídico[11].

[11] "...todas as comunicações que são reconhecidas por lei como pertencentes ao ordenamento jurídico, pois somente o ordenamento jurídico pode dizer o que é e o que não é direito." No original: "...all those communications that are understood as directly relating to the issue of legality or illegality". (KING, Michael; THORNHILL, Chris. *Niklas Luhmann's theory of politics and law*. New York: Palgrave Macmillan, 2003, p. 36).

Fixada essa premissa, verifica-se, a partir do modelo luhmanniano, que a função do direito consiste na ***generalização e na estabilização congruente das expectativas normativas***. O sistema jurídico atua no tratamento de expectativas que, embora garantidas pelo direito, são frustradas pelos fatos. É, portanto, um *sistema especializado no tratamento de frustrações* que opera conforme o código *lícito/ilícito*, sendo este capaz de processar apenas informações que digam respeito àquilo que é *conforme* e *não-conforme* o direito.

A partir do modelo luhmanniano se buscará relacionar a função do sistema jurídico com o princípio da **segurança jurídica**, que se afigura como um dos principais fundamentos para a modulação dos efeitos das decisões judiciais sobre matéria tributária[12-13].

Assim, a parte inicial da obra será dedicada à exposição das principais categorias metodológicas e conceitos relacionados à teoria dos sistemas de Luhmann, e terá o objetivo de:

a) delimitar os *limites operativos do sistema jurídico*[14], a fim de distingui-lo do seu "ambiente", ou seja, dos outros sistemas sociais (como o da política e o da economia);

[12] Para Luhmann, o direito, como subsistema social **diferenciado**, é funcionalmente voltado à *generalização e estabilização congruente de* ***expectativas normativas***; sua **utilidade**, portanto, depende da **confiança** (da sociedade) de que o direito será construído dentro dos limites de uma linguagem que lhe é própria – a linguagem jurídica –, e não preponderantemente conforme interesses políticos e/ou da econômicos. Por isso é que a ***utilidade*** do direito é alimentada pela *confiança*, que, por sua vez, depende da contínua diferenciação funcional do direito (=especialidade para operar com a comunicação jurídica, com base no código binário *lícito/ilícito*).

[13] Roque Antonio Carrazza destaca, de forma bastante apropriada, a relevância do princípio da segurança jurídica para a estabilização das expectativas normativas e a concretização da ideia de confiança no sistema do direito: "**O princípio da segurança jurídica** hospeda-se nas dobras do Estado Democrático de Direito, consagrado já no art. 1º da Constituição Federal, e **visa proteger e preservar as justas expectativas das pessoas**. Para tanto, **veda a adoção de medidas** legislativas, administrativas ou judiciais, **capazes de frustrar a confiança** que as pessoas depositam nas normas jurídicas em vigor" (g.n). (CARRAZZA, Roque Antonio. FERRAZ JUNIOR, Tércio Sampaio. JUNIOR, Nelson Nery. *Efeito ex nunc e as decisões do STJ*. 2. ed. Barueri: Manole, 2009.p. 43).

[14] Delimitação esta que é necessária porque o direito – e qualquer outro sistema social – não consegue lidar com todas as formas de comunicação existentes na sociedade.

b) especificar a *função* do sistema do direito, que, conforme se registrou, consiste na *generalização* e na *estabilização congruente das expectativas normativas*, bem como o papel exercido pelos tribunais e pela dogmática no processo de concretização do direito;

c) expor o direito como sistema autopoiético – ou seja, que se *autorreproduz* mediante *abertura cognitiva* à realidade social e *fechamento operacional* conforme o código *lícito/ilícito*; e

d) tratar do procedimento de criação das *normas de decisão* (=normas que solucionam os casos concretos), que deve ser compreendido a partir da relação de *circularidade* entre *princípios* e *regras*[15], a fim de se identificar os **critérios** que devem **orientar a modulação** dos efeitos das *normas de decisão* sobre matéria tributária.

No **SEGUNDO CAPÍTULO** se discorrerá sobre modulação e segurança jurídica, com o objetivo de:

a) expor o que é e quais são os tipos de **modulação**, conforme a legislação, a doutrina e a jurisprudência dos tribunais superiores (notadamente a do STF);

b) tratar da **segurança jurídica** sob a perspectiva da **confiança**, conforme o modelo luhmanniano;

c) **identificar *quando* e *como* deve haver modulação de decisões judiciais sobre matéria tributária**, a partir da visão de Luhmann sobre as situações de **risco** e **perigo**; e

d) identificar em que medida a *modulação consequencialista* pode interferir na autonomia do direito frente aos demais sistemas sociais.

Nesta etapa do trabalho também serão analisados acórdãos do STF que trataram da modulação dos efeitos de suas decisões, com vistas à identificação dos acertos e desacertos a partir das premissas que foram fixadas ao longo do livro.

[15] E para que se possa compreender o modo de caracterização dessa circularidade, é importante esclarecer, desde já, que não se adotará a distinção "clássica" entre princípios e regras, e, sim, o modelo proposto por Marcelo Neves, que bem se amolda à teoria sistêmica de Niklas Luhmann.

1.
O SISTEMA JURÍDICO CONFORME A TEORIA DOS SISTEMAS DE NIKLAS LUHMANN

1.1. O sistema do direito como tipo especializado de comunicação e mecanismo de redução da complexidade social

Nos países de tradição romano-germânica, o modo de pensar e conceber o direito como um *sistema* (de modo ainda embrionário) teve início no século XII, ganhando contornos mais expressivos a partir do século XIII[16]. Naquela época, a "sociedade, com o renascer das cidades e do comércio, toma de novo consciência de que só o direito pode assegurar a ordem e a segurança necessárias ao progresso"[17-18], tendo as universidades, que eram modelos de "organização social" (com destaque à Universidade de

[16] "A época em que surge, do ponto de vista científico, o sistema de direito romano-germânico é o século XIII. Até esta época existem, sem dúvida alguma, elementos com a ajuda dos quais o sistema será constituído; mas parece prematuro falar de sistema, e talvez mesmo de direito. Um primeiro período começa, no século XIII, com o renascimento dos estudos de direito romano nas universidades". (DAVID, René. *Os Grandes Sistemas do Direito Contemporâneo*. Trad. Hermínio A. Carvalho. 5.ed. São Paulo: Martins Fontes, 2014, p. 35).

[17] DAVID, René. *Os Grandes Sistemas do Direito Contemporâneo*. Trad. Hermínio A. Carvalho. 5.ed. São Paulo: Martins Fontes, 2014, p. 39.

[18] "A sociedade civil não podia ser regida pelo direito, enquanto os processos fossem resolvidos pelo apelo ao sobrenatural; o próprio estudo do direito não tinha grande interesse prático, enquanto a solução dos litígios fosse abandonada a um sistema de provas irracional, a função do tribunal sendo somente a de dizer a qual prova se deveria submeter cada uma das partes".

Bolonha), exercido papel decisivo na ruptura com o antigo modo de se observar o direito[19].

A partir do Século XVII, o modo de pensar a Ciência era o modo *sistemático*[20], que teve Immanuel Kant (1724 – 1804) como uma de suas principais referências[21]. No Século XX, importantes pensadores contribuíram para o

(DAVID, René. *Os Grandes Sistemas do Direito Contemporâneo*. Trad. Hermínio A. Carvalho. 5.ed. São Paulo: Martins Fontes, 2014, p. 39).

[19] "O meio principal pelo qual as novas ideias se espalharam, favorecendo o renascimento do direito, foi constituído pelos novos focos de cultura criados no Ocidente europeu; uma função essencial pertence às universidades, das quais a primeira e a mais ilustre foi, na Itália, a Universidade de Bolonha. (...) O direito, nas universidades, é considerado como um modelo de organização social". (DAVID, René. *Os Grandes Sistemas do Direito Contemporâneo*. Trad. Hermínio A. Carvalho. 5.ed. São Paulo: Martins Fontes, 2014, p. 35).

[20] Tércio Sampaio Ferraz Jr. relata que uma das noções de sistema teria relação com *mecanismo*. Seria algo semelhante às peças e engrenagens de um relógio – ideia surgida no século XVIII, que teria considerado o pensamento de Christian Wolff (1679 – 1754) e, posteriormente, de Johann Heinrich Lambert (1728 – 1777): "Com Christian Wolff, que domina com sua terminologia o século XVIII, o termo *sistema* toma, então, as características mais marcantes, que ainda hoje o configuram. Para ele, *sistema* é mais que um mero agregado de um esquema ordenado de verdades. *Sistema* é sobretudo '*nexus veritatum*', que pressupõe a correção e a perfeição formal da *dedução*. (...). Lambert, contudo, estabelece um conceito geral e abstrato de *sistema*, independente de qualquer conteúdo concreto: trata-se de um todo fechado, onde a relação das partes com o todo e das partes entre si estão perfeitamente determinadas segundo as regras lógicas da dedução". E segue Tércio Sampaio Ferraz Jr.: "Esta concepção tem por base o modelo do mecanismo, cujo princípio básico propõe uma relação de identidade entre o todo e a soma das partes, de onde há possibilidade de decomposição e recomposição do sistema, conforme o exemplo clássico do relógio que se desmonta e depois se monta novamente, sem que nada se perca". (FERRAZ JUNIOR, Tércio Sampaio. *Conceito de Sistema no Direito:* uma investigação histórica a partir da obra jusfilosófica de Emil Lask. São Paulo: Revista dos Tribunais e Editora da Universidade de São Paulo: 1976, p. 11-12).

[21] O conhecimento consistiria, segundo Kant, numa unificação mediante uma ideia arquitetônica: "Por arquitetônica eu entendo a arte dos sistemas. Uma vez que a unidade sistemática daquilo que o conhecimento comum transformou primeiramente em ciência, i. e., fazendo de um mero agregado daquele um sistema, a arquitetônica é a doutrina do científico em nosso conhecimento em geral, e pertence necessariamente, portanto, à doutrina do método. (...) Por sistema, contudo, eu entendo a unidade dos conhecimentos diversos sob uma ideia. (...) O todo, portanto, é articulado (*articulatio*) e não amontoado (*coacervatio*); pode crescer internamente (*per intussusceptionem*), mas não externamente (*per appositionem*), tal como um corpo animal, cujo crescimento não acrescenta nenhum membro, mas torna cada um deles, sem modificação nas proporções, mais forte e apropriado a seus fins". (KANT, Immanuel. *Crítica da Razão Pura*. Tradução e notas de Fernando Costa Mattos. 4.ed. Petrópolis: Vozes, 2015, p. 600).

desenvolvimento de conceitos e teorias sobre os sistemas[22-23]: Ludwig Von Bertalanffy (*Teoria Geral dos Sistemas*, de 1968)[24]; Claus-Wilhelm Canaris (*Pensamento sistemático e conceito de sistema na ciência do direito*, de 1969)[25]; Talcott Parsons (*O Sistema das Sociedades Modernas*, de 1971)[26]; Humberto Maturana e Francisco Varela (*Autopoiesis and cognition: the realization of the living*, de 1980[27]); e, ainda, **Niklas Luhmann** (*Sistemas Sociais*, de 1984)[28].

[22] "A palavra sistema, etimologicamente do grego *systema*, provém de *syn-istemi* e significa o *composto*, o *construído*. Na sua significação mais extensa, o conceito aludia, de modo geral, à idéia de uma totalidade construída, composta de várias partes. O uso posterior configurou, porém, uma compreensão mais restrita. Conservando a conotação originária de *conglomerado*, a ela agregou-se o sentido específico de *ordem*, de *organização*". (FERRAZ JUNIOR, Tércio Sampaio. *Conceito de Sistema no Direito: uma investigação histórica a partir da obra jusfilosófica de Emil Lask*. São Paulo: Revista dos Tribunais e Editora da Universidade de São Paulo: 1976, p. 9).

[23] Conforme Roque Antonio Carrazza, o sistema consiste numa "reunião ordenada de várias partes", sendo o direito "um conjunto bem estruturado de disposições" que atuam numa relação de "coordenação e subordinação". (CARRAZZA, Roque Antonio. *Curso de Direito Constitucional Tributário*. 32.ed., rev., ampl. e atual. São Paulo: Malheiros, 2019, p. 40; 43).

[24] Para este autor, sistema seria um "complexo de elementos em interação" que atuaria de modo *aberto*, e não fechado em si mesmo. (BERTALANFFY, Ludwig Von. *Teoria Geral dos Sistemas*: fundamentos, desenvolvimento e aplicações. Tradução de Francisco M. Guimarães, 3 ed., Petrópolis: Vozes, 2008, p. 84).

[25] Para Canaris, que parte do pensamento de Kant, "sistema é a unidade, sob uma ideia, de conhecimento diversos ou, se se quiser, a ordenação de várias realidades em função de pontos de vista unitários". (CANARIS, Claus W. *Pensamento sistemático e conceito de sistema na ciência do direito*. Introdução e tradução de A. Menezes Cordeiro. 3.ed. Lisboa: Fundação Calouste Gulbenkian, 2002, p. LXIV).

[26] Parsons, que, assim como Canaris, parte do pensamento de Kant, se dedica ao estudo dos sistemas com foco nas suas *funções* (discurso funcionalista), e, da mesma forma que Bertalanffy, opta por uma teoria dos sistemas *abertos*, em que por meio das chamadas "zonas de interpenetração" ocorrem os intercâmbios sistêmicos. (PARSONS, Talcott. *El Sistema de las Sociedades Modernas*. Traducción de Agustin Contin. 2ª reimpresión. Ciudad de México: Editorial Trillas, 1987, p. 16).

[27] Estes autores ligam a ideia de sistema à autopoiese: "o fato de que os seres vivos têm uma organização não é exclusivo deles, mas sim comum a todas as coisas que podem ser investigadas como sistemas", e "o mecanismo que faz dos seres vivos sistemas autônomos, é a autopoiese, que os caracteriza como tal". (MATURANA, Humberto R. VARELA; Francisco J. *A Árvore do Conhecimento:* as bases biológicas da compreensão humana. Tradução de Humberto Mariotti e Lia Diskin, São Paulo: Palas Athena, 2001, p. 52).

[28] Desde o século XII, portanto, os fenômenos sociais têm sido observados e organizados sistematicamente. Conforme Talcott Parsons: "...todo processo de interação entre indivíduos pode constituir um sistema social. Evidentemente, uma comissão, um grupo de trabalho ou uma

Para Luhmann, a sociedade moderna é caracterizada pela comunicação[29-30-31] – ou, mais precisamente, pelo conjunto de *sistemas especializados de comunicação*, que, ao desempenharem *diferentes funções*, permitem o processamento dos mais diversos tipos de *informações* que permeiam a sociedade.

família, não constituem, no sentido usual, uma sociedade. Mas é evidente também que para os fins da teoria sociológica, constituem sistemas sociais". (PARSONS, Talcott. Psychology and Sociology. In GILLIN, John (Org.). *For Science of Social Man*. trad. de Gabriel Bolaffi. Nova York: The Macmillan Company, 1954, p. 67-74). Foi na Idade Moderna, no entanto, que se fundaram bases mais sólidas para a análise da sociedade sob a perspectiva sistemática. Assim ocorreu, *v.g.*, com a religião (sistema religioso), com a política (sistema político), com a economia (sistema econômico) e, também, com o direito. Conforme Alfred Büllesbach, "O uso da palavra 'sistema' não é estranho ao jurista continental. Ele conhece um grande número de 'sistemas': o sistema jurídico, desde logo; o sistema (a 'dogmática') do direito romano; o sistema das leis, que dá fundamento ao método de interpretação sistemática; os 'sistemas' dos séculos XIX e XX (por exemplo, a ciência jurídica de conceitos, a ciência jurídica de interesses, a Teoria Pura do Direito, etc.). Aqui, o conceito é empregue no seu sentido tradicional, significando princípio de ordem ou sistema de codificação". (BÜLLESBACH, Alfred. Princípios da teoria dos sistemas. *In*. *Introdução à Filosofia do Direito e à Teoria do Direito Contemporâneas*. Org. A. Kaufmann e W. Hassemer. Trad. Marcos Keel [Capítulos 1-5 e 9] e Manuel Seca de Oliveira [Capítulos 6-8 e 10-15]. Rev. e coord. António Manuel Hespanha. Lisboa: Fundação Calouste Gulbenkian, 2002, p. 410).

29 Trata-se, aqui, da ideia de que "a comunicação é a unidade elementar da sociedade". (NEVES, Marcelo. *Entre Têmis e Leviatã:* uma relação difícil: o Estado Democrático de Direito a partir e além de Luhmann e Habermas. São Paulo: Martins Fontes, 2006, p. 6).

30 Ao tratar da teoria luhmanniana, Guilherme Leite Gonçalves esclarece que no campo do conhecimento haveria três categorias de sistemas, quais sejam, o sistema *vivo*, o *psíquico* e o *social*, sendo cada um deles caracterizado (=autônomo em relação aos demais) a partir de suas operações próprias: "A operação básica do sistema vivo é a vida; do sistema psíquico, a consciência; do sistema social, a comunicação". (GONÇALVES, Guilherme Leite. *Teoria dos sistemas sociais: direito e sociedade na obra de Niklas Luhmann*. São Paulo: Saraiva, 2013, p. 54).

31 "A sociedade é um tipo particular de sistema social. É o sistema social que compreende internamente todas as comunicações. Consequentemente, não há comunicação fora da sociedade. A sociedade marca os limites da complexidade social, limitando as possibilidades que podem ser aceitas e atualizadas na comunicação. Qualquer diferenciação de sistemas sociais particulares ocorre dentro da sociedade". No original: "La sociedad es un tipo particular de sistema social [véase sistema social]. Es el sistema social que comprende internamente todas las comunicaciones [véase comunicación]. En consecuencia, no existe ninguna comunicación fuera de la sociedad. La sociedad marca los límites ele la complejidad social, limitando las posibilidades que pueden ser acogidas y actualizadas en la comunicación. Toda diferenciadón de los sistemas sociales particulares se desarrolla al interior de la sociedad". (CORSI, Giancarlo. *GLU: Glosario sobre la teoría social de Niklas Luhmann*. México: Universidad Iberoamericana, 1996, p. 154).

Nesse sentido, a sociedade corresponde ao sistema social mais abrangente[32], e o direito, como sistema social especializado, responde pelo processamento da comunicação jurídica. O sistema da política, por sua vez, opera conforme comunicação relacionada ao poder político (=governo *versus* oposição). Já ao sistema econômico compete o processamento das comunicações ligadas ao dinheiro (=ter *versus* não ter).

Em suma: cada tipo específico de comunicação é processado no âmbito de um sistema diferente. Acima se tratou do direito, da política e da economia – todos sistemas sociais parciais integrantes de um sistema "maior", que corresponde à *sociedade*. Essa mesma lógica se aplica à religião[33], à arte[34], à moral[35], à economia[36] e a tantos outros sistemas que integram a sociedade moderna.

[32] Expressão adotada por Marcelo Neves e que será utilizada ao longo desse trabalho para se referir à sociedade como sistema social "maior"/"global", na qual estão inseridos todos os demais (sub)sistemas sociais – como, *v.g.*, o jurídico, o político e o econômico.

[33] "A religião é aqui descrita como um sistema de comunicação autônomo dentro da sociedade moderna utilizando conceitos que evidenciam a codificação binária da sua comunicação através da distinção entre imanência e transcendência: Uma comunicação pode dizer-se religiosa sempre que contempla o imanente sob a perspectiva da transcendência". No original: "La religión es aquí descrita como un sistema de comunicación autónomo en el seno de la sociedad moderna empleando conceptos que destacan la codificación binaria de su comunicación mediante la distinción entre inmanencia y trascendencia: «Puede decirse que una comunicación es religiosa siempre que contempla lo inmanente bajo la perspectiva de la trascendencia»". (LUHMANN, Niklas. *La religion de la sociedad.* Madrid: Editorial Trotta, 2007, p. 2).

[34] "O sistema da arte deve ser codificado, deve pressupor um código próprio que não pode ser superado dentro do sistema, porque de outra forma não seria possível diferenciar as obras de arte como um campo especial de observação". No original: "El sistema del arte debe estar codificado, debe presuponer um código propio imposible de ser superado dentro del sistema, pues en caso contrario no sería posible diferenciar las obras de arte como ámbito especial de observación". (LUHMANN, Niklas. *El arte de la sociedade.* México: Herder, 2005, p. 315).

[35] "O conhecimento organizado, e especialmente na sociologia, só podem lucrar com o fato de que a comunicação moral, portanto a coordenação da comunicação com o código da moral, tornou-se contingente". No original: "Organized knowledge, and specially sociology, can only profit from the fact that moral communication, hence coordination of communication with the code of the moral, has become contingent". (LUHMANN, Niklas. The Code of the moral. **In:** *Cardozo Law Review*, v.14, 1992, p. 1009).

[36] "...os sistemas econômicos diferenciados devem ser entendidos como sistemas que determinam e atribuem ações graças à comunicação". No original: "...o los sistemas econónl1cos

Mas por que Luhmann teria concebido a sociedade como conjunto de sistemas diferenciados de comunicação? E qual seria a vantagem – inclusive sob o aspecto pragmático – de se adotar esse modelo teórico para a análise do sistema jurídico?

No âmbito social são infindáveis as formas de comunicação. O mundo moderno, que segue numa "obsessiva marcha adiante"[37], é onde *tudo pode acontecer*, pois nele se verificam múltiplas possibilidades de conexões comunicativas que geram amplíssimo campo de possibilidades para a tomada de uma decisão (pessoal, empresarial, judicial etc.)[38].

Com isso se quer dizer que **a sociedade é complexa**, ou seja, tão rica em possibilidades que "nunca é inteiramente determinada ou compreendida pelos indivíduos"[39]. Complexidade tem a ver, portanto, com

diferenciados, deben ser comprendidos como sistemas que determinan y atribuyen acciones gracias a la comunicación". (LUHMANN, Niklas. *La economia de la sociedad*. México: Herlder, 2017, p. 82).

[37] BAUMAN, Zygmunt. *Modernidade e ambivalência*. Trad. Marcus Penchel. Rio de Janeiro: Zahar, 2014, p. 18.

[38] O termo *decisão*, no sentido aqui empregado, não se restringe aos pronunciamentos dos órgãos judiciais e/ou administrativos. É, na verdade, algo mais abrangente, que consiste na escolha, por qualquer pessoa, de apenas uma entre duas ou mais opções possíveis. Por exemplo: numa empresa, pode haver *decisão* pela contratação, demissão ou manutenção de funcionários; no âmbito da administração pública, governos podem decidir pelo aumento ou reajuste inflacionário dos salários de seus servidores. Portanto, a palavra *decisão* deve ser compreendida como *escolha* diante de pelo menos duas alternativas possíveis (=pluralidade de possibilidades). Segundo Luhmann, "uma decisão, ao que parece, deve ser baseada em um esquema de contingência que também limita o que deve ser levado em consideração. No presente da decisão, o passado disponibiliza recursos que também poderiam ser usados em outro lugar. E, embora seja o que é, deixa alternativas em aberto. Também o futuro, embora seja e permaneça desconhecido, surge como um horizonte no qual outras possibilidades podem ser introduzidas". No original: "A decision, it appears, has to be based on a contingency schema that also limits what has to be taken into account. In the present of the decision, the past makes resources available that could also be used elsewhere. And, although it is what it is, it leaves alternatives open. The future, too, although it is and remains unknown, appears as a horizon in which other possibilities can be introduced". (LUHMANN, Niklas; BARRETT, Rhodes. *Organization and Decision*. Cambridge, United Kingdom; New York, NY: Cambridge University Press, 2018, p. 99).

[39] CAMPILONGO, Celso Fernandes. *Política, sistema jurídico e decisão judicial*. 2.ed. São Paulo: Saraiva, 2011, p. 67.

"possibilidades infinitas do mundo circundante"[40], que são decorrentes das inúmeras formas de comunicação presentes na realidade social.

É nesse contexto que a teoria luhmanniana revela sua importância e utilidade no âmbito jurídico: **os sistemas são mecanismos de redução de complexidades**; logo, observar o direito como sistema autônomo/ /diferenciado é uma forma de se reduzir a complexidade que caracteriza a realidade social[41-42].

Nas palavras de Niklas Luhmann:

> Uma das características importantes dum sistema é uma relação com a complexidade do mundo. Por complexidade deve entender-se a totalidade das possibilidades que se distinguem para a vivência real – quer seja no mundo (complexidade do mundo), quer seja num sistema (complexidade do sistema). Para cada construção dum sistema é significativo que ela apenas abranja um aspecto do mundo, apenas admita um número limitado de possibilidades e as leve a cabo. Os sistemas constituem uma diferença entre interior e exterior, no sentido duma diferenciação em complexidade, ou ordem. O seu ambiente é sempre excessivamente complexo, impossível de abarcar com a vista e incontrolável; em contrapartida, a sua ordem própria é extremamente valiosa na medida em que reduz a complexidade; e como ação inerente ao sistema só admite, comparativamente, algumas possibilidades. À ordem inerente do

[40] Apresentação à obra: LUHMANN, Niklas. *Legitimação pelo procedimento*. Trad. Maria da Conceição Côrte-Real. In: *Coleção Pensamento Político*, vol. 15. Brasília: Editora Universidade de Brasília, 1980, p. 3.

[41] Nas palavras de Niklas Luhmann, "ao lidar-se com uma elevada complexidade, revela-se como vantajoso, mais, como necessário, levar a cabo a eliminação, num processo gradual, das outras possibilidades" (LUHMANN, Niklas. Sociologia como teoria dos sistemas sociais. In: *O Pensamento de Niklas Luhmann*. Org. José Manuel Santos. Covilhã: Serviços Gráficos da Universidade da Beira Interior, 2005, p. 91). Afinal, "...a complexidade do mundo no seu grau máximo é mais do que o ser humano pode suportar". No original: "...la complejidad del mundo al grado máximo es más de lo que soporta el ser humano". (LUHMANN, Niklas. *Confianza*. México: Universidad Iberoamericana, 1996, p. 5).

[42] Interessante é a visão de Celso Campilongo, segundo o qual o sistema jurídico reduz a complexidade atinente ao ambiente e, ao mesmo tempo, impõe "acréscimo de complexidade em todas as dimensões do sistema jurídico: variação do direito no tempo, expansão dos temas 'juridificáveis' e geração de predisposição antecipada à observância das decisões (legitimação pelo procedimento)". (CAMPILONGO, Celso Fernandes. *Política, sistema jurídico e decisão judicial*. 2.ed. São Paulo: Saraiva, 2011, p. 21).

sistema pertence ainda um projeto seletivo de ambiente, uma visão "subjetiva" do mundo, que, de entre as possibilidades do mundo, só escolhe alguns fatos relevantes, acontecimentos, expectativas, que considera significativos. É através dessa redução que os sistemas permitem uma orientação inteligente da ação[43].

Como o direito não consegue lidar com todas as formas possíveis e imagináveis de comunicação (arte, educação, saúde, política, economia, entre tantas outras), ele é "separado", no interior da sociedade, para lidar apenas com a **comunicação jurídica**. Com isso, o campo de possibilidades fica restrito àquilo que é *conforme* e *não-conforme* o direito (=lícito ou ilícito). Dito de outra forma: tudo aquilo que não for comunicação jurídica não é processada pelo sistema do direito, e, sim, por outro sistema social diferenciado que seja capaz de tratar do tipo de comunicação que é estranho ao direito.

Esse modo de enxergar o direito tem efeito prático importantíssimo, pois permite a **demarcação dos limites da comunicação jurídica** – o que é fundamental para a análise da modulação dos efeitos das decisões atinentes ao direito tributário, dado as interferências da política e da economia para a tomada de decisões no âmbito do sistema jurídico.

Observação importante é que os sistemas *reduzem complexidades*, e *não as anulam*. Significa que a *contingência* é característica de todos os sistemas, inclusive o jurídico. Como bem esclarece Tércio Sampaio Ferraz Jr.: "todo sistema é uma redução seletiva de possibilidades em comparação com as possibilidades infinitas do mundo circundante. Como as possibilidades selecionadas do sistema podem ou não ocorrer, diz-se que o sistema é sempre contingente"[44-45].

[43] LUHMANN, Niklas. *Legitimação pelo procedimento*. Trad. Maria da Conceição Côrte-Real. In: *Coleção Pensamento Político*, vol. 15. Brasília: Editora Universidade de Brasília, 1980, p. 39.

[44] E segue o autor: "a sociedade é um sistema de interações sempre ameaçado pela contingência", sendo certo que "aquilo que garante o sistema contra a contingência das possibilidades escolhidas é a estrutura do sistema. (...) Aí aparece o direito como uma das estruturas sociais que garantem as expectativas sociais contra a contingência a que estão sujeitas". (Apresentação à obra de: LUHMANN, Niklas. *Legitimação pelo procedimento*. Trad. Maria da Conceição Côrte-Real. In *Coleção Pensamento Político*, vol. 15. Brasília: Editora Universidade de Brasília, 1980, p. 3).

[45] Dizer que o sistema jurídico é contingente significa que o direito seleciona, do mundo que lhe é exterior, apenas as possibilidades que podem ser tratadas como lícitas ou ilícitas. É da contingência do sistema que se verifica que não existe uma única resposta correta às questões

Ao contrário de Talcott Parsons, que conferiu primazia à *estrutura* dos sistemas[46], Luhmann atribuiu relevância à **função** por eles desempenhada. Esse aspecto é fundamental, pois cada sistema tem uma função específica que permite diferenciá-lo dos demais, e a *diferenciação funcional* é condição de existência do sistema como parte autônoma da sociedade. No **direito**, essa função, como se verá a seguir, está relacionada à **generalização e estabilização congruente** das **expectativas normativas**.

1.2. Função do sistema jurídico e questões conexas: código binário (lícito/ilícito), programas do direito e diferenciação em relação ao "ambiente"

Todo tipo de comunicação envolve um jogo de **expectativas**, que podem ser **cognitivas** ou **normativas**. Na tentativa de se facilitar a compreensão dessa distinção, confiram-se os três exemplos a seguir.

Primeiro exemplo: aqueles que planejam realizar uma viagem, criam expectativas sobre os lugares que buscam conhecer, a cultura na região que pretendem visitar, a hospitalidade do povo que reside no destino eleito etc.

Segundo exemplo: alguém que decide abrir um comércio cria expectativas quanto ao lucro que a atividade poderá proporcionar, os gastos que se terá de suportar para a manutenção do negócio, a possibilidade de expansão das atividades (caso as expectativas de lucro se concretizem) e assim por diante.

Terceiro (e último) exemplo: a escolha da faculdade que se irá cursar compreende um fluxo de expectativas relacionadas à vocação que a pessoa pensa ter com a atividade profissional vinculada ao curso optado, à renda que se poderá auferir em razão do diploma obtido, ao *status* social que a profissão poderá proporcionar, aos cursos de pós-graduação que se poderá cursar etc.

O direito não lida com nenhuma dessas expectativas.

No primeiro caso, se a viagem não for agradável (porque a região não tinha a beleza esperada e/ou a população local não agiu com a hospitalidade expectada, *v.g.*), nada há que se reclamar perante o direito, pois as

relativas ao direito: o que é permitido hoje poderá ser proibido amanhã. O que importa é que a decisão (que permita ou proíba) seja tomada dentro dos limites da comunicação jurídica (=conforme os programas do direito, notadamente a Constituição e as leis).

[46] PARSONS, Talcott. *The social system*. London: Routledge, 1991.

expectativas ligadas ao local que se pretendia conhecer *não são jurídicas*. A frustração, neste caso, servirá, no máximo, de aprendizado para a escolha do próximo destino, e não como fundamento para a propositura de uma ação judicial contra alguém.

A mesma linha de raciocínio se aplica ao segundo exemplo: se a atividade comercial não deu certo porque, *v.g.*, os prejuízos ultrapassaram os lucros, o insucesso do empresário não fará nascer qualquer direito de ação com vistas à indenização contra quem quer que seja, pois o que o sistema jurídico garante é a livre iniciativa às atividades econômicas, e não o sucesso como consequência do exercício desse direito. O risco do negócio poderá gerar frustrações que servirão como aprendizado para a tomada de decisões futuras.

Quanto à última situação: se a pessoa não chegou a concluir a faculdade em razão de frustrações ligadas à vocação que pensava ter para o curso escolhido, o direito nada pode fazer a respeito, pois esse tipo de decepção integra o âmbito cognitivo (e não o normativo). O sistema jurídico não tem condições de lidar com problemas dessa natureza, pois o que se garante é o direito à educação, e não o direito à educação "vocacionada"[47].

O direito cuida, na verdade, de *expectativas jurídicas*, pois sua função consiste em **generalizar** e **estabilizar**, congruentemente, ***expectativas normativas* de comportamentos**[48].

O sistema jurídico funciona como espécie de mecanismo que atua "permitindo que cada ser humano possa esperar, com um mínimo de garantia, o comportamento do outro e vice-versa"[49]. Nesse sentido, as

[47] Neste sentido, Luhmann esclarece que"...na distinção entre expectativas cognitivas e expectativas normativas, o problema era se e em que medida a sociedade podia se instituir como dotada de disposição para aprender, e sobre como ela poderia adaptar suas expectativas às constantes frustrações; em outras palavras: em que medida a estabilidade estrutural se dava somente nos limites da capacidade de se reconhecerem as consequências de impulsos de aprendizagem ou em que medida deviam ser acrescentadas expectativas normativas que se mostram explicitamente pouco afeitas ao aprendizado". (LUHMANN, Niklas. *O direito da sociedade*. São Paulo: Martins Fontes, 2016, p. 440).

[48] LUHMANN, Niklas. *Sistema jurídico y dogmática jurídica*. Buenos Aires: Ediciones Olejnik, 2018, p. 59.

[49] Apresentação à obra de: LUHMANN, Niklas. *Legitimação pelo procedimento*. Trad. Maria da Conceição Côrte-Real. In: *Coleção Pensamento Político*, vol. 15. Brasília: Editora Universidade de Brasília, 1980, p. 1-2.

expectativas *normativas* são aquelas que refletem "confianças" a serem orientadas e estabilizadas pelo sistema jurídico.

A sociedade acredita que os **programas jurídicos** (=Constituição, leis e contratos), que são **condicionais** (=do tipo *"se X, então Y"*), devem ser observados e respeitados por todos. Caso isso não ocorra, confia-se que um juiz ou tribunal, mediante provocação, decidirá (coercitivamente) em favor das expectativas que, embora garantidas pelo direito, foram frustradas pelos fatos. Logo, o **sistema jurídico** pode ser visto como **estrutura especializada no tratamento de frustrações que têm alguma base jurídica** (*v.g.*, um contrato, um ato administrativo, uma lei ou um precedente vinculante)[50].

Tércio Sampaio Ferraz Jr. oferece exemplo bastante didático que tangencia o assunto. Confira-se:

> Para se ter uma ideia de como funciona esta concepção de Luhmann, podemos imaginar uma situação entre dois indivíduos que trocam entre si, por exemplo, tijolos por madeira. Não é impossível prever-se que esta troca pudesse ser realizada sem que o direito nela interviesse como estrutura. Quando, porém, começamos a pensar nas contingências que poderiam afetar as expectativas recíprocas dos trocadores, veremos que há uma série de fatores que complicam a situação *ad infinitum*. **Para que haja um mínimo de garantia, é preciso que as partes possam ter uma relativa certeza de que o combinado agora prevalecerá no futuro**. Não só pela mutabilidade das opiniões e desejos, mas também das contingências biofísicas (alguém pode morrer antes de completada a transação), o negócio está sujeito variações imprevisíveis no tempo. Contra esta contingência temporal que afeta as expectativas recíprocas, é o estabelecimento de normas que irá dar a elas a garantia requerida. **Normas, segundo Luhmann, garantem as expectativas (mas não o comportamento correspondente) contra desilusões**. Assim, estabelecido por via contratual que o negócio será realizado dentro de 30 dias,

[50] Note-se que, ao contrário do que ocorre com as expectativas cognitivas, em que as pessoas devem se conformar e aprender a lidar com as frustrações do cotidiano, em relação às *expectativas normativas* as frustrações experimentadas não implicam, necessariamente, aceitação e conformação, pois, *v.g.*, a quebra de um contrato não faz desaparecer os direitos e obrigações nele previstos e garantidos pelo direito (neste último caso, a parte prejudicada – ou frustrada – poderá reclamar pelo direito que lhe é garantido pelo sistema).

> respondendo a parte inadimplente pelos prejuízos etc., fica garantida a expectativa de cada um contra o comportamento desiludidor do outro. **As normas não podem evitar as desilusões (por exemplo, que os tijolos não sejam entregues), mas garantem a expectativa, permitindo que, apesar dos fatos contrários ao que se esperava, a parte prejudicada mantenha, sob protesto, o seu ponto de vista**. Normas, nestes termos, são expectativas de comportamento, garantidas de modo contrafático. Normas dão às expectativas duração[51]. (g.n)

Outro exemplo: a lei prevê que é proibido roubar; se *quem roubou* tem consciência de que agiu contrariamente ao direito, e que, em razão disso, está sujeito a sofrer uma sanção, e *quem foi roubado* confia que o direito tem mecanismos para lidar com esse tipo de frustração, as expectativas normativas relacionadas ao crime de roubo estarão *generalizadas* e *estabilizadas*, e o sistema jurídico revelará aptidão para operar. Por outro lado, se quem roubou confia na impunidade (porque na sociedade quem pratica esse tipo crime não é seriamente punido), a função do sistema restará comprometida, e o direito, por não ser levado a sério, perderá sua força normativa[52].

Agora, cumpre indagar: **de que modo o sistema jurídico cumpre sua função de generalizar e estabilizar, congruentemente, as *expectativas normativas*?**

A resposta compreende a análise de dois temas ligados à teoria dos sistemas de Niklas Luhmann: **código** (=lícito/ilícito) e **programas** (=veículos introdutores de normas, como a Constituição e as leis).

Todos os sistemas sociais atuam mediante a aplicação de seus respectivos ***códigos binários***, que dizem respeito ao tipo de comunicação que o sistema é capaz de processar. No direito, as **comunicações jurídicas** são

[51] Apresentação à obra de: LUHMANN, Niklas. *Legitimação pelo procedimento*. Trad. Maria da Conceição Côrte-Real. In: *Coleção Pensamento Político*, vol. 15. Brasília: Editora Universidade de Brasília, 1980, p. 1-2.

[52] Conforme Luhmann, "A função de ordenamento do direito conserva sua peculiaridade pela importância de saber o que justificadamente se pode esperar dos outros (e de si mesmo); ou, na linguagem coloquial, com quais expectativas não se cairá no ridículo. A incerteza quanto a expectativas é muito mais insuportável do que experimentar surpresas e desencantos". (LUHMANN, Niklas. *O direito da sociedade*. São Paulo: Martins Fontes, 2016, p. 121).

operacionalizadas por intermédio de um código muito específico, que consiste no binômio ***lícito/ilícito***[53].

De acordo com Luhmann, "o código é simplesmente uma regra de atribuição e conexão. Se surgir a questão de saber se algo é legal ou ilegal, a comunicação pertence ao sistema legal e, se não, então não"[54]. Portanto, cada sistema opera de modo exclusivo e conforme os limites do seu próprio código[55], sendo este o aspecto que garante sua diferenciação em relação aos demais e, consequentemente, sua utilidade para a sociedade[56].

Mas para que o código tenha aplicabilidade (não sendo vazio de conteúdo), é preciso que haja **programas** para a solução dos casos jurídicos. No sistema do direito, os programas são **condicionais** (=normativos, do tipo *"se X, então Y"*) [57].

Sobre o assunto, vale a pena conferir as palavras de Marco Antonio Loschiavo Leme de Barros:

[53] A comunicação no âmbito do sistema político se perfectibiliza através de operações efetivadas por outro código: *governo/oposição*; na economia: *riqueza/pobreza*; na arte: o *belo e o feio*; e assim por diante em relação aos demais sistemas sociais parciais, que têm seus códigos binários exclusivos.

[54] No original: "The code is simply a rule of attribution and connection. If the question arises whether something is legal or illegal, the communication belongs to the legal system, and if not then not". (LUHMANN, Niklas. Operational closure and structural coupling: the differentiation of the legal system. In: *Cardozo Law Rev.*, n.13, 1992, p. 1428).

[55] "Cada subsistema é dotado de um código comunicativo próprio cuja utilização primária é vedada ao outro". (GONÇALVES, Guilherme Leite. *Teoria dos sistemas sociais*: direito e sociedade na obra de Niklas Luhmann. São Paulo: Saraiva, 2013, p. 63).

[56] Para Luhmann, o código lícito/ilícito, que também pode ser designado como "esquematismo binário lógico legal e ilegal", ocupa, sob o ponto de vista lógico, espaço preeminente no sistema social, "pois fundamenta a identificabilidade do sistema jurídico"; ou seja, permite a distinção entre direito, política, economia, arte, religião etc. (LUHMANN, Niklas. *O direito da sociedade.* São Paulo: Martins Fontes, 2016, p. 133).

[57] "Como sistema autorreferencial – organizado com base num código comunicativo específico (lícito/ilícito), que implementa programas condicionais (do tipo se/então) e desempenha função infungível (generalização congruente de expectativas normativas) –, o direito positivo deve resolver, de modo circular, tautológico e paradoxal, o problema de seu fundamento. O direito positivo não entende outras razões além daquelas traduzíveis nos termos de seu código, programas e função". (CAMPILONGO, Celso Fernandes. *Política, sistema jurídico e decisão judicial.* 2.ed. São Paulo: Saraiva, 2011, p. 22).

> A aplicação do código do direito é determinada por meio dos programas condicionados, que podem variar de conteúdo. Os programas são as produções do sistema que fixam o código, vale dizer, textos legais, contratos e, inclusive, precedentes. Percebe-se, portanto, que os programas, em complemento aos códigos, são essenciais para reprodução do sistema, uma vez que são momentos da própria operação do sistema.
>
> (...)
>
> Os programas possibilitam a realização da função do direito, servindo como resolução de conflitos ao distinguir o que é direito do que não é direito. Neste sentido, a justiça entendida por Luhmann é a própria consistência das operações internas que reconhecem o que pode ser qualificável como direito[58-59].

A **Constituição** se afigura como um programa jurídico: seus textos (artigos, parágrafos, incisos e alíneas) determinam os critérios constitucionais que devem ser considerados para se decidir o que é *permitido* e *proibido*, sob a óptica constitucional.

As **leis** também são programas do direito: suas prescrições indicam o *caminho* para que o código *lícito/ilícito* opere adequadamente. Por exemplo: diante da conduta *matar alguém*, o programa legal orienta o código do sistema jurídico a operar com o fator *ilícito*, o que resultará no tratamento das consequências jurídicas atinentes a essa ação, que é tida pelo direito como *ilegal* (salvo se praticada em legítima defesa).

Da mesma forma os **contratos** estão inseridos no âmbito dos programas jurídicos: neles estão determinados os contornos (=termos/condições) das relações jurídicas estabelecidas entre as partes, bem como os parâmetros para que o sistema do direito possa decidir, através de seu código binário,

[58] BARROS, Marco Antonio Loschiavo Leme de. Precedentes segundo a teoria dos sistemas de Niklas Luhmann: elementos para reconsiderar a crítica do distanciamento do *common law* e do *civil law*. In: *Revista Arquivo Jurídico da UFPI*. vol.2, n.2, Teresina, Piauí, p. 124 (Jul./Dez. de 2015).

[59] "Os programas do sistema jurídico são normativos. Incluem textos e precedentes, leis e contratos, regulamentos e práxis jurisprudenciais". E sobre a relação entre *código* e *programa*, "o código define e seleciona o tipo de comunicação própria do sistema jurídico. Os programas de decisão são as regras que indicam a alocação concreta e fatual do valor considerado 'correto' pelo código". (CAMPILONGO, Celso Fernandes. *Política, sistema jurídico e decisão judicial*. 2.ed. São Paulo: Saraiva, 2011, p. 77; 162).

qual dos contratantes tem razão (=direito) numa controvérsia sobre questão contratual.

Os **precedentes** também integram os programas do direito, direcionando a aplicação do código lícito/ilícito conforme o que se decidiu no passado sobre conflito semelhante[60].

É importante destacar que o código binário *lícito/ilícito* não muda. Por outro lado, os programas jurídicos têm a *alterabilidade* como característica elementar; afinal, leis, contratos, precedentes e a Constituição, inclusive, mudam com o passar do tempo.

A análise dos **programas** é importante para que se possa compreender a razão pela qual **o direito é incapaz de processar, sem filtros, as informações provenientes de outros sistemas** (como o político e o econômico). Enquanto o sistema jurídico é guiado por programas *condicionais,* os outros sistemas operam mediante programas com características diversas. No sistema político, por exemplo, em que são tomadas decisões coletivamente vinculantes, os programas que orientam a aplicação do código político (=*governo/oposição*) visam à implementação de finalidades político-eleitorais. São, portanto, finalísticos/teleológicos, e com esse

[60] "a decisão é sempre tomada com base na aplicação seletiva do código a partir dos programas. Verifica-se, portanto, uma obrigatoriedade da autoridade de decidir, especialmente sobre aquilo que o sistema já produziu no passado, caso enfrente um conflito semelhante. (...) o precedente é um programa necessário para a autorreferência do direito, pois somente com a circularidade e reciprocidade entre códigos e programas que a unidade do direito é assegurada. Quando um juiz decide um caso com base em um precedente está ao mesmo tempo produzindo e reproduzindo a unidade do sistema jurídico, enquanto símbolo circulante. O precedente é citado na decisão para justificar determinado posicionamento, geralmente reconstitui-se o caso concreto para apresentar as razões de aproximações entre o caso já decidido e o caso a ser decidido. Ao realizar aproximações, o tomador de decisões delimita o âmbito em que recorrerá as razões do precedente, caso concreto já decido. Tal situação reforça um processo de argumentação que se baseia na identificação de razões e casos relevantes – *ratio decidendi* – e descarte de situações secundárias – *obter dictum* – à decisão de novos casos. No final, tal processo contribui para manter um razoável grau de consistência entre as decisões e permitir a unidade do sistema por meio desta autorreferência". (BARROS, Marco Antonio Loschiavo Leme de. Precedentes segundo a teoria dos sistemas de Niklas Luhmann: elementos para reconsiderar a crítica do distanciamento do *common law* e do *civil law*. In *Revista Arquivo Jurídico da UFPI*. vol.2, n.2, Teresina, Piauí, p. 124-125 – Jul./Dez. de 2015)

tipo de programa o código do direito não está preparado para operar[61]. É preciso *traduzir* os problemas da política (ou da economia, da saúde, da educação etc.) para o direito, e não simplesmente transportá-los para o mundo jurídico[62].

Caracterizados os pressupostos básicos da *função*, do *código* e dos *programas* do sistema jurídico, é chegada a hora de tratar de outro aspecto essencial para a adequada compreensão da teoria dos sistemas de Luhmann: a **diferenciação do direito** em relação ao **ambiente**.

Ambiente é tudo o que está no **entorno** do sistema[63]. Em relação ao direito, todos os demais sistemas sociais (político, econômico, saúde, educação etc.) integram o ambiente – ou seja, não fazem parte do campo jurídico. Em outras palavras: toda e qualquer comunicação que não houver sido produzida a partir do código *lícito/ilícito*, com base nos programas condicionais que permitem a identificação do sistema jurídico como

[61] Conforme Celso Campilongo, "O código de comunicação próprio do sistema político... é a diferença governo/oposição (subsidiariamente: governante/governado; superior/inferior; progressista/conservador; Estado expansivo/Estado restritivo). Os programas do sistema político identificam-se com os programas político-eleitorais e com as propostas de governo. São sempre teleológicos. O fechamento do sistema político é produzido pela diferença estrutural entre código e programas. Quando a comunicação social se reporta à tomada de decisões coletivamente vinculantes, inequivocamente trata de uma comunicação do sistema político". (CAMPILONGO, Celso Fernandes. *Política, sistema jurídico e decisão judicial*. 2.ed. São Paulo: Saraiva, 2011, p. 77).

[62] Afinal, o direito não educa ninguém, mas assegura o direito à educação; também não torna ninguém rico ou pobre, mas dispõe sobre o direito econômico; igualmente, o direito não cura pessoas, mas dispõe sobre o direito à saúde. No campo da política, não cabe ao direito promover um bom governo ou militar a favor ou contra a oposição; compete, neste caso, ao sistema jurídico, se ocupar do direito eleitoral, que compreende o conjunto de regras que disciplinam o modo como governo e oposição se alternam no exercício do poder político.

[63] "A teoria geral dos sistemas e a cibernética substituíram o modelo conceitual clássico de um todo composto de partes e relações entre partes por um modelo que enfatizava a diferença entre sistemas e entornos. Este novo paradigma permite relacionar as estruturas (incluindo as formas de diferenciação) e os processos dos sistemas com o entorno". No original: "La teoría general de sistemas y la cibernética sustituyeron el modelo conceptual clásico de un todo constituido de partes y relaciones entre las partes por un modelo que enfatizó la *diferencia* entre sistemas y entornos. Este nuevo paradigma posibilita relacionar las estructuras (incluidas las formas de diferenciación) y los procesos de los sistemas con el entorno". (LUHMANN, Niklas. *Complejidad y modernidad*: de la unidad a la diferencia. Madrid: Editora Trotta, 1998, p. 50).

um *sistema de direito positivo*[64], será processada no ambiente (=em âmbito diverso do direito), em outro sistema regido por outro código que, por sua vez, será orientado por outros tipos de programas[65].

Esse mesmo raciocínio vale para os demais sistemas: para a política, *v.g.*, os sistemas do direito, da economia, da saúde, da educação, da arte etc. pertencem ao ambiente, pois nenhum desses sistemas é capaz de operar com o código *governo/oposição*, que é orientado conforme os programas políticos (que são finalísticos).

Sobre o tema, Luhmann destacou:

> O ambiente é um estado de coisas relativo ao sistema. Cada sistema excetua somente a si mesmo de seu ambiente. Por isso, o ambiente de cada sistema é diferente. Com isso, também a unidade do ambiente é constituída mediante o sistema. "O" ambiente é somente um correlato negativo do sistema. Ele não é uma unidade com capacidade para operações, não pode perceber o sistema, não pode tratá-lo, nem influenciá-lo. Por isso, pode-se dizer também que, mediante referência ao ambiente e deixando-o indeterminado, o sistema se autototaliza. O ambiente é simplesmente "todo o resto"[66-67].

[64] Como bem observa Celso Campilongo, o sistema jurídico "se diferencia e se especifica funcionalmente em relação ao seu ambiente. Esse processo, típico da sociedade moderna, é definido pela positivação do direito. Direito moderno é direito positivo, isto é, posto e válido por uma decisão". (CAMPILONGO, Celso Fernandes. *Política, sistema jurídico e decisão judicial.* 2.ed. São Paulo: Saraiva, 2011, p. 21).

[65] Conforme Tércio Sampaio Ferraz Jr., "sistema é para Luhmann um conjunto de elementos delimitados segundo o princípio da diferenciação". Estes elementos (ou componentes) "ligados uns aos outros, excluem outros elementos do seu convívio, formam em relação a estes, um conjunto diferenciado. O que for excluído do convívio do sistema pertencerá, portanto, ao *ambiente*". (Apresentação à obra de: LUHMANN, Niklas. *Legitimação pelo procedimento.* Trad. Maria da Conceição Côrte-Real. In: *Coleção Pensamento Político,* vol. 15. Brasília: Editora Universidade de Brasília, 1980, p. 3).

[66] LUHMANN, Niklas. *Sistemas sociais:* esboço de uma teoria geral. Petrópolis, RJ: Vozes, 2016, p. 207.

[67] "O sistema estabelece sua identidade à medida que se diferencia do ambiente. (...) O sistema aplica a si mesmo a distinção sistema/ambiente, o que lhe permite indicar unidades sistêmicas individualizadas e específicas. No interior do lado sistema da distinção sistema/ambiente há sistemas parciais que se diferenciam entre si, através da própria distinção sistema/ambiente". (GONÇALVES, Guilherme Leite. *Teoria dos sistemas sociais*: direito e sociedade na obra de Niklas Luhmann. São Paulo: Saraiva, 2013, p. 46; 49).

Um sistema adquire autonomia/identidade na medida em que se distingue do ambiente. Assim, o direito é sistema autônomo apenas porque tem *código* próprio (guiado por *programas* jurídicos) e *função* que o diferencia do seu entorno[68].

Como se pode observar, a visão de Luhmann diverge das teorias tradicionais. O sistema não é "sistema" porque corresponde a um conjunto ordenado de elementos que se inter-relacionam, e, sim, porque se diferencia do ambiente em razão da sua função, que é exercida por *código* e *programas* específicos. **A *diferenciação funcional* é, portanto, elemento central da teoria luhmanniana.**

1.3. O direito como sistema autopoiético: fechamento operacional, abertura cognitiva e acoplamento estrutural

A ideia de **autopoiese** está ligada à **autorreprodução de unidades dos sistemas** por intermédio de seus respectivos códigos e programas.

Conforme Luhmann, "Sistemas autopoiéticos são sistemas que precisam produzir, eles próprios, todas as unidades que necessitam para a continuidade de suas operações"[69-70]. Essa autorreprodução ocorre

[68] Conforme Tércio Sampaio Ferraz Jr., todo o sistema pressupõe um ambiente, ou seja, um *mundo exterior* que o circunda e que o limita, de modo que "se o sistema é um conjunto estruturado, o mundo é, em relação a ele, complexidade, isto é, um conjunto aberto e infinito de possibilidades". (Apresentação à obra de: LUHMANN, Niklas. Legitimação pelo procedimento. Trad. Maria da Conceição Côrte-Real. In: *Coleção Pensamento Político*, vol. 15. Brasília: Editora Universidade de Brasília, 1980, p. 3).

[69] LUHMANN, Niklas. *A Nova Teoria dos Sistemas*. In: Clarissa Baeta Neves e outra (coord.). Porto Alegre: Editora Universidade Federal do Rio Grande do Sul – Goethe Institut, 1977, p. 53. Em outra passagem da mesma obra, Luhmann destaca que sistema autopoiético é aquele que "produz operações próprias e reproduz em rede seus recursivos avanços e recuos". (LUHMANN, Niklas. *A Nova Teoria dos Sistemas*. In Clarissa Baeta Neves e outra (coord.). Porto Alegre: Editora Universidade Federal do Rio Grande do Sul – Goethe Institut, 1977, p. 95).

[70] Conforme Luhmann, o sistema autopoiético "tem que usar o mesmo tipo de operação para confirmar e alterar (ou simplesmente esquecer) estruturas, e cada operação está sempre determinando a próxima operação. É simplesmente um fato primordial que a autopoiese continua e continua. Não há operação disponível que possa pará-lo porque todas as operações ganham sua própria unidade ao produzir operações subsequentes. O sistema pode selecionar, condensar, confirmar, alterar ou esquecer estruturas – mas tudo isso é uma forma de continuar sua própria autopoiese". No original: "It has to use the same type of operation for confirming and changing (or simply forgetting) structures, and each operation is always determining the next operation. It is simply a prime fact the autopoiesis goes on and on. There is no operation

mediante **autorreferência** (=criação de unidades a partir da comunicação produzida dentro do próprio sistema), que, por sua vez, tem relação com a ideia de *auto-organização circular* e *autonomia*[71-72-73].

Para que a *autopoiese* se concretize, é fundamental que ocorra o **fechamento operacional do sistema** (o que significa *olhar, exclusivamente – e*

available that could stop it because all operations gain their own unity by producing subsequent operations. The system may select, condense, confirm, change, or forget structures – but all this is a way to continue its own autopoiesis". (LUHMANN, Niklas. Operational closure and structural coupling: the differentiation of the legal system. In *Cardozo Law Rev.*, n.13, 1992, p. 1440).

[71] Alfred Büllesbach sintetiza a ideia de autopoiese e autorreferência no âmbito da teoria luhmanniana: "Os sistemas autopoiéticos produzem continuamente, através do seu funcionamento, a sua própria organização circular, que se mantém constante como entidade fundamental. Esta organização pode ser descrita como uma rede de produção das suas próprias partes constitutivas". (BÜLLESBACH, Alfred. Princípios da teoria dos sistemas. In *Introdução à Filosofia do Direito e à Teoria do Direito Contemporâneas.* Org. A. Kaufmann e W. Hassemer. Trad. Marcos Keel (Capítulos 1-5 e 9) e Manuel Seca de Oliveira (Capítulos 6-8 e 10-15). Rev. e coord. António Manuel Hespanha. Lisboa: Fundação Calouste Gulbenkian, 2002, p. 431).

[72] Além da autorreferência, a autopoiese depende da ocorrência de outras duas fases: reflexividade e reflexão. Sobre o assunto, confira-se Guilherme Leite Gonçalves: "a noção de autopoiese compreende três fases interdependentes: autorreferência de base, reflexividade e reflexão. A primeira refere-se à autorreprodução dos elementos. (...) A segunda etapa, por sua vez, consiste na capacidade de um processo referir-se a si mesmo..., pois exprime a possibilidade de o processo se submeter aos seus meios para escolher seus atos. A terceira fase, denominada reflexão, diz respeito à autodescrição do sistema, isto é, à sua necessidade de se reconhecer como diverso. ...quando essas três fases operam simultaneamente, tem-se a estabilização de um sistema autopoiético diferenciado de seu ambiente". (GONÇALVES, Guilherme Leite. *Teoria dos sistemas sociais*: direito e sociedade na obra de Niklas Luhmann. São Paulo: Saraiva, 2013, p. 50).

[73] "Os sistemas auto-referenciais não são apenas sistemas auto-organizados ou auto-reguladores. (...) Isso significa que os sistemas auto-referenciais – ou melhor dizendo: autopoiético-sistemas produzem os elementos que eles inter-relacionam pelos elementos que eles inter-relacionam. Eles existem como uma rede fechada de produções de elementos que se reproduz como uma rede continuando a produzir os elementos necessários para continuar a produzir os elementos". No original: "Self-referential systems are not only self-organizing or self-regulating system. (...) This means that self-referential – or for that matter: autopoietic-systems produce the elements which they interrelate by the elements which they interrelate. They exist as a closed network of the productions of elements which reproduces itself as a network by continuing to produce the elements which are needed to continue to produce the elements". (LUHMANN, Niklas. Society, Meaning, Religion: Based on Self-Reference. In: *Sociological Analysis*, Vol. 46, No. 1 [Spring, 1985], pp. 5-20).

egoisticamente – para si), a fim de que a comunicação seja produzida sem a interferência de códigos e programas de outros sistemas que integram o ambiente[74-75]. Como observa Misabel Derzi, "o sistema atua somente na medida em que se fecha, produzindo a partir dele mesmo as operações próprias e reproduzindo em rede seus avanços e recuos discursivos"[76]. Não fosse dessa maneira, "o sistema dissolveria continuamente em seu ambiente"[77], o que tornaria impossível a diferenciação necessária para a caracterização da autonomia sistêmica.

O **direito** é, portanto, um **sistema autopoiético**: ele é capaz de criar suas próprias comunicações através de operações dirigidas por seu código *lícito/ilícito*[78-79], o que ocorre de modo **autorreferencial**[80] – ou seja, *a partir*

[74] "O fechamento operativo de um subsistema social verifica-se no âmbito de sua função e do código comunicativo que se presta à execução da respectiva função". (GONÇALVES, Guilherme Leite. *Teoria dos sistemas sociais*: direito e sociedade na obra de Niklas Luhmann. São Paulo: Saraiva, 2013, p. 63).

[75] "O fechamento do sistema é produzido pela percepção da diferença estrutural do código e dos programas". No original: "The closure of the system is produced by realizing the structural difference of the code and programs". (LUHMANN, Niklas. Operational closure and structural coupling: the differentiation of the legal system. In *Cardozo Law Rev.*, n.13, 1992, p. 1429).

[76] DERZI, Misabel Abreu Machado. *Modificações da Jurisprudência no Direito Tributário*: proteção da confiança, boa-fé objetiva e irretroatividade como limitações constitucionais ao Poder Judicial de Tributar. São Paulo: Noeses, 2009, p. 19.

[77] LUHMANN, Niklas. *A Nova Teoria dos Sistemas*. In.: Clarissa Baeta Neves e outra (coord.). Porto Alegre: Editora Universidade Federal do Rio Grande do Sul – Goethe Institut, 1977, p. 110.

[78] O Direito como sistema autopoiético, na visão de Niklas Luhmann, "implica que o próprio direito produza todas as distinções e caracterizações e que a unidade do direito não seja nada mais que o fato da autoprodução, a 'autopoiese'. Segue-se que a sociedade tem de ser vista como um ambiente social que possibilita essa autoprodução do direito e que, tanto mais, dá sustentação ao direito produzido". (LUHMANN, Niklas. *O direito da sociedade*. São Paulo: Martins Fontes, 2016, p. 40).

[79] Para Luhmann, "Nos sistemas autopoiéticos, tudo o que é usado como unidade pelo sistema, incluindo as operações elementares, também é produzido como unidade pelo sistema". No original: "En los *sistemas autopoiéticos,* todo lo que es usado como una unidad por el sistema, incluyendo las operaciones elementales, es también producido como una unidad por el sistema". (LUHMANN, Niklas. *Complejidad y modernidad*: de la unidad a la diferencia. Madrid: Editora Trotta, 1998, p. 17).

[80] "Sistemas autorreferenciais são capazes de observar a si mesmos. Ao usar um esquema de distinção fundamental para delinear suas identidades próprias, eles podem direcionar suas próprias operações para suas identidades próprias. Isso pode ocorrer por diferentes

de si mesmo, de modo que "cada operação do sistema faz referência, de determinada maneira, às anteriores"[81] –, com respeito aos procedimentos previstos nos **programas condicionais** que orientam as operações jurídicas (Constituição, leis, precedentes etc.). Nesse sentido, **o sistema jurídico deve se fechar operacionalmente**, pois, conforme se demonstrou, o fechamento é condição para a autopoiese, e, consequentemente, para a **consistência interna** do direito e reforço de sua diferenciação em relação aos demais sistemas sociais.

Mas é importante que fique claro que o fechamento dos sistemas ocorre apenas quanto ao seu *operar*, pois, **cognitivamente**, eles são **abertos**[82-83].

Abertura cognitiva significa "...relações de trocas com seu ambiente..."[84]. Um sistema não pode ser totalmente fechado porque lhe faltaria **adequação social**[85]. Os sistemas devem ter condições de, nos limites

razões e envolver uma distinção muito diferente". No original: "Self-referential systems are able to observe themselves. By using a fundamental distinction schema to delineate their self-identities, they can direct their own operations toward their self-identities. This may occur for different reasons and involve very different distinction". (LUHMANN, Niklas. Tautology and Paradox in the Self-Descriptions of Modern Society. In *Sociological Theory*, Vol. 6, No. 1 [Spring, 1988], p. 21-37).

81 SANTOS, José Manuel. A complexidade do mundo. In: *O Pensamento de Niklas Luhmann*. Org. José Manuel Santos. Covilhã: Serviços Gráficos da Universidade da Beira Interior, 2005, p. 135.

82 Conforme Celso Campilongo, "os sistemas autopoiéticos operam, contemporaneamente, de modo aberto e fechado". (CAMPILONGO, Celso Fernandes. *Política, sistema jurídico e decisão judicial*. 2.ed. São Paulo: Saraiva, 2011, p. 75). E Misabel Derzi arremata: "Há sempre uma abertura do sistema, em direção ao real". (DERZI, Misabel Abreu Machado. *Modificações da Jurisprudência no Direito Tributário:* proteção da confiança, boa-fé objetiva e irretroatividade como limitações constitucionais ao Poder Judicial de Tributar. São Paulo: Noeses, 2009, p. 27).

83 "em NIKLAS LUHMANN, as normas, como expectativas, por meio dos conceitos, levam à autopoiese, ao fechamento operacional do sistema, essência do Estado de Direito, mas a sua referência cognitiva e de sentido está aberta ao ambiente". (DERZI, Misabel Abreu Machado. *Modificações da Jurisprudência no Direito Tributário:* Proteção da confiança, boa-fé objetiva e irretroatividade como limitações constitucionais ao Poder Judicial de Tributar. São Paulo: Noeses, 2009, p. 26).

84 LUHMANN, Niklas. *A Nova Teoria dos Sistemas*. In.: Clarissa Baeta Neves e outra (coord.). Porto Alegre: Editora Universidade Federal do Rio Grande do Sul – Goethe Institut, 1977, p. 39.

85 Para Luhmann, adequar-se socialmente significa "manter-se num estado de ordem complexa". (LUHMANN, Niklas. *A Nova Teoria dos Sistemas*. In.: Clarissa Baeta Neves e outra [coord.]. Porto Alegre: Editora Universidade Federal do Rio Grande do Sul – Goethe Institut, 1977, p. 39).

de seus respectivos códigos e programas, **observar a realidade do ambiente**[86].

No âmbito do direito, a abertura cognitiva é importante porque as transformações sociais tendem a gerar "pressões" voltadas à implementação de mudanças nos conteúdos das normas jurídicas[87]. Assim, essa "abertura para o real" torna possível o "aperfeiçoamento da ordem positiva, através das correções feitas pelo legislador nas leis que alimentam o sistema", bem como viabiliza "mudanças nos conceitos, substituíveis que são, com o evoluir do Direito, por outros conceitos socialmente mais adequados"[88].

Se o sistema jurídico fosse fechado (operacionalmente e cognitivamente), o direito seria dissociado da realidade. Essa distância da complexidade moderna implicaria realização de operações comunicativas a partir de textos normativos meramente *simbólicos*, o que comprometeria a função do sistema e, consequentemente, a sua utilidade para a sociedade. Em suma: o sistema jurídico estaria fadado à desdiferenciação com o passar do tempo.

Não há nenhuma contradição em se considerar os sistemas (inclusive o do direito) como estruturas operacionalmente fechadas e cognitivamente abertas. Pelo contrário, são condições reciprocamente necessárias para o adequado cumprimento de suas funções e a manutenção da diferenciação com o passar dos anos[89]. Deve-se buscar o **equilíbrio** entre **consistência**

[86] Conforme Luhmann, a abertura cognitiva "não contribui com operações (ou quaisquer outros componentes) para a reprodução do sistema. É simplesmente a forma específica na qual o sistema pressupõe olhares específicos ou mudanças em seu ambiente e depende deles". No original: "The structural coupling of system and environment does not contribute operations (or any other components) for the reproduction of the system. It is simply the specific form in which the system presupposes specific stares or changes in its environment and relies on them". (LUHMANN, Niklas. Operational closure and structural coupling: the differentiation of the legal system. In *Cardozo Law Rev.*, n.13, 1992, 1432).

[87] O que pode ocorrer *com* ou *sem* a mudança das regras escritas, haja vista que "norma" é resultado da interpretação dos textos do direito positivo, e não o texto em si.

[88] DERZI, Misabel Abreu Machado. *Modificações da Jurisprudência no Direito Tributário*: Proteção da confiança, boa-fé objetiva e irretroatividade como limitações constitucionais ao Poder Judicial de Tributar. São Paulo: Noeses, 2009, p. 31.

[89] "Seguindo os desenvolvimentos recentes na teoria dos sistemas, vemos o fechamento e a abertura não mais como contradições, mas como condições recíprocas. A abertura de um sistema baseia-se no fechamento autorreferencial, e a reprodução 'autopoiética' fechada refere-se ao ambiente". No original: "Following recent developments in systems theory we see

interna (fechamento) e adequação social (abertura). A propósito, essa busca, conforme Luhmann, caracteriza a ideia de **justiça** do sistema jurídico.

Considerando que a abertura cognitiva permite o *olhar* às influências provenientes do ambiente, cumpre analisar como isso ocorre à luz do modelo luhmanniano.

Ao se abrir cognitivamente, o sistema se conecta com os demais que integram o seu entorno mediante **acoplamentos estruturais**[90].

O conceito de acoplamento estrutural é formulado "a partir da perspectiva de um observador externo que observa dois sistemas simultaneamente", e que, ato contínuo, se questiona: "Como eles estão conectados? Como é possível que um sistema funcione em um ambiente apesar de ser autopoiético, ou seja, apesar de se reproduzir por meio de suas próprias operações?"[91].

Imaginem-se dois sistemas: o jurídico e o político. Ambos guardam, entre si, uma relação de *dupla interdependência* (="relações recíprocas de dependência e independência"[92]), que se caracteriza pelo fato de que, de um lado, o sistema da política fornece as leis (=programas) que servirão de base para a tomada de decisões no âmbito do sistema jurídico; de outro, o direito – por intermédio de suas organizações (como, *v.g.*, os tribunais) –, tomam decisões amparadas nessas mesmas leis que também vinculam o

closure and openness no longer as contradictions but as reciprocal conditions. The openness of a system bases itself upon self-referential closure, and closed 'autopoietic' reproduction refers to the environment". (LUHMANN, Niklas. *Essays on self-reference.* New York: Columbia University Press, 1990, p. 229).

90 Conforme Niklas Luhmann, a expressão *acoplamento estrutural* "designa uma forma para interdependências regulares entre sistemas e relações ambientais". (LUHMANN, Niklas. *A Nova Teoria dos Sistemas.* In.: Clarissa Baeta Neves e outra (coord.). Porto Alegre: Editora Universidade Federal do Rio Grande do Sul – Goethe Institut, 1977, p. 39, p. 67).

91 No original: "As already mentioned, the concept of structural coupling is closely related. It is, however, formulated more from the perspective of an external observer who is observing two systems simultaneously and asks himself: How are they connected? How is it possible at all that a system functions in an environment in spite of being autopoietic, which is to say, in spite of reproducing itself through its own operations? It has to do this". (LUHMANN, Niklas. *Introduction to Systems Theory*. Translated by Peter Gilgen. Cambridge: Polity Press, 2013, p. 197).

92 NEVES, Marcelo. *Entre Têmis e Leviatã*: uma relação difícil: o Estado Democrático de Direito a partir e além de Luhmann e Habermas. São Paulo: Martins Fontes, 2006, p. 96.

sistema político que as forneceu, e que por este podem ser implementadas coercitivamente[93]. Há, portanto, "'trocas' de serviços ou prestações entre o sistema político e o jurídico", que ocorrem por meio de um canal através do qual é feita a ligação entre esses dois sistemas. Esse canal – por meio do qual um sistema presta algo a outro que está no seu entorno – é designado **acoplamento estrutural**[94-95].

Os sistemas do direito e da política estão estruturalmente acoplados pela **Constituição**, que funciona como "mecanismo de interpenetração permanente e concentrada entre dois sistemas sociais autônomos"[96], possibilitando, simultaneamente, soluções jurídicas para os problemas da política e respostas políticas para funcionamento do sistema jurídico[97-98-99]. Trata-se de mecanismo *duradouro*, inserido no nível das estruturas sistêmicas, que permite a troca de informações entre sistema

[93] "No ordenamento jurídico, a relação entre legislação e jurisprudência é vista atualmente como uma relação de observação mútua". (tradução nossa) (LUHMANN, Niklas. *El arte de la sociedad*. México: Herder, 2005, p. 107).

[94] Tem-se, aqui, a ideia de *interpenetração* entre sistemas: "Fala-se de interpenetração [ver interpenetração], quando o acoplamento estrutural se dá numa relação de interdependência entre sistemas, cada um dos quais só pode existir se os outros também existirem. Os sistemas em questão desenvolvem-se então coevolutivamente". No original: "Man spricht von Interpenetration [siebe Interpenetration], wenn die strukturelle Kopplung in einem Verhältnis der gegenseitigen Abhängigkeit zwischen Systemen stattfindet, von denen jedes nur dann existieren kann, wenn die anderen auch existieren. Die betreffenden Systeme entwickeln sich dann ko-evolutiv". (BARALDI, Von Claudio; CORSI, Giancarlo; ESPOSITO, Elena. GLU: *Glossar zu Niklas Luhmanns Theorie sozialer Systeme*. Redaktion: Johannes F. K. Schmidt. Frankfurt: Suhrkamp, 1997, p. 189).

[95] Outro exemplo de acoplamento estrutural é o contrato, que é um dos meios pelos quais se permite o intercâmbio de elementos entre os sistemas da economia e do direito. O sistema econômico trata o contrato como meio de se materializar relações negociais com base no código do dinheiro (custo-benefício), estipulando *quanto, quem, para quem, onde e quando* deve ser pago ou feito; o direito, por seu turno, enxerga o contrato à luz da licitude ou ilicitude das cláusulas que nele estão estabelecidas, não se ocupando com aspectos de ordem financeira (por exemplo, se foi um *bom* ou *mau* negócio para uma das partes contratantes).

[96] NEVES, Marcelo. *Entre Têmis e Leviatã*: uma relação difícil: o Estado Democrático de Direito a partir e além de Luhmann e Habermas. São Paulo: Martins Fontes, 2006, p. 99.

[97] "a Constituição em sentido moderno pode ser compreendida como via de transmissão de prestações recíprocas e, sobretudo, como mecanismo de interpenetração entre dois sistemas sociais, a política e o direito", uma vez que ela "possibilita uma solução jurídica para o problema de autorreferência do sistema político e, ao mesmo tempo, uma solução política para o problema de autorreferência do sistema jurídico". (NEVES, Marcelo. *Constituição e Direito na Modernidade*

e ambiente (diferentemente do que ocorre com os chamados *acoplamentos operativos*, que são efêmeros/eventuais)[100-101].

Nesse sentido, confira-se João Paulo Bachur:

Periférica: uma abordagem teórica e uma interpretação do caso brasileiro. São Paulo: WMF Martins Fontes: 2018, p. 262-263).

[98] "Como acoplamento estrutural entre política e direito... a Constituição do Estado Democrático de Direito institucionaliza tanto o procedimento eleitoral e a 'divisão de poderes' quanto os direitos fundamentais. Aqueles configuram exigências primariamente políticas, estes, jurídicas. (...) a eleição como procedimento político importa o voto como direito fundamental, a 'divisão de poderes', o controle jurídico da política mediante, sobretudo, as garantias fundamentais contra a ilegalidade do poder. (...) A limitação do poder é, ao mesmo tempo, a fortificação de sua capacidade de enfrentar politicamente problemas os mais diversos, advindos – como 'perturbações' – de todas as esferas diferenciadas de comunicação constituídas no ambiente social do sistema. (...) a eleição democrática importa filtragem das influências externas, excluindo a imposição imediata de interesses particularistas no âmbito da política. (...) descarrega o eleito da sobrecarga de pressões concretas as mais diversas". (NEVES, Marcelo. *Entre Têmis e Leviatã:* uma relação difícil: o Estado Democrático de Direito a partir e além de Luhmann e Habermas. São Paulo: Martins Fontes, 2006, p. 102-104).

[99] "para Luhmann (1995: 122) há uma referência recíproca entre o sistema jurídico e o sistema político, o que não pode ser interpretado como uma unidade sistêmica jurídico-política, 'senão tão-somente como um acoplamento estrutural (*strukturelle Kopplungen*) entre os dois sistemas em questão'". (VIANA, Ulisses Schwarz. *Direito e Justiça em Niklas Luhmann*: complexidade e contingência no sistema jurídico. Porto Alegre: Sergio Antonio Fabris Editor, 2015, p. 111).

[100] "Não se trata aqui apenas de acoplamento operativo como vínculo momentâneo entre operações do sistema e do ambiente. O acoplamento estrutural importa que o sistema duradouramente pressupõe e conta, no plano de suas próprias estruturas, com particularidades do seu ambiente". Marcelo Neves faz referência, ainda, à Constituição como acoplamento estrutural entre Direito e política: "A Constituição assume a forma de acoplamento estrutural, na medida em que possibilita influências recíprocas permanentes entre direito e política, filtrando-as. Como 'forma de dois lados' (Zwei-Seiten-Form), inclui e exclui, limita e facilita simultaneamente a influência entre ambos os sistemas". (NEVES, Marcelo. *Entre Têmis e Leviatã*: uma relação difícil: o Estado Democrático de Direito a partir e além de Luhmann e Habermas. São Paulo: Martins Fontes, 2006, p. 97).

[101] Celso Campilongo afirma que "Direito e política são, portanto, sistemas operacionalmente fechados e autorreferenciais, mas estruturalmente acoplados". (CAMPILONGO, Celso Fernandes. *Política, sistema jurídico e decisão judicial*. 2.ed. São Paulo: Saraiva, 2011, p. 65). Observe-se que *são* sistemas acoplados, e não sistemas que *poderão ser* ligados estruturalmente. Direito e política estão permanentemente ligados por um canal que permite que um observe e selecione informações provenientes do outro.

> Acoplamentos estruturais são estruturas: formas que reduzem complexidade para dois sistemas, simultaneamente, por estruturarem expectativas e possibilidades operativas para os dois sistemas. A constituição, como acoplamento estrutural entre o direito e a política, disciplina a legalidade do processo legislativo e dos processos políticos, ao mesmo tempo em que funciona como último recurso de normatividade para as normas jurídicas produzidas pelo sistema político[102].

Como *acoplamento estrutural*, a Constituição atua, portanto, como *janela* que viabiliza a autopoiese dos sistemas da política e do direito, resguardando a autonomia operacional desses dois sistemas sociais[103-104-105-106]. Ao mesmo tempo, e considerando a sua forma de **texto**

[102] BACHUR, João Paulo. *Capitalismo e diferenciação funcional*: rupturas e continuidades entre Marx e Luhmann. In: *Teoria crítica dos sistemas:* crítica, teoria social e direito. Org. Lucas Fucci Amato; Marco Antonio Loschiavo Leme de Barros Porto Alegre: Editora Fi, 2018, p. 193-194.

[103] "Os acoplamentos devem então ser considerados pressupostos da autopoiese dos sistemas sociais, ou seja, a condição de viabilidade destes". (JÚNIOR, Jorge Alberto de M. Acosta; CANTARINI, Paola; FILHO, Willis Santiago Guerra. Ocasionar da crítica: capitalismo como ecologia sistêmico-destrutiva e a imunização poético-erótica do direito. In: *Teoria crítica dos sistemas*: crítica, teoria social e direito. Org. Lucas Fucci Amato; Marco Antonio Loschiavo Leme de Barros Porto Alegre: Editora Fi, 2018, p. 144).

[104] "Os acoplamentos estruturais são o correlato lógico necessário da autopoiese"; "não é possível a um sistema fechar-se operacional e se tornar autopoiético sem estabelecer acoplamentos estruturais com outros sistemas". (BACHUR, João Paulo. Capitalismo e diferenciação funcional: rupturas e continuidades entre Marx e Luhmann. In: *Teoria crítica dos sistemas*: crítica, teoria social e direito. Org. Lucas Fucci Amato; Marco Antonio Loschiavo Leme de Barros Porto Alegre: Editora Fi, 2018, p. 193-194).

[105] "A Constituição pode ser apreendida como 'uma limitação jurídica ao governo', 'a antítese do regime arbitrário' (constitucionalismo)". (...) Através da Constituição como acoplamento estrutural, as ingerências da política no direito não mediatizadas por mecanismos especificamente jurídicos são excluídas, e vice-versa. Configura-se um vínculo intersistêmico horizontal, típico do Estado de Direito. A autonomia operacional de ambos os sistemas é condição e resultado da própria existência desse acoplamento. (...) ...qualquer intervenção legiferante do sistema político no direito é mediatizada por normas jurídicas. O sistema jurídico ganha com isso critérios para a aplicação do código 'lícito/ilícito' ao procedimento legislativo. (...) A normatividade constitucional fixa os limites da capacidade de aprendizado do direito. Estabelece como e até que ponto o sistema jurídico pode reciclar-se sem perder a sua identidade/autonomia. (...) Mas também protege o sistema político, mediante a instituição da

positivado, a Constituição é tida como parte integrante do sistema jurídico, que, no processo autopoiético, afasta do direito os aspectos transcendentais ligados ao *direito natural*[107].

Tendo em vista que "os sistemas estruturalmente acoplados estão abertos a influências recíprocas, que permitem uma multiplicação das chances de aprendizagem na comunicação intersistêmica"[108], os acoplamentos estruturais contribuem para o aumento do nível de perturbações (=**irritações**)[109] de um sistema sobre o outro. Consequentemente, intensificam-se os *choques intersistêmicos*, caracterizados por constantes

'divisão de poderes' contra uma expansão destrutiva da própria autonomia". (NEVES, Marcelo. *Entre Têmis e Leviatã:* uma relação difícil: o Estado Democrático de Direito a partir e além de Luhmann e Habermas. São Paulo: Martins Fontes, 2006, p. 96; 98; 100; 102).

106 "Forma-se o 'acoplamento estrutural (*strukturelle Kopplung*) por necessidade de 'sobrevivência operacional'". (VIANA, Ulisses Schwarz. *Direito e Justiça em Niklas Luhmann*: complexidade e contingência no sistema jurídico. Porto Alegre: Sergio Antonio Fabris Editor, 2015, p. 160).

107 Sobre a Constituição como elemento integrante do sistema jurídico, confira-se Misabel Derzi: "A Constituição é assim a forma como o sistema se fecha em um âmbito em que ela própria reconhece a si mesma, dentro dele. A Constituição substitui, como um texto positivado autológico, quer o direito natural em sua visão cosmológica tradicional, quer o direito racional de uma teoria transcendental. A positivação do Direito é decisiva para o fechamento". (DERZI, Misabel Abreu Machado. *Modificações da Jurisprudência no Direito Tributário:* Proteção da confiança, boa-fé objetiva e irretroatividade como limitações constitucionais ao Poder Judicial de Tributar. São Paulo: Noeses, 2009, p. 37).

108 CAMPILONGO, Celso Fernandes. *Política, sistema jurídico e decisão judicial*. 2.ed. São Paulo: Saraiva, 2011, p. 60.

109 "O sistema em suas relações normais não observa seus acoplamentos estruturais, mas tem que lidar com perturbações, irritações, surpresas e decepções canalizadas por seus acoplamentos estruturais. Deve também assimilar e acomodar (nos termos de Piaget!) tais ambiguidades. Mas as perturbações são construções puramente internas porque aparecem apenas como desvios das expectativas; eles são, em relação à estrutura do sistema." No original: "The system in its normal dealings does not observe its structural couplings, but it has to contend with perturbations, irritations, surprises, and disappointments channeled by its structural couplings. It must also assimilate and accommodate (Piaget's terms!) such ambiguities. But perturbations are purely internal constructs because they appear only as deviations from expectations; they are, in relation to the structure of the system". (LUHMANN, Niklas. Operational closure and structural coupling: the differentiation of the legal system. In: *Cardozo Law Rev.*, n.13, 1992, p. 1432).

tentativas de penetração de informações provenientes de um sistema em relação a outro[110].

Contudo, é importante esclarecer que esse ***fluxo de informações*** não implica internalização automática, por um sistema, daquilo que é oriundo do ambiente. Para que os dados informativos do "sistema A" passem a integrar o "sistema B", eles devem ser "filtrados pelos conversores internos, em operações fechadas às heterodeterminações externas"[111-112].

Aplicar ao direito esse modo de *filtragem* (*por conversores internos*) em relação à política significa o seguinte: a informação que o sistema jurídico seleciona do mundo político deve, necessariamente, passar por um processo de "tradução", que a converte em *informação jurídica sobre política*, pois o código binário *lícito/ilícito* não é capaz de, pura e simplesmente, processar dados produzidos sob o código *governo/oposição* e conforme os *programas finalísticos*[113]. Deve haver **direito sobre política** (como no caso do direito eleitoral), e não política no direito (=politização do sistema jurídico) [114-115].

110 As irritações sistêmicas promovem choques entre sistemas semelhantes àqueles vistos num jogo de bilhar: alguns permitem a internalização das informações de um sistema pelo outro; outros permanecem no campo das tentativas de se fazer ingressar elementos informativos no sistema diferencial alheio.

111 DERZI, Misabel Abreu Machado. *Modificações da Jurisprudência no Direito Tributário*: Proteção da confiança, boa-fé objetiva e irretroatividade como limitações constitucionais ao Poder Judicial de Tributar. São Paulo: Noeses, 2009, p. 31.

112 "Cada sistema organiza suas seleções ao seu modo. Primeiro, do conjunto de comunicações possíveis, um sistema seleciona aquelas passíveis de tratamento no seu interior. Trata-se de uma seleção inicial orientada pela alta sensibilidade do sistema para determinados temas e indiferença em relação a outros. (...) Num segundo momento, os mecanismos seletivos procuram conectar, no interior do sistema, os elementos que só a ele pertencem. Por analogia, pode-se dizer que a primeira seleção estabiliza a linguagem do sistema, e a segunda seleção, sua gramática". (CAMPILONGO, Celso Fernandes. *Política, sistema jurídico e decisão judicial.* 2.ed. São Paulo: Saraiva, 2011, p. 158).

113 A propósito, nenhum sistema é capaz de gerar comunicação com base em código binário alheio – e isso se dá justamente pela falta do elemento "compreensão". Não é por outra razão que Luhmann destacou que "comunicação somente é possível como processo autorreferencial". (LUHMANN, Niklas. *Sistemas sociais: esboço de uma teoria geral.* Petrópolis, RJ: Vozes, 2016, p. 167).

114 O Direito não chega a estabelecer comunicação no interior do sistema da política (e vice-versa), haja vista que o código jurídico *lícito/ilícito*, que opera com programas *condicionais* (se "x", então deve ser "y"), são incompatíveis com o código binário político *governo/oposição*, que trabalha com programas *finalísticos* (finalidades políticas com vistas à manutenção do poder).

A esse respeito, merecem destaque as lições de Celso Campilongo: "No Estado de Direito, o sistema jurídico fornece respostas legais aos problemas da política", e não respostas políticas aos problemas da política (que devem ser dadas no interior do sistema regido pelo código *governo/oposição*). E continua o autor: "o sistema jurídico vê as decisões coletivamente vinculantes do sistema político de um prisma exclusivamente jurídico", pois as "informações provenientes do ambiente de um sistema são selecionadas com base em operações internas no sistema. Cada sistema observa o outro a partir de referências exclusivamente suas"[116].

1.4. *Corrupção sistêmica* como mecanismo de bloqueio da autopoiese (alopoiese)

Fala-se em **corrupção sistêmica** (=corrupção de códigos) quando as informações do ambiente ingressam no sistema sem a devida *tradução* (ou *filtragem por conversores internos*). Como os dados advindos do entorno não são processáveis no interior do sistema (que é regido por código binário diverso), o que ocorre, neste caso, é que as operações do sistema corrompido/colonizado passam a ser regidas por códigos diferentes (que operam programas também diversos), gerando, assim, bloqueios e inconsistências no processo de autorreprodução sistêmica. Trata-se de lógica inversa à ideia de autopoiese, chamada **alopoiese**[117-118].

[115] O Direito não enxerga a política sob o viés político, e, sim, sob uma visão jurídica. As eleições, por exemplo, não "entram" no sistema do direito como mecanismos de opção entre candidatos do *governo* e de *oposição* para a ocupação de cargos e funções nos poderes legislativo e executivo. Esse "processo" é selecionado e conectado no sistema jurídico como *direito eleitoral*, de modo que, a partir do código *lícito/ilícito*, não importa quem venceu (ou vencerá) as eleições, e, sim, se o processo eleitoral ocorreu (ou ocorrerá) conforme a Constituição e as leis.

[116] CAMPILONGO, Celso Fernandes. *Política, sistema jurídico e decisão judicial*. 2.ed. São Paulo: Saraiva, 2011, p. 24.

[117] Ulisses Schwarz Viana, amparado em Marcelo Neves, registra que a corrupção sistêmica ocorre quando "a lógica de um sistema passa a ser aplicada indiferenciadamente por outro, na forma de uma alopoiese". Este mesmo autor também faz referência à definição de alopoiese proposta por Milan Zeleny: "uma produção de outra coisa que não ela mesma". No original: "a production of "something else" than itself". (VIANA, Ulisses Schwarz. *Direito e Justiça em Niklas Luhmann*: complexidade e contingência no sistema jurídico. Porto Alegre: Sergio Antonio Fabris Editor, 2015, p. 173-174).

[118] Para Marcelo Neves, a "quebra da autopoiese do sistema jurídico" implica "alopoiese da reprodução da comunicação jurídica". Em outra passagem, este mesmo autor afirma que uma

A expressão *corrupção sistêmica* compreende, portanto, "sobreposição destrutiva, bloqueante, paralisante de um sistema sobre outro... mediante a 'sabotagem de código'... É uma forma de exploração de um sistema por outro"[119], que, no âmbito jurídico, ocorre quando o "direito passa a ser utilizado para resolver problemas para os quais seu código não pode oferecer respostas ou é absolutamente inadequado"[120].

Tendo em vista que sistemas jurídico e político estão estruturalmente acoplados, é possível que, no fluxo de trocas informativas, um sistema interfira no funcionamento do outro. Porém, para que não haja comprometimento da autopoiese – e, consequentemente, o perigo de desdiferenciação –, as interferências não podem ultrapassar o campo da eventualidade[121]. Caso contrário, restará comprometida a ideia de *autorreferencialidade*, pois a autorreprodução está intimamente relacionada às operações feitas por *um único código*. Como regra, dois ou mais códigos binários não podem operar com tipos diferentes de programas dentro de um mesmo sistema social[122].

das definições de assimetria, "como negação da autopoiese (=alopoiese)", significa "submissão de um sistema a outro (assimetria externa)". (NEVES, Marcelo. *Constituição e Direito na Modernidade Periférica*: uma abordagem teórica e uma interpretação do caso brasileiro. São Paulo: WMF Martins Fontes: 2018, p. 67;114).

[119] NEVES, Marcelo. *Constituição e Direito na Modernidade Periférica*: uma abordagem teórica e uma interpretação do caso brasileiro. São Paulo: WMF Martins Fontes: 2018, p. 398.

[120] CAMPILONGO, Celso Fernandes. *Política, sistema jurídico e decisão judicial*. 2.ed. São Paulo: Saraiva, 2011, p. 98.

[121] "A 'corrupção' em sentido sistêmico pode permanecer no nível operacional. Nesse caso, é eventual e não é estabilizada socialmente. Esse tipo de 'corrupção' está presente em todo o mundo. A 'corrupção' pode atingir o nível estrutural dos sistemas sociais. Dessa maneira, ela é socialmente estabilizada. Então, é suportada por expectativas de comportamento estabilizadas. No plano estrutural, a 'corrupção' pode permanecer setorial, atingindo apenas certas conexões de comunicação ou organizações. Mas a 'corrupção' pode evoluir e assim desencadear uma tendência à generalização. Essa é a 'corrupção' sistêmica em sentido estrito. Ela geralmente se desenvolve em conexão com determinado Estado como organização política territorial e está associada à exclusão estrutural e extrema desigualdade social". (NEVES, Marcelo. *Constituição e Direito na Modernidade Periférica*: uma abordagem teórica e uma interpretação do caso brasileiro. São Paulo: WMF Martins Fontes: 2018, p. 398).

[122] Para Celso Campilongo, os "acoplamentos podem atingir um ponto tão elevado que, muitas vezes, acabam por desnaturar a forma de operação própria de cada subsistema. Dito de outro modo: produzem a 'corrupção do código' próprio a cada subsistema. ...não é imaginável que o juiz possa decidir à margem de qualquer referência interna ao sistema jurídico. Da perspectiva

Niklas Luhmann tratou das consequências da exposição frequente de um sistema às interferências provenientes do ambiente (=irritações). Especificamente em relação ao direito, sustentou que:

> Um sistema jurídico que é frequentemente exposto a tal interferência num amplo espectro de questões — e quem há de negar que isso acontece? – opera num estado de corrupção. Por meio de suas normas, o sistema reconhece não ser capaz de resistir à pressão da política. Ele se mantém simulando legalidade; não renuncia a normas, mas mediatiza o código lícito/ilícito antepondo uma distinção por meio de um valor de rejeição... que permite a subordinação oportunista a elites capazes de se impor. (...) E assim chegamos a situações-limite, nas quais o sistema do direito, apenas de maneira ocasional e desconexa, opera como sistema que se orienta por si. ...confiança e desconfiança estão em jogo como mecanismos generalizantes. Em casos extremos, já não se pode falar de fechamento autopoiético[123-124].

do direito, elevadas taxas de independência e criatividade não podem representar a substituição das opções oferecidas pela Constituição por uma orientação qualquer – política, econômica, religiosa etc. – advinda do ambiente externo ao sistema jurídico. Isso caracterizaria uma corrupção dos códigos do direito, ou seja, a utilização de meios de comunicação próprios de outros subsistemas (econômico, político etc.) para resolver problemas do sistema jurídico. (...) O problema central do acoplamento estrutural entre o sistema político e o sistema jurídico reside no alto risco de que cada um deles deixe de operar com base em seus próprios elementos (o Judiciário com a legalidade e a política com a agregação de interesses e tomada de decisões coletivas) e passe a atuar com uma lógica diversa da sua e, consequentemente, incompreensível para as autorreferências do sistema. Essa corrupção de códigos resulta num Judiciário que decide com base em critérios exclusivamente políticos (politização da magistratura como a somatória dos três erros aqui referidos: parcialidade, ilegalidade e protagonismo de substituição de papéis) e de uma política judicializada ou que incorpora o ritmo, a lógica e a prática da decisão judiciária em detrimento da decisão política. A tecnocracia pode reduzir a atividade política a um exercício de formalismo judicial". (CAMPILONGO, Celso Fernandes. *Política, sistema jurídico e decisão judicial.* 2.ed. São Paulo: Saraiva, 2011, p. 60-62).

123 LUHMANN, Niklas. *O direito da sociedade.* São Paulo: Martins Fontes, 2016, p. 66.

124 Conforme Luhmann, "o sistema reconhece seus defeitos em sua própria tela e, para remediá-los, só se pode valer de meios próprios e adequados". (LUHMANN, Niklas. *O direito da sociedade.* São Paulo: Martins Fontes, 2016, p. 219). Esses meios "próprios e adequados", que são referidos pelo autor, encontram-se no próprio sistema (e não no ambiente). Isso quer dizer que problemas ligados à política, relacionados aos programas finalísticos de governo (como execução de políticas de saúde e educação, por exemplo), devem ser solucionados no

O problema atinente à *corrupção de códigos* tem relação direta com o tema central deste livro, que versa sobre a modulação dos efeitos das decisões judiciais sobre matéria tributária. Conforme se demonstrará adiante, há casos em que o STF permitiu a entrada, no sistema jurídico, de comunicação externa (=do ambiente) não traduzida para o código *lícito/ilícito*. Isso é indesejável, pois causa, disfuncionalidade no modo de operar do direito, comprometendo a segurança jurídica[125] e a ideia de justiça[126].

1.5. O papel dos tribunais na estrutura do sistema do direito

Para Niklas Luhmann, os sistemas são divididos internamente em *centro* e *periferia*. Na posição central estão as organizações que atuam com vistas à continuidade do sistema como *estrutura funcional diferenciada* em relação ao ambiente. A periferia, por seu turno, é integrada por "...zonas mais

âmbito do próprio sistema político, com base no seu respectivo código binário. A interferência do direito, nestes casos, pode afetar o adequado funcionamento daquele sistema. O contrário também é verdadeiro: problemas jurídicos devem ser solucionados com base no código *lícito/ ilícito*, pois a ingerência de códigos alheios (como aqueles ligados à política e à economia) terá o condão de corromper a integridade do direito, vez que este passará a operar com elementos comunicativos criados a partir da ideia de custo/benefício e governo/não-governo. Isso afeta a própria função do sistema jurídico, que deixa de ter condições de estabilizar as expectativas normativas, pois aspectos políticos e econômicos passam a interferir na efetivação das regras jurídicas e na promoção e concretização de direitos.

[125] Para Luhmann, "A segurança do direito deve consistir, em primeiro lugar e antes de tudo, na segurança de que as circunstâncias, quando assim se desejar, sejam tratadas exclusivamente de acordo com o código do direito, e não de acordo com o código do poder ou de qualquer outro interesse não contemplado pelo direito". (LUHMANN, Niklas. *O direito da sociedade.* São Paulo: Martins Fontes, 2016, p. 219).

[126] "É a decisão *conforme o sistema* (direito válido) que se traduz *no sistema* como racional, razoável ou 'justa', exatamente porque produzida na autorreferência (*Selbstreferenz*) do sistema, regida por sua racionalidade operativa (*Systemrationalität*). É dizer, pela exclusão de qualquer referência estranhas ou balizamentos (como na corrupção de código, por ex.), mas antes exclusivamente pelos valores do código binário do sistema jurídico; fundamentalmente o código do *direito* x *não-direito*". (VIANA, Ulisses Schwarz. *Direito e Justiça em Niklas Luhmann:* complexidade e contingência no sistema jurídico. Porto Alegre: Sergio Antonio Fabris Editor, 2015, p. 242-243).

sensíveis aos contatos externos"[127], estando nela inseridos os elementos que têm a função de filtrar as informações provenientes de outros sistemas parciais.

No sistema jurídico, **o centro é ocupado pelo Poder Judiciário**, que funciona como instituição vocacionada à tomada de decisões jurídicas. Compete tanto ao juiz como ao tribunal decidir conforme o programa condicional "se X, então Y" [128], sem se orientar por irritações não-filtradas provenientes de outros sistemas regidos por códigos binários diversos do *lícito/ilícito*[129]. Assim se permite que a jurisdição seja "...neutralizada politicamente como função nuclear do sistema jurídico[130].

Na **periferia** do sistema do direito estão "...todos os demais campos de trabalho não judiciais do sistema jurídico"[131], como a legislação e os contratos[132]. Os elementos integrantes da periferia servem, conforme Guilherme Leite Gonçalves, como "'zonas de contato' desse sistema com os outros subsistemas funcionais da sociedade tais como a economia, a

[127] CAMPILONGO, Celso Fernandes. *Política, sistema jurídico e decisão judicial.* 2.ed. São Paulo: Saraiva, 2011, p. 165.

[128] "a organização da jurisdição seria aquele sistema parcial no qual o sistema do direito tem seu centro". (LUHMANN, Niklas. *O direito da sociedade.* São Paulo: Martins Fontes, 2016, p. 429).

[129] "como um programa para a decisão, em sua concepção, o sistema jurídico coloca, em seu centro, o juiz, jungido compulsoriamente à função de decidir, de forma independente, impermeável às determinações advindas do ambiente (econômicas ou políticas), enfim, extrajurídicas, mas vinculado àquelas fontes de orientação do *input*". (DERZI, Misabel Abreu Machado. *Modificações da Jurisprudência no Direito Tributário:* proteção da confiança, boa-fé objetiva e irretroatividade como limitações constitucionais ao Poder Judicial de Tributar. São Paulo: Noeses, 2009, p. 51).

[130] LUHMANN, Niklas. A posição dos tribunais no sistema jurídico. In *Revista da Ajuris,* Porto Alegre, n. 49, jul. 1990, p. 152-A.

[131] LUHMANN, Niklas. *O direito da sociedade.* São Paulo: Martins Fontes, 2016, p. 255.

[132] Sobre o tema, confira-se Celso Campilongo: "O sistema jurídico possui um centro, identificado nos tribunais, e uma periferia que constantemente produz, reproduz e modifica os programas do sistema. A periferia do sistema jurídico é composta, fundamentalmente, pela produção de leis e contratos. Aqui, a passagem do não direito ao direito, e vice-versa, ocorre de modo mais intenso. Essa maior sensibilidade e irritabilidade traduz-se sempre na linguagem própria do sistema jurídico (como é o caso das leis e contratos)". (CAMPILONGO, Celso Fernandes. *Política, sistema jurídico e decisão judicial.* 2.ed. São Paulo: Saraiva, 2011, p. 169).

política, a vida familiar doméstica etc.", caracterizando-se como "espécie de 'filtro' para as irritações provenientes de seu ambiente"[133-134-135].

Sobre a importância da periferia no processo de filtragem das informações que chegam ao centro, confira-se Celso Campilongo:

> Por periferia no interior dos sistemas Luhmann imagina as zonas de maior "irritabilidade", "sensibilidade" e "contato" com os outros sistemas funcionais. É a partir dessa periferia que o não direito pode transformar-se em direito. A periferia funciona como um amortecedor para as questões a serem submetidas aos tribunais. A periferia é tolerante diante das questões não rotineiras e pode renunciar à obrigação de decidir. O centro é segmentado e hierarquizado: divisão de competências horizontais e organização escalonada de instâncias recursais ilustram isso. Tudo somado – obrigação de decidir, posição central e hierarquizada –, vê-se que reside nos tribunais o atributo de fechar operacionalmente o sistema jurídico[136].

Como o judiciário tem a obrigatoriedade de decidir (proibição do *non liquet*), o fechamento do sistema do direito lhe impõe uma espécie de

[133] GONÇALVES, Guilherme Leite. *Teoria dos sistemas sociais*: direito e sociedade na obra de Niklas Luhmann. São Paulo: Saraiva, 2013, p. 128-129.

[134] "Política e economia, para ilustrar essa observação, também possuem, internamente, um centro e uma periferia. Para o sistema político, o núcleo central é o Estado. No sistema econômico, o centro é representado pelo sistema bancário. A distinção centro/periferia, aplicada à descrição dos sistemas parciais, permite identificar na periferia as zonas mais sensíveis aos contatos externos. A posição central é reservada ao 'núcleo duro' do sistema. Cabe ao centro romper o paradoxo da auto constituição de um sistema diferenciado funcionalmente. No caso do direito, a obrigação de decidir – atribuída legalmente só aos tribunais – confere ao próprio direito a capacidade de decidir sobre a distinção direito/não direito. Para o sistema político, o Estado enfrenta o paradoxo de tomar uma decisão soberana: uma medida que vincula também a quem toma a decisão. Para o sistema econômico, os bancos exercem a paradoxal função de, simultaneamente, estimular o gasto e a poupança". (CAMPILONGO, Celso Fernandes. *Política, sistema jurídico e decisão judicial*. 2.ed. São Paulo: Saraiva, 2011, p. 165).

[135] Conforme Misabel Derzi, é na periferia do sistema que ocorre o "processamento das informações, ou nos procedimentos seletores consensuais que introjetam a matéria para o interior do sistema". (DERZI, Misabel Abreu Machado. *Modificações da Jurisprudência no Direito Tributário:* Proteção da confiança, boa-fé objetiva e irretroatividade como limitações constitucionais ao Poder Judicial de Tributar. São Paulo: Noeses, 2009, p. 23).

[136] CAMPILONGO, Celso Fernandes. *Política, sistema jurídico e decisão judicial*. 2.ed. São Paulo: Saraiva, 2011, p. 164.

coação para que opere com base no código *lícito/ilícito*, sem que isso afaste a abertura do sistema ao ambiente[137-138].

Cumpre destacar, ainda, que "a periferia do sistema jurídico opera num grau de complexidade mais elevado do que o do seu centro"[139]. A atuação dos elementos que integram a periferia do sistema jurídico é fundamental para que se possa saber *o que é* e *o que não* é "direito vigente"[140], competindo ao núcleo do sistema (=tribunais) a função de interpretar o que advém da periferia (haja vista que "a função interpretativa não pode ser separada da função judicativa"[141]) e, assim, participar do processo de autopoiese do direito[142].

137 Niklas Luhmann destaca que a proibição de *não decidir*, imposta ao judiciário, é justamente o que fundamenta a ocupação do centro do sistema pelos tribunais. Confira-se: "Talvez possamos tomar como ponto de partida o fato não questionado de que sistema jurídico coage os Tribunais à decisão, por conseguinte nem o legislador nem as partes privadas contratantes o fazem. Com base nessa regra, os Tribunais constituem o centro do sistema jurídico. Tudo mais, inclusive a legislação, representa a periferia. Embora a lei possa coagir a organização administrativa do sistema político a decisões sobre requerimentos e, por conseguinte, à fundamentação de uma coação legal para a decisão, isso não passa de uma obrigação legal... sujeita ao controle e à sanção por parte do Tribunal. Em última instância toda e qualquer coação legal para decisão se resume na proibição da recusa na prestação jurisdicional". (LUHMANN, Niklas. A posição dos tribunais no sistema jurídico. In *Revista da Ajuris*, Porto Alegre, n. 49, jul. 1990, p. 160).

138 Percebe-se, pois, que os tribunais não devem captar, diretamente, informações provenientes de outros sistemas sociais. O seu acesso ao ambiente é *mediato*, pois aquilo que chega ao centro do sistema é, na verdade, o produto daquilo que foi selecionado no âmbito da periferia.

139 CAMPILONGO, Celso Fernandes. *Política, sistema jurídico e decisão judicial*. 2.ed. São Paulo: Saraiva, 2011, p. 84.

140 "Podemos dispor através de leis ou de contratos, através de decretos jurídicos ou ainda através de estatutos de organizações do símbolo 'vigência jurídica'. Podemos em todas essas formas modificar o estado histórico do sistema, modificando o que deve ser considerado como Direito vigente, e isso é feito diariamente num conjunto de inúmeras atividades, que já não mais podemos abarcar. Mas tudo isso acontece em adequação a dados previamente fornecidos por outros sistemas e, por essa razão, sem uma coerção à decisão fundamentada no próprio sistema jurídico. Isso tudo acontece na periferia do sistema". (LUHMANN, Niklas. A posição dos tribunais no sistema jurídico. In *Revista da Ajuris*, Porto Alegre, n. 49, jul. 1990, p. 164).

141 LUHMANN, Niklas. A posição dos tribunais no sistema jurídico. In *Revista da Ajuris*, Porto Alegre, n. 49, jul. 1990, p. 162-163.

142 Ainda de acordo com Luhmann, "Os Tribunais devem, queiram ou não e independentemente da existência ou não-existência de uma motivação em termos de política jurídica, interpretar, construir e, se for o caso, 'distinguir' (como se diz no *Common Law*), para que possam formular novas regras de decisão e testá-las quanto à sua consistência frente ao direito

O fato de os tribunais atuarem no fechamento do sistema jurídico não implica maior importância do centro em relação à periferia. A distinção vale, sob o ponto de vista organizacional, "como pressuposto da especificação de tarefas"[143-144], sendo certo que o "sistema jurídico espera, sem que isso o desfigure ou enfraqueça, que a maioria das comunicações jurídicas de sua periferia não desemboque no seu centro, isto é, nos tribunais"[145].

Nas palavras de Luhmann:

> A diferença de periferia e centro não implica nenhuma diferença de ordem hierárquica ou de importância para a continuação da *autopoiesis* do sistema. Muito pelo contrário, a diferença é uma forma de dois lados, que demarca a separação desses dois lados e que pode estruturar o próprio sistema apenas como unidade da diferença. Sem periferia não haveria nenhum centro, sem centro não haveria nenhuma periferia. (...)
>
> Nessa ordem não podemos mais compreender legislação como uma instância hierarquicamente superior à administração da Justiça, como uma instância que dá instruções a serem seguidas pelos tribunais. O juiz permanece vinculado à lei – mas justamente não à legislação. (...) ...a legislação e a jurisprudência participam do processo da formação e da modificação, da condensação e da confirmação das regras genericamente válidas. Nisso a legislação desempenha mais a função de um órgão periférico, de um ponto fronteiriço na relação entre o sistema jurídico e o sistema político. Cabe-lhe "acomodar" a irritação constante do sistema jurídico pelo sistema político e

vigente". Com isso, "surge por intermédio da atividade sentenciadora dos Tribunais um Direito judicial (*Richterrecht*), que, no decorrer da sua reutilização constante, é, em parte, condensado, isto é, formulado com vistas ao reconhecimento (*Wiedererkennung*), e, em parte, confirmado, isto é, visto como aproveitável também em outros casos (*Sachlagen*)". (LUHMANN, Niklas. A posição dos tribunais no sistema jurídico. In *Revista da Ajuris*, Porto Alegre, n. 49, jul. 1990, p. 163).

143 LUHMANN, Niklas. A posição dos tribunais no sistema jurídico. In *Revista da Ajuris*, Porto Alegre, n. 49, jul. 1990, p. 155.

144 Sob o viés social (e não propriamente organizacional), "a distinção vale como unidade, como forma". (LUHMANN, Niklas. A posição dos tribunais no sistema jurídico. In *Revista da Ajuris*, Porto Alegre, n. 49, jul. 1990, p. 155).

145 CAMPILONGO, Celso Fernandes. *Política, sistema jurídico e decisão judicial*. 2.ed. São Paulo: Saraiva, 2011, p. 84.

isso somente é possível na forma de regras genericamente válidas, que podem ser trabalhadas no próprio sistema[146-147].

Por fim, é importante esclarecer que existe uma *hierarquia interna* no *centro* do sistema: uma estrutura escalonada que começa nos juízos de primeiro grau e que sobem de nível até os tribunais superiores[148].

1.6. A relação da dogmática com o sistema jurídico

A dogmática jurídica é uma forma de reflexão do direito sobre o próprio sistema jurídico. Através da estipulação de conceitos, oferecem-se parâmetros para que o juiz, ao criar a *norma de decisão* (=norma que decide o caso concreto), tenha condições de identificar *o que é* e *o que não é* "jurídico", a partir dos programas condicionais processáveis pelo código *lícito/ilícito*. A dogmática trata, portanto, das possibilidades de criação e de reprodução do sistema jurídico nos limites do direito[149-150].

[146] LUHMANN, Niklas. A posição dos tribunais no sistema jurídico. In *Revista da Ajuris*, Porto Alegre, n. 49, jul. 1990, p. 164-165.

[147] Afirma Celso Campilongo que "o centro não é hierarquicamente superior à periferia. A diferença centro/periferia é apenas uma 'forma de dois lados'". (CAMPILONGO, Celso Fernandes. *Política, sistema jurídico e decisão judicial*. 2.ed. São Paulo: Saraiva, 2011, p. 84).

[148] "A hierarquia funcional de instâncias e competências permanece. Entretanto, com a afirmação da independência judicial, o desenvolvimento de fórmulas desconcentradas de controle da constitucionalidade, a incorporação de novas referências normativas e cognitivas pelos juízes e a democratização interna do Judiciário, a hierarquia perde o sentido de instrumento de controle vertical da instituição, para ser vista apenas como mecanismo de divisão operativa do sistema de recursos processuais. As referências à normatividade e ao formalismo do processo decisório judicial passam a ser combinadas com uma abertura cognitiva a uma racionalidade material que, crescentemente, permite a coligação entre o sistema jurídico e os demais subsistemas". (CAMPILONGO, Celso Fernandes. *Política, sistema jurídico e decisão judicial*. 2.ed. São Paulo: Saraiva, 2011, p. 29). Mais: "a diferenciação interna do sistema não precisa ser muito ampla. Basta que os cargos dotados de competências apareçam como papéis no processo comunicativo". No original: "la diferenciación interna del sistema no precisa ser demasiado amplia. Basta con que las posiciones dotadas de competencias aparezcan como roles en el proceso comunicativo" (LUHMANN, Niklas. *Teoría política en el estado de Bienestas*. Madrid: Alianza Editorial, 1993, p. 62).

[149] Para Niklas Luhmann, "El surgimiento de la dogmática presupone un cierto «nivel de organización» del sistema jurídico, en concreto la posibilidad de tomar decisiones vinculantes

Sobre o assunto, Luhmann destacou que:

> A dogmática jurídica define dentro do marco desta função as condições do que é juridicamente possível, especificamente as possibilidades de construção jurídica dos casos jurídicos. "As condições do possível" são fixadas no plano mais elevado de cada sistema. Assim, a dogmática jurídica constitui o nível mais elevado e mais abstrato das possíveis determinações de sentido do direito dentro do próprio sistema jurídico[151].

A reflexão antes referida traduz a ideia de discussão sobre a *unidade* e a *identidade* do sistema jurídico frente ao seu entorno[152]. Por essa razão,

acerca de cuestiones jurídicas". E tão importante quanto decidir é, para Luhmann, manter-se nos limites do Direito: "Mediante la dogmatización del material jurídico – lo que ante todo quiere decir por su elaboración conceptual y clasificadora – se consigue que aquel ir y venir de la mirada entre normas y hechos, tantas veces descrito, no quede sin encauzar, que no solamente se sienta sujeto a la situación a decidir, sino también al sistema jurídico, que no se aparte el ordenamiento jurídico". (LUHMANN, Niklas. *Sistema jurídico y Dogmática Jurídica*. Santiago: Ediciones Olejnik, 2018, p. 25-26).

150 Sobre o papel da dogmática jurídica na tomada de decisões judiciais, Luhmann sustentou que: "Criterios de relación se pueden encontrar en forma concreta en primer lugar en los casos ya decididos (ya que el caso se constituía de antemano dentro de un esquema mental de repetibilidad de las decisiones). De esta manera se van repitiendo decisiones de aplicación en otras situaciones similares. Si el caso como tal cumple la función de criterio para establecer relaciones, surge la casuística. El sistema jurídico articula sus premisas de decisión como interdependencia inmediata de decisiones. En la medida en que los fundamentos de la semejanza de casos son reflejados y convertidos en criterios para establecer relaciones, surge la dogmática. Con ello se llega a formas de «interdependencia centralizada», en el sentido de que un número indeterminado de decisiones (imprevisibles, que quedan desconocidas, olvidables) dependen de puntos de vista prefijados y son representados por estos puntos de vista dogmáticos en el proceso de decisión". (LUHMANN, Niklas. *Sistema jurídico y Dogmática Jurídica*. Santiago: Ediciones Olejnik, 2018, p. 26).

151 No original: "La dogmática jurídica define dentro del marco de esta función las condiciones de lo jurídicamente posible, en concreto las posibilidades de la construcción jurídica de casos jurídicos. «Las condiciones de lo posible» son fijadas en el plano más elevado de cada sistema. Así, la dogmática jurídica constituye el plano más elevado y más abstracto de las posibles determinaciones de sentido del derecho dentro del propio sistema jurídico". (LUHMANN, Niklas. *Sistema jurídico y Dogmática Jurídica*. Santiago: Ediciones Olejnik, 2018, p. 27).

152 "a unidade de um sistema é realizada por sua distinção orientadora. O sistema jurídico deve então implementar a distinção entre legalidade e ilegalidade. Isso chega perto de ser paradoxal,

é correto afirmar que a dogmática contribui para a manutenção da diferenciação do direito em relação aos demais sistemas sociais. Sem esse mecanismo de *reflexão interna* não há autopoiese, em razão da inexistência de *controle das possibilidades do jurídico*[153]: "O direito é uma ordem auto substitutiva, o direito só pode ser substituído pelo direito e, portanto, surgem problemas de conexão e inserção que devem ser informados pela dogmática"[154].

Conforme se destacou anteriormente, os tribunais ocupam o centro do sistema jurídico, e tal posição decorre da proibição de não serem decididas as questões que a eles são direcionadas. Para cada situação concreta haverá ao menos uma decisão, que será tomada num contexto de contingência (=cenário em que haverá sempre mais de uma decisão possível para a solução de uma controvérsia judicial). É nesse contexto que a dogmática revela a importância da sua função, que, vale repetir, é de controlar o alcance das possibilidades jurídicas de tomada de decisões no âmbito do direito, por meio da descrição de conceitos e de razões coerentes e

vendo a unidade como a unidade de uma diferença". No original: "...the unity of a system is realized by its guiding distinction. The legal system then has to implement the distinction of legality and illegality. This comes close to being paradoxical, seeing unity as the unity of a difference". (LUHMANN, Niklas. The Third Question: The Creative Use of Paradoxes in Law and Legal History. In *Journal of Law and Society*, Vol. 15, No. 2 [Summer, 1988], pp. 153-165).

[153] Sobre a dogmática como mecanismo de reflexão do direito, e sua importância para a autopoiese e manutenção da diferenciação social do sistema jurídico, confira-se Marcelo Neves: "No âmbito do aparato conceitual de Luhmann, distingue-se a reflexão como referência recursiva do sistema a si mesmo, à sua própria identidade... Como 'teoria do sistema no sistema', ela implica a elaboração conceitual da 'identidade do sistema em oposição ao seu ambiente'..., o que serve, mesmo tempo, à reprodução operacional consistente do sistema e à sua adequada referência ao ambiente... Em dois diferentes graus de abstração, pertencem à reflexão no sistema jurídico a dogmática jurídica e a teoria do direito". (NEVES, Marcelo. *Constituição e Direito na Modernidade Periférica*: uma abordagem teórica e uma interpretação do caso brasileiro. São Paulo: WMF Martins Fontes: 2018, p. 297-298).

[154] No original: "El derecho es un orden auto-sustitutivo, el derecho solamente puede ser sustituido por derecho, y de ahí resultan problemas de conexión y de inserción que han de ser informados por la dogmática". (LUHMANN, Niklas. *Sistema jurídico y Dogmática Jurídica*. Santiago: Ediciones Olejnik, 2018, p. 29).

consistentes com o sistema jurídico[155], de modo a "...facilitar e tornar previsível a tomada de decisão"[156-157-158].

Embora seja essencial para a não-desdiferenciação do direito em relação ao ambiente, fato é que a dogmática não integra o sistema jurídico como elemento autônomo. Não é, *v.g.*, como a legislação, que ocupa a periferia. Ao refletir sobre o direito, a dogmática serve de premissa (guia/direção, e não parte/componente) para a tomada de decisões[159-160]. Mas fica o alerta de Luhmann: "A dogmática não é um exercício livre da arte de formar

[155] "...é atribuição da dogmática controlar o alcance da limitação do âmbito de possibilidade de outras decisões. Isso se faz através da identificação de conceitos e razões legais que são tratados da forma mais homogênea possível, mas não exclui que cada uma das decisões dos casos desencadeie consequências cujas valorações se contradizem". No original: "... es cosa de la dogmática controlar el alcance de la limitación del ámbito de posibilidad de otras decisiones. Esta se lleva a cabo mediante la identificación de conceptos y de rationes legura que se tratan de modo más homogéneo posible, pero no excluye que cada una de las decisiones de los casos desencadenen consecuencias cuyas valoraciones se contradigan". (LUHMANN, Niklas. *Sistema jurídico y Dogmática Jurídica*. Santiago: Ediciones Olejnik, 2018, p. 67).

[156] SANTOS, José Manuel (Org.). *O pensamento de Niklas Luhmann*. Covilhã: Serviços Gráficos da Universidade da Beira Interior, 2005, p. 191.

[157] Sobre a "função diretiva" da dogmática, merecem registro as lições de Tércio Sampaio Ferraz Jr.: "As questões dogmáticas são tipicamente tecnológicas. Nesse sentido, elas têm uma função diretiva explícita, pois a situação nelas captada é configurada como um dever-ser. Questões desse tipo visam possibilitar uma decisão e orientar a ação. De modo geral, as questões jurídicas são dogmáticas, sendo sempre restritivas (finitas) e, nesse sentido, positivistas (de positividade)". (FERRAZ JUNIOR, Tércio Sampaio. *Introdução ao estudo do direito: técnica, decisão, dominação*. 11.ed. São Paulo: Atlas, 2019, p. 63).

[158] "A dogmática tem por objeto o estudo de problemas jurídicos, a serem resolvidos mediante a aplicação, sobre as situações a que respeitam, das normas desse direito. Está voltada, assim, à indicação de critérios a serem adotados para a solução de litígios". (GRAU, Eros Roberto. *O direito posto e o direito pressuposto*. 7.ed. São Paulo: Malheiros, 2008, p. 38).

[159] "La dogmática integra el sistema jurídico solo en el plano de las premisas de decisiones, a las que articula como componentes de sus decisiones y las fija para casos futuros; no proporciona ninguna integración de consecuencias en la realidad de su entorno". (LUHMANN, Niklas. *Sistema jurídico y Dogmática Jurídica*. Santiago: Ediciones Olejnik, 2018, p. 67).

[160] "os conceitos, a teoria, o conhecimento da dogmática não são o sistema do direito, mas guiam tal sistema". (LUHMANN, Niklas. *Sistema jurídico y Dogmática Jurídica*. Santiago: Ediciones Olejnik, 2018, p. 59).

opiniões, mas, segundo sua função, é a constituição da liberdade naqueles setores onde se espera vínculos"[161].

Outro ponto importante relacionado à dogmática é a impossibilidade de negação dos pontos de partida[162]. Encara-se o direito como ele é, ou seja, a partir da Constituição e das leis. Afinal, aquilo que *vale* como direito não está na dogmática, mas, sim, no direito positivo (=posto por decisão), que se volta à generalização e estabilização das expectativas normativas.

Além da ideia de *diferenciação social*, que marca fortemente a teoria dos sistemas de Luhmann, a *positividade* é pressuposto necessário à existência da dogmática[163]. No direito positivo estão compreendidas as "normas

[161] No original: "La dogmática no es un libre ejercicio del arte de formar opiniones, sino que, según su función, es la constitución de libertad en aquellos sectores donde se esperan vínculos". E segue o autor no sentido de que a dogmática "depende de materiais nos quais sua função e sua conexão possam ser expressas. Esses materiais podem ser classificados sem problemas, e resumidos em conceitos gerais como a declaração de vontade, o negócio jurídico, proibição com reserva de autorização etc. Isso era tanto mais fácil quando as normas já estavam formuladas na linguagem da dogmática pelas chamadas codificações. A ampliação da abrangência desses conceitos tem que ser paga, porém, com uma evidente perda de conteúdo (e é justamente por isso que as normas foram mantidas)". No original: "depende de materiales en los que se puede expresar su función y su vinculación. Estos materiales pueden ser clasificados sin problemas, y reasumidos en conceptos generales tales como la declaración de voluntad, el negocio jurídico, prohibición con reserva de autorización, etc. Esta era tanto más fácil cuanto que las normas ya estaban formuladas en el lenguaje de la dogmática por las llamadas codificaciones. La ampliación del alcance de estos conceptos ha de pagarse, sin embargo, con una evidente pérdida de contenido (y precisamente a esta se debe el que hayan podido mantenerse las normas)". (LUHMANN, Niklas. *Sistema jurídico y Dogmática Jurídica*. Santiago: Ediciones Olejnik, 2018, p. 79).

[162] "A característica mais importante no conceito de dogmática para o entendimento comum é a proibição da negação: a não negabilidade dos pontos de partida das cadeias de argumentação". No original: "La característica más importante en el concepto de la dogmática para la comprensión habitual es la prohibición de la negación: la no-negabilidad de los puntos de partida de las cadenas de argumentación". (LUHMANN, Niklas. *Sistema jurídico y Dogmática Jurídica*. Santiago: Ediciones Olejnik, 2018, p. 21).

[163] "A dogmática jurídica pressupõe, em outras palavras, juntamente com a diferenciação de um sistema jurídico, também a normatividade e o esquematismo do direito, e só reage tecnicamente aos problemas que resultam desse pressuposto". No original: "La dogmática jurídica presupone, en otros términos, junto con la diferenciación de un sistema jurídico, también normatividad y esquematismo del derecho, y solo reacciona técnicamente frente a los problemas que resultan de este presupuesto". (LUHMANN, Niklas. *Sistema jurídico y Dogmática Jurídica*. Santiago: Ediciones Olejnik, 2018, p. 86).

jurídicas que são postas em vigor mediante decisão, e consequentemente, podem ser novamente colocadas fora de vigor mediante decisão"[164], sendo a dogmática instrumento voltado à compreensão do significado, conteúdo e alcance das normas jurídicas voltadas à "aplicação do Direito", com atenção à consistência interna do sistema jurídico e à adequação social dos conceitos estipulados[165-166-167].

[164] NEVES, Marcelo. *Constituição e Direito na Modernidade Periférica*: uma abordagem teórica e uma interpretação do caso brasileiro. São Paulo: WMF Martins Fontes: 2018, p. 31.

[165] "Uma dogmática jurídica orientada funcionalmente precisa, portanto, de sua específica compreensão das normas, de uma interpretação especial de seus vínculos. Refere-se a normas entendidas como direito positivo vigente, à facticidade histórica de um ordenamento auto substitutivo. Vinculação não é para ela imutabilidade, e sim mutabilidade conforme as condições dadas. Nesta tem na sociedade atual sua própria adequação, o que lhe permite propor conceitos jurídicos adequados à sociedade". No original: "Una dogmática jurídica orientada funcionalmente precisa, por tanto, de su específica comprensión de las normas, de una especial interpretación de sus vínculos. Se refiere a normas entendidas como derecho positivo vigente, a la facticidad histórica de un ordenamiento auto-sustitutivo. Vinculación no es para ella inmutabilidad, sino mutabilidad según condiciones dadas. En esta tiene en la sociedad de hoy su propia adecuación, que la capacita para proponer conceptos jurídicos adecuados a la sociedad". (LUHMANN, Niklas. *Sistema jurídico y Dogmática Jurídica*. Santiago: Ediciones Olejnik, 2018, p. 82).

[166] Sobre a importância de se "construir" o direito (e uma dogmática jurídica) conforme as necessidades da sociedade, Luhmann destacou que: "Nesse sentido, a dogmática jurídica utiliza conceitos apropriados à sociedade para criar, internamente ao sistema jurídico, a possibilidade de integrar processos de elaboração de *input* e processos de produção de *output*. Em si mesmos não oferecem nenhuma garantia de que o sistema jurídico 'satisfaça as necessidades da sociedade'. Isso exigiria toda uma gama de diferentes contribuições, incluindo a eleição de personalidades adequadas para a função profissional principal de elaborar os processos de decisão. A dogmática, pela formação socialmente adequada de seus conceitos, apenas nos garante 'condições da possibilidade' – ou melhor: condições para que o sistema jurídico se oriente, com o *input* e o *output* ao mesmo tempo, para a necessidade de decisão para toda a sociedade". No original: "En este sentido la dogmática jurídica emplea conceptos adecuados a la sociedad para crear, internamente al sistema jurídico, la posibilidad de integrar procesos de elaboración del input y procesos de producción del output. En sí mismos no ofrecen ninguna garantía de que el sistema jurídico «satisfaga las necesidades de la sociedad». Para esta se precisaría todo un haz de diferentes contribuciones, incluyendo la elección de personalidades adecuadas para la función profesional principal de elaborar los procesos de decisión. La dogmática, mediante la formación socialmente adecuada de sus conceptos, solamente nos garantiza «condiciones de la posibilidad» - o mejor aún: condiciones para que el sistema jurídico se oriente, con el input y el output al mismo tiempo, a la necesidad de decisión producto de toda la sociedad". (LUHMANN, Niklas. *Sistema jurídico y Dogmática Jurídica*. Santiago: Ediciones Olejnik, 2018, p. 87).

Sobre a importância da dogmática na teoria dos sistemas, vale a pena destacar a lição de Misabel Derzi:

> A Dogmática jurídica, responsável pela análise e interpretação do Direito positivo, parte da ideia de que as posições adotadas sejam possíveis do ponto de vista do sistema vigente, isto é, deve ser resultado de interpretação normativa contida dentro das possibilidades semânticas do texto e do contexto jurídico em geral. A questão pressupõe, em primeiro lugar, que efetivamente exista um sistema que possa atuar de forma operacionalmente fechada, sendo as suas operações derivadas primária e diretamente dos conceitos e da estrutura normativa da Constituição, sem prejuízo de sua abertura cognitiva e de sentido ao ambiente externo[168].

A autora faz outro importante registro: a partir do momento em que a dogmática deixa de orientar a autopoiese do sistema jurídico, abrem-se as portas para que conceitos de outros sistemas (como o da política e o da economia) passem a determinar o modo de criação e reprodução do Direito, o que implica *corrupção sistêmica* e afastamento da ideia de Estado de Direito[169].

[167] Conforme Tércio Sampaio Ferraz Júnior e Juliano Souza de Albuquerque Maranhão, a dogmática jurídica não é instrumento para se chegar à interpretação correta ou verdadeira, "mas sim qual aquela que está melhor ou suficientemente justificada, diante das evidências dadas pelos textos normativos cujos sentidos estão inter-relacionados". (FERRAZ JUNIOR, Tércio Sampaio; MARANHÃO, Juliano Souza de Albuquerque. Função pragmática da justiça na hermenêutica jurídica: lógica do ou no direito? In *Revista do Instituto de Hermenêutica Jurídica*, v.1, p. 298).

[168] DERZI, Misabel Abreu Machado. *Modificações da Jurisprudência no Direito Tributário*: Proteção da confiança, boa-fé objetiva e irretroatividade como limitações constitucionais ao Poder Judicial de Tributar. São Paulo: Noeses, 2009, p. 34.

[169] "Se os conceitos são imprestáveis para guiar as decisões internas jurisdicionais, então as determinações externas – políticas e econômicas – diretamente intervém nas operações internas, inviabilizando o princípio da separação de poderes (e com isso, o Estado de Direito)". (DERZI, Misabel Abreu Machado. *Modificações da Jurisprudência no Direito Tributário:* proteção da confiança, boa-fé objetiva e irretroatividade como limitações constitucionais ao poder judicial de tributar. São Paulo: Noeses, 2009, p. 53).

1.7. Princípios e regras: a importância e o papel dessas espécies normativas no processo de concretização do direito

Desde a modernidade, refletir sobre o direito compreende a análise do fenômeno da positivação. O direito, visto como *direito positivo*, é comumente definido como conjunto de normas jurídicas voltadas à regulação das condutas das pessoas (=normas de conduta) e à criação e organização das estruturas que compõem o Estado (=normas de estrutura)[170].

A teoria dos sistemas de Niklas Luhmann também relaciona o direito com a ideia de positivação, mas com algumas particularidades: **direito positivo**, conforme o modelo luhmanniano, é **direito posto por *decisão***: desde a mais simples, tomada no cotidiano da vida, até a mais complexa, como a pronunciada pelo tribunal na solução de um "caso difícil" (=*hard case*). Ainda, como observa Marcelo Neves, "a noção de positividade como decidibilidade e alterabilidade do direito, tal como formulada por Luhmann", deve ser relacionada (ou até mesmo rearticulada) "com a concepção de positividade como 'autodeterminidade', fechamento operacional, autorreferência ou autopoiese do sistema jurídico"[171].

Logo, a partir de Luhmann se pode afirmar que o sistema jurídico se caracteriza como *direito positivo*, mas não com os mesmos contornos da doutrina do chamado *positivismo jurídico*: as normas, que não se encontram prontas e acabadas nos textos da Constituição e da legislação (pois resultam da interpretação dos textos do direito positivo[172-173]), se caracterizam como

[170] "o sistema de normas, introdutoras e introduzidas, integra o que conhecemos por direito positivo". (CARVALHO, Paulo de Barros. *Curso de Direito Tributário*. 30.ed. São Paulo: Saraiva, 2019, p. 89).

[171] NEVES, Marcelo. *Entre Têmis e Leviatã*: uma relação difícil: o Estado Democrático de Direito a partir e além de Luhmann e Habermas. São Paulo: Martins Fontes, 2006, p. 24.

[172] É o que ensina Humberto Ávila: "Normas não são textos nem o conjunto deles, mas os sentidos construídos a partir da interpretação sistemática de textos normativos. Daí se afirmar que os dispositivos se constituem no objeto da interpretação; e as normas, no seu resultado". (ÁVILA, Humberto. *Teoria dos Princípios*: da definição à aplicação de princípios jurídicos. 17.ed. São Paulo: Malheiros, 2016, p. 50).

[173] No mesmo sentido, Eros Roberto Grau: "O que em verdade se interpreta são os textos normativos; da interpretação dos textos resultam as normas. Texto e norma não se identificam. A norma é a interpretação do texto normativo. (...) A interpretação é, portanto, atividade que se presta a transformar textos - disposições, preceitos, enunciados - em normas". (GRAU, Eros R. *Ensaio e discurso sobre a interpretação e aplicação do direito*. 4.ed. São Paulo: Malheiros, 2006, p. 26). É importante destacar que, para este autor, há outro elemento importante (além dos textos)

elementos que direcionam a tomada de decisão (do particular, do Estado, do Estado-Juiz etc.)[174], contribuindo, assim, para a autorreprodução do direito.

Neste livro interessa um tipo específico de decisão, tomada por órgão especializado que integra o sistema do direito: a **decisão judicial**, proferida pelos **tribunais superiores** – notadamente o STF, por ser a Corte que, nos anos mais recentes, tem aplicado frequentemente o instituto da modulação na solução de casos de natureza tributária.

Os tribunais, que ocupam o centro do sistema jurídico, participam do processo de concretização do direito que culmina com a criação da

no processo interpretativo, que são os fatos extraíveis do caso ao qual a norma será aplicada: "a norma encontra-se, em estado de potência, involucrada no texto. Mas ela se encontra assim nele involucrada apenas parcialmente, porque os fatos também a determinam - insisto nisso: a norma é produzida, pelo intérprete, não apenas a partir de elementos que se desprendem do texto (mundo do dever-ser), mas também a partir de elementos do caso ao qual será ela aplicada, isto é, a partir de elementos da realidade (mundo do ser). Interpreta-se também o caso, necessariamente, além dos textos e da realidade - no momento histórico no qual se opera a interpretação - em cujo contexto serão eles aplicados. (...) o que incisivamente deve aqui ser afirmado, a partir da metáfora de Kelsen, é o fato de a 'moldura da norma' ser, diversamente, moldura do texto, mas não apenas dele; ela é, concomitantemente, moldura do texto e moldura do caso. O intérprete interpreta também o caso, necessariamente, além dos textos, ao empreender a produção prática do direito. (...) Por isso inexistem soluções previamente estruturadas, como produtos semi-industrializados em uma linha de montagem, para os problemas jurídicos. (...) O trabalho jurídico de construção da norma aplicável a cada caso é trabalho artesanal. Cada solução jurídica, para cada caso, será sempre, renovadamente, uma nova solução. Por isso mesmo - e tal deve ser enfatizado -, a interpretação do direito realiza-se não como mero exercício de leitura de textos normativos, para o quê bastaria ao intérprete ser alfabetizado". (GRAU, Eros R. *Ensaio e discurso sobre a interpretação e aplicação do direito*. 4. ed. São Paulo: Malheiros, 2006, p. 32-36).

[174] Conforme Friedrich Müller, "o direito não é idêntico ao texto literal da disposição legal". (MÜLLER, Friedrich. *Teoria Estruturante do Direito*. São Paulo: Revista dos Tribunais, 2008, p. 196). Os textos normativos são *dados de entrada* que, por si mesmos, não proíbem, permitem ou obrigam pessoa a coisa alguma, como bem observou Alfredo Augusto Becker: "Isolada em si mesma, a lei existe apenas como fórmula literal legislativa sem conteúdo jurídico ou como simples fenômeno histórico". (BECKER, Alfredo Augusto. *Teoria Geral do Direito Tributário*. 7.ed. São Paulo: Noeses, 2018, p. 121). O *dever-ser* ínsito aos programas do direito decorre é estipulado pelas normas de decisão, que surgem no fechamento operacional do sistema jurídico a partir da relação de circularidade entre pelo menos três elementos: texto (que é interpretado), fato (que é construído) e doutrina (a dogmática jurídica, que consiste em mecanismo de reflexão sobre o direito).

chamada "norma de decisão" (=norma que decide o caso concreto). Isso ocorre por meio da seleção e aplicação de princípios e regras. A aplicação da regra de modulação depende de aspectos relacionados ao princípio da *segurança jurídica* e/ou *interesse social relevante* (cujo conceito se constrói a partir de princípios constitucionais); logo, antes de se adentrar no capítulo seguinte – que versará sobre a modulação –, é conveniente encerrar esta etapa da obra com reflexões sobre a relação entre **princípios** e **regras**, bem como o papel que cada um desses tipos normativos exerce no processo de construção/concretização do direito.

Sob a perspectiva do constitucionalismo contemporâneo, os princípios são geralmente vistos como normas preponderantes em relação às regras.

Adeptos da linha de pensamento conhecida como *constitucionalista pós-moderna* (surgida após a Segunda Guerra Mundial) sustentam que as puras *regras legais* não seriam suficientes para resolver, apropriadamente, as complexidades do mundo real e os mais básicos direitos da sociedade, como o direito à vida digna, à liberdade e à igualdade[175].

Nesse período, as reflexões atinentes aos princípios jurídicos passaram a ser conduzidas pela filosofia moral, que vê a *justiça* como fim a ser perseguido pelo direito[176]. Consequentemente, os princípios foram diferenciados das regras com base no **grau de hierarquia linear**. Nesse sentido, os **princípios** seriam as *normas fundamentais* ocupantes do mais alto grau hierárquico da "pirâmide jurídica", cuja violação implicaria

[175] Obedecer a ordem clara e precisa extraída de uma lei, de um decreto ou de uma outra fonte normativa poderia implicar desrespeito ao mais básico direito de todos, que é o direito à vida. Exemplo: os fatos ocorridos na Alemanha nazista (de Hitler) e na Itália fascista (de Mussolini), bem como os regimes totalitários de guiaram a Espanha (de Franco) e Portugal (de Salazar) até meados da década de 1970. Ilustrativo foi o caso de Eichmann, narrado por Hannah Arendt, que "sempre pensou dentro dos estreitos limites da lei ou decreto que fosse válido num determinado momento", sendo que, na Alemanha nazista, "as palavras do Führer tinham força de lei (Führerworte haben Gesetzeskraft)". (ARENDT, Hannah. *Eichmann em Jerusalém* - Um relato sobre a banalidade do mal. Trad. José Rubens Siqueira. São Paulo: Companhia das Letras, 1999, p. 142; 152).

[176] Não se trata de retorno ao jusnaturalismo, em que os princípios eram encontrados e analisados *fora do direito*, mas de aplicação dos pressupostos da filosofia moral que permite trazer o debate para *dentro do sistema jurídico*, onde os princípios são tratados sob o aspecto da normatividade (e não conforme o pensamento jusnaturalista, que é baseado em critérios metajurídicos).

ofensa ao sistema jurídico como um todo[177], Caracterizariam os *mandamentos nucleares* do sistema jurídico[178], tidos como "linhas mestras"[179] do ordenamento e/ou "linhas diretivas que iluminam a compreensão de setores normativos"[180]. Por outro lado, às **regras** competiria a realização/ /concretização dos princípios: "justificar-se-iam, assim, apenas na medida em que estivessem a realizá-los. Nenhuma regra poderia existir sem que estivesse a cumprir essa missão, pois, do contrário, ela não seria funcional"[181].

Essa linha de pensamento aproxima os princípios aos ***valores***, de modo que "o direito e, mais particularmente, as normas jurídicas estão sempre

[177] Celso Antônio Bandeira de Mello destaca a superior hierarquia dos princípios em relação às regras ao tratar das consequências relacionadas à sua violação: "Violar um princípio é muito mais grave que transgredir uma norma qualquer. A desatenção ao princípio implica ofensa não apenas a um específico mandamento obrigatório, mas a todo sistema de comandos. É a mais grave forma de ilegalidade ou inconstitucionalidade, conforme o escalão do princípio atingido, porque representa insurgência contra todo o sistema, subversão de seus valores fundamentais, contumélia irremissível a seu arcabouço lógico e corrosão de sua estrutura mestra. Isto porque, com ofendê-lo, abatem-se as vigas que sustêm e alui-se toda a estrutura nelas esforçada". (MELLO, Celso Antônio Bandeira de. *Curso de Direito Administrativo.* 32.ed. São Paulo: Malheiros, 2015, p. 987).

[178] Nesse sentido, Celso Antônio Bandeira de Mello: "Princípio – já averbamos alhures – é, por definição, mandamento nuclear de um sistema, verdadeiro alicerce dele, disposição fundamental que se irradia sobre diferentes normas compondo-lhes o espírito e servindo de critério para sua exata compreensão e inteligência exatamente por definir a lógica e a racionalidade do sistema normativo, no que lhe confere a tônica e lhe dá sentido harmônico. É o conhecimento dos princípios que preside a intelecção das diferentes partes componentes do todo unitário que há por nome sistema jurídico positivo". (MELLO, Celso Antônio Bandeira de. *Curso de Direito Administrativo.* 32.ed. São Paulo: Malheiros, 2015, p. 986-987).

[179] Conforme Geraldo Ataliba, "os princípios são as linhas mestras, os grandes nortes, as diretrizes magnas do sistema jurídico. Apontam os rumos a serem seguidos por toda a sociedade e obrigatoriamente perseguidos pelos órgãos do governo (poderes constituídos). Eles expressam a substância última do querer popular, seus objetivos e desígnios, as linhas mestras da legislação, da administração e da jurisdição. Por estas não podem ser contrariados; têm que ser prestigiados até as últimas consequências". (ATALIBA, Geraldo. *República e Constituição.* 2.ed. atualizada por Rosolea Miranda Folgosi. São Paulo: Malheiros, 2007, p. 34).

[180] CARVALHO, Paulo de Barros. *Curso de Direito Tributário.* 30.ed. São Paulo: Saraiva, 2019, p. 206.

[181] CANOTILHO, José Joaquim Gomes. *Direito Constitucional e Teoria da Constituição.* 7. ed. Coimbra: Almedina, 2003, p. 2006.

impregnadas de valor"[182-183]. Precisamente no caso dos princípios, se constataria "forte conotação axiológica"[184] capaz de influenciar a estrutura lógica da *norma-princípio*, bem como determinar os fins a serem por ela atingidos[185-186]. Dando curso ao raciocínio, as normas principiológicas se

[182] E continua o autor: "Esse componente axiológico, invariavelmente presente na comunicação normativa, experimenta variações de intensidade de norma para norma, de tal sorte que existem preceitos fortemente carregados de valor e que, em função do seu papel sintático no conjunto, acabam exercendo significativa influência sobre grandes porções do ordenamento, informando o vector de compreensão de múltiplos segmentos". (CARVALHO, Paulo de Barros. *Curso de Direito Tributário*. 30.ed. São Paulo: Saraiva, 2019, p. 201).

[183] Sobre a relação entre *normas* e *valores*, confira-se Autora Tomazini de Carvalho: "O legislador produz os enunciados prescritivos atribuindo valores a certos símbolos e faz isto visando a implementação de outros valores. O intérprete se depara com todo aquele conjunto de enunciados prescritivos, desprovidos de qualquer valor, mas indicativos da existência de uma valoração por parte do legislador, passa a interpretá-los, adjudicando valores aos símbolos positivados e, com isso, vai construindo seu sentido para concretizar certos valores, que segundo sua construção, o legislador quis implementar. Há valoração para todos os lados, para produzir o direito, para compreendê-lo e para aplicá-lo". (CARVALHO, Aurora Tomazini de. *Curso de Teoria Geral do Direito:* o Constructivismo Lógico-Semântico. 2.ed. São Paulo: Noeses, 2010, p. 269).

[184] CARVALHO, Paulo de Barros. O Princípio da Segurança Jurídica em Matéria Tributária. In: *Revista de Direito Tributário*, n.61, p. 78.

[185] A referência aos valores é relevante, pois é o *aspecto valorativo* que confere especial caráter de normatividade aos princípios, que passam a ser considerados como fundamentos de validade das regras (*=normas de normas*) e vetores axiológicos impositivos à construção do Estado Democrático de Direito.

[186] Ainda sobre os "valores", duas observações são importantes: Primeira) as regras também teriam certa *carga axiológica*, que, no entanto, se restringiria à *finalidade a ser atingida pela regra*, haja vista que sua estrutura de *dever-ser* seria constituída a partir das determinações extraídas dos textos normativos (e não propriamente de valores éticos). Sobre o assunto, merecem destaque as lições de Eduardo Garcia Máynez: "toda atividade voluntária contém um sentido teleológico, ou seja, é inevitavelmente direcionada para a realização de certas finalidades. Mas como o homem apenas converte em meta de seu trabalho o que lhe é ou lhe parece valioso, a atividade orientada para um fim pressupõe, no sujeito, um juízo positivo sobre o valor daquilo a que se busca. Assim descobrimos a relação entre fins e valores; os últimos condicionam os primeiros, e não o contrário. No caso do direito, portanto, será preciso dizer, por conseguinte: os valores jurídicos servem de fundamento para os fins que o direito tem a missão de alcançar. Fazer reinar a justiça é e deve ser a aspiração dos criadores, aplicadores e destinatários de suas normas, porque a justiça é valiosa, e o que é valioso deve ser". No original: "toda actividad voluntaria encierra un sentido teleológico, es decir, ineludiblemente se dirige hacia la consecución de ciertas finalidades. Mas como el hombre solo convierte en meta de su obrar lo que es o le parece

apresentariam como estruturas de *dever-ser ético/bom*, caracterizadas por elevado grau de abstração e generalidade que visariam a atingir o que de melhor há para a sociedade, ao passo que as regras seriam estruturas de *dever-ser* com pouca margem para abstrações, e que, no âmbito das suas determinações, deveriam perseguir aquilo que é "bom" para a coletividade[187].

Paralelamente, há corrente doutrinária que fundamenta a diferença entre princípios e regras com base na ***estrutura normativa***. Nesse sentido, os **princípios** seriam *deveres provisórios* concretizáveis mediante ponderação, ao passo que as **regras** configurariam *deveres definitivos* aplicáveis conforme a lógica da subsunção. Deram foco à distinção *estrutural, v.g.*, o norte-americano Ronald Dworkin[188] e o alemão Robert Alexy[189-190].

valioso, la actividad que se orienta hacia un fin presupone, en el sujeto de la misma, un juicio positivo sobre la valiosidad de aquello a que se aspira. De este modo descubrimos la relación entre fines y valores; los segundos condicionan a los primeros, no a la inversa. En el caso del derecho habrá que decir, por consiguiente: los valores jurídicos sirven de fundamento a los fines que aquél tiene la misión de realizar. Hacer que la justicia reine es y debe aspiración de los creadores, aplicadores y destinatarios de sus normas, porque la justicia es valiosa, y lo valioso debe ser". (MÁYNEZ, Eduardo García. *Filosofía del Derecho*. México: Porrua, 1980, p. 414-415). Ainda, conforme Fábio Brun Goldschmidt, é "impossível pretendermos cogitar de uma disposição legal que não tenha por fim proteger alguma espécie de valor consagrado no seio da respectiva sociedade". (GOLDSCHMIDT, Fabio Brun. *O princípio do não-confisco no Direito Tributário*. São Paulo: Revista dos Tribunais, 2003, p. 79). Segunda) a relação entre princípios e valores não significa que ambos tenham a mesma natureza. O *princípio* é tratado como estrutura de *dever-ser* com pretensão de universalidade (norma que *determina* algo à sociedade), e o *valor* diz respeito àquilo que é *bom* para as pessoas (escolha tida por *melhor*, sob o aspecto ético). Essa diferença é ressaltada por Alexy: "A diferença entre princípios e valores é reduzida, assim, a um ponto. Aquilo que, no modelo de valores, é *prima facie* o melhor é, no modelo dos princípios, *prima facie* devido; e aquilo que é, no modelo de valores, definitivamente melhor é, no modelo de princípios, definitivamente devido. Princípios e valores diferenciam-se, portanto, somente em virtude de seu caráter deontológico, no primeiro caso, e axiológico, no segundo". (ALEXY, Robert. *Teoria dos Direitos Fundamentais*. Trad. Virgílio Afonso da Silva. 2.ed. São Paulo: Malheiros, 2011, p. 153).

[187] Nesse sentido: CANARIS, Claus W. *Pensamento sistemático e conceito de sistema na ciência do direito*. Introdução e tradução de A. Menezes Cordeiro. 3.ed. Lisboa: Fundação Calouste Gulbenkian, 2002, p. 50-55.

[188] Para Ronald Dworkin, os princípios "não apresentam conseqüências jurídicas que se seguem automaticamente quando as condições são dadas". (DWORKIN, Ronald. *Levando os Direitos a Sério*. Trad. Nelson Boeira. São Paulo: WMF Martins Fontes, 2010, p. 40). Nessa linha de ideias, o caráter normativo dos princípios ganha destaque no plano da *argumentação jurídica*, pois as normas principiológicas, que se sobrepõem às *diretrizes políticas*, servem de fundamento para a

tomada de decisão, estando vinculadas a critérios de *justiça responsável* ligados à concretização do Direito como *integridade*. Sobre a importância dos princípios no âmbito da argumentação jurídica, Dworkin ressalta que "um argumento de princípio pode oferecer uma justificação para uma decisão particular, segundo a doutrina da responsabilidade, somente se for possível mostrar que o princípio citado é compatível com decisões anteriores que não foram refeitas, e com decisões que a instituição está preparada para tomar em circunstâncias hipotéticas". (DWORKIN, Ronald. *Levando os Direitos a Sério*. Trad. Nelson Boeira. São Paulo: WMF Martins Fontes, 2010, p. 138). Flávio Quinaud Pedron e José Emílio Medauar Ommati, em obra que se baseia no pensamento de Dworkin, discorrem sobre os princípios como *fundamentos das decisões*: "quando um princípio é utilizado para a tomada de uma decisão, o aplicador deve se desincumbir de um pesado ônus argumentativo: por que está usando esse princípio? O que ele significa? Como ele deve ser compreendido em face do caso concreto a ser decidido? Como esse princípio foi compreendido em casos anteriores? Essas decisões anteriores representaram a melhor interpretação desse princípio em face do Direito como um todo?". (PEDRON, Flávio Quinaud; OMMATI, José Emílio Medauar. *Teoria do Direito Contemporânea*. Belo Horizonte: Conhecimento Editora, 2020, p. 62). Ainda sob o ponto de vista de Dworkin, um princípio não é mais ou menos importante que o outro; há, sim, dimensões de peso diferentes a serem consideradas no momento da tomada da decisão. Por isso, na hipótese de colisão entre princípios (na solução do caso concreto), haverá, a depender da "força relativa de cada um", a *prevalência* de um em relação ao outro, mantendo-se a validade de ambos no sistema. (DWORKIN, Ronald. *Levando os Direitos a Sério*. Trad. Nelson Boeira. São Paulo: WMF Martins Fontes, 2010, p. 42) As regras, por sua vez, "são aplicáveis à maneira do tudo-ou-nada", seguindo a lógica da subsunção: ou se aplica "por completo" ao caso, ou não se aplica. Na hipótese de colisão, "uma delas não pode ser válida", de modo que a solução do conflito será conferida pelo próprio sistema "através de outras regras, que dão precedência à regra promulgada pela autoridade de grau superior, à regra promulgada mais recentemente, à regra mais específica ou outra coisa desse gênero". (DWORKIN, Ronald. *Levando os Direitos a Sério*. Trad. Nelson Boeira. São Paulo: WMF Martins Fontes, 2010, p. 39; 43).

[189] Para Robert Alexy, os princípios seriam *mandamentos de otimização*, ou seja, "normas que ordenam que algo seja realizado na maior medida possível dentro das possibilidades jurídicas e fáticas existentes". (ALEXY, Robert. *Teoria dos Direitos Fundamentais*. Trad. Virgílio Afonso da Silva. 2.ed. São Paulo: Malheiros, 2011, p. 90). Nesse sentido, os princípios seriam razões *prima facie*, sendo possível que um princípio limite a força normativa de outro(s) no caso de colisão, caracterizando, assim, a ideia de que um princípio cede espaço para que outro incida numa dada situação concreta. Segundo o autor, "o caráter *prima facie* dos princípios pode ser fortalecido por meio da introdução de uma carga argumentativa a favor de determinados princípios ou de determinadas classes de princípios". (ALEXY, Robert. *Teoria dos Direitos Fundamentais*. Trad. Virgílio Afonso da Silva. 2.ed. São Paulo: Malheiros, 2011, p. 104). Sobre a ideia de "cedência recíproca", esclarece Alexy que "não significa... nem que o princípio cedente deva ser declarado inválido, nem que nele deverá ser introduzida uma cláusula de exceção. Na verdade, o que ocorre é que um dos princípios tem precedência em face do outro sob determinadas condições. Sob outras

condições a questão da precedência pode ser resolvida de forma oposta. Isso é o que se quer dizer quando se afirma que, nos casos concretos, os princípios têm pesos diferentes e que os princípios com maior peso têm precedência". (ALEXY, Robert. *Teoria dos Direitos Fundamentais*. Trad. Virgílio Afonso da Silva. 2.ed. São Paulo: Malheiros, 2011, p. 94). Já as regras seriam *determinações* (prescrições) "que são sempre ou satisfeitas ou não satisfeitas", de modo que se "uma regra vale, então, deve se fazer exatamente aquilo que ela exige; nem mais, nem menos", e a identificação da regra válida pode ser feita "por meio de regras como *lex posterior derogat legi priori* e *lex specialis derogat legi generali*". (ALEXY, Robert. *Teoria dos Direitos Fundamentais*. Trad. Virgílio Afonso da Silva. 2.ed. São Paulo: Malheiros, 2011, p. 90-91). Seriam, portanto, determinações definitivas – no sentido de que estipulam obrigações. (ALEXY, Robert. *Teoria dos Direitos Fundamentais*. Trad. Virgílio Afonso da Silva. 2.ed. São Paulo: Malheiros, 2011, p. 106). Mais: "Se uma regra é uma razão para um determinado juízo concreto – o que ocorre quando ela é válida, aplicável e infensa a exceções –, então, ela é uma razão definitiva. Se o juízo concreto de *dever-ser* tem como conteúdo a definição de que alguém tem determinado direito, então, esse direito é um direito definitivo. Princípios são, ao contrário, sempre razões *prima facie*. (...) No caso Lebach, por exemplo, dois princípios são contrapostos: um garante um direito prima facie à proteção da personalidade, e o outro um direito *prima facie* à liberdade de informar". (ALEXY, Robert. *Teoria dos Direitos Fundamentais*. Trad. Virgílio Afonso da Silva. 2.ed. São Paulo: Malheiros, 2011, p. 108; 114). Sobre o "Caso Lebach", Ingo Wolfgang Sarlet esclarece que: "cuidava-se da condenação, em 1970, dos autores do assassinato de quatro soldados durante o sono, ao passo que outro ficou gravemente ferido. Os autores principais foram condenados à prisão perpétua e o partícipe a seis anos de reclusão. Dois anos depois, uma emissora de televisão editou um documentário sobre o caso, inclusive uma reconstituição com referência aos nomes dos envolvidos, o que levou o partícipe, que estava a prestes a lograr livramento condicional, a requerer provimento judicial para impedir a divulgação do programa, o que foi recusado pela instância ordinária, resultando em interposição de reclamação constitucional ao TCF". (https://www.conjur.com.br/2015-jun-05/direitos-fundamentais-lebach-google--vs-agencia-espanhola-protecao-dados-mario-gonzalez, acesso 09/08/2021). Na hipótese de colisão, a solução consistirá na declaração de invalidade de uma das regras, ou na estipulação de uma regra de exceção que permita o afastamento da antinomia.

[190] Ao discorrer sobre as teorias de Dworkin e Alexy, Humberto Ávila destaca que "o fundamento dessa distinção está na estrutura normativa: os princípios, porque instituem mandamentos superáveis no confronto com outros princípios, permitem o sopesamento, ao passo que as regras, porque estabelecem deveres pretensamente definitivos, eliminam ou diminuem sensivelmente a liberdade apreciativa do aplicador. Trata-se, como se pode ver, de uma distinção forte – os princípios e as regras não têm as mesmas propriedades, mas qualidades diferentes; enquanto as regras instituem deveres definitivos (deveres que não podem ser superados por razões contrárias) e são aplicadas por meio da subsunção (exame de correspondência entre o conceito normativo e o conceito do material fático), os princípios estabelecem deveres provisórios (deveres que podem ser superados por razões contrárias) e são aplicados mediante ponderação (sopesamento concreto entre razões colidentes com atribuição de peso

Outra vertente da dogmática baseia a distinção entre princípios de regras com fundamento nos **fins** a serem atingidos pelas normas (=aspecto teleológico). No Brasil, um de seus representantes é Humberto Ávila[191-192],

maior a uma delas); enquanto o conflito entre regras é abstrato (abstratamente concebível já no plano abstrato), necessário (é inevitável caso não seja aberta uma exceção) e situado no plano da validade (o conflito resolve-se com a decretação de invalidade de uma das normas regras envolvidas), a antinomia entre princípios é concreta (só ocorre diante de determinadas circunstâncias concretas), contingente (pode ou não ocorrer) e situada no plano da eficácia (ambos os princípios mantêm a validade após o conflito)". (ÁVILA, Humberto. Princípios e Regras e a Segurança Jurídica. In *Revista de Direito do Estado*, ano 1, nº 1, jan/mar/2006, p. 192).

[191] Para Humberto Ávila, os princípios estabelecem *fins* a serem atingidos, que contribuem para a solução de questões jurídicas; portanto, não são *decisivos*, e devem ser interpretados e aplicados mediante avaliação da correlação existente entre os *fins pretendidos* e os *efeitos dos meios* tidos como necessários para o atingimento dos fins perseguidos. Nesse sentido, "*princípios são normas imediatamente finalísticas*, já que estabelecem um estado de coisas para cuja realização é necessária a adoção de determinados comportamentos". Sobre a interpretação e a aplicação dessa espécie normativa, destaca o autor que "como os princípios se constituem em normas imediatamente finalísticas e mediatamente de conduta, a justificativa da decisão de interpretação será feita mediante avaliação dos efeitos da conduta havida como meio necessário à promoção de um estado de coisas posto pela norma como ideal a ser atingido". Finalmente: "Os princípios consistem em normas *primariamente complementares* e *preliminarmente parciais*, na medida em que, sobre abrangerem apenas parte dos aspectos relevantes para uma tomada de decisão, não têm a pretensão de gerar uma solução específica, mas de contribuir, ao lado de outras razões, para a tomada da decisão". (ÁVILA, Humberto. *Teoria dos Princípios*: da definição à aplicação de princípios jurídicos. 17.ed. São Paulo: Malheiros, 2016, p. 71; 75-76). As regras, por outro lado, *descrevem*, de forma *imediata*, condutas a serem observadas, interpretadas e aplicadas mediante subsunção e com pretensão de solucionar conflitos. Nas palavras do autor, "*as regras são normas imediatamente descritivas*, na medida em que estabelecem obrigações, permissões e proibições mediante a descrição da conduta a ser adotada". (ÁVILA, Humberto. *Teoria dos Princípios*: da definição à aplicação de princípios jurídicos. 17.ed. São Paulo: Malheiros, 2016, p. 74). Sobre a interpretação e a aplicação das regras, Humberto Ávila destaca que "como as regras consistem em normas imediatamente descritivas e mediatamente finalísticas, a justificação da decisão de interpretação será feita mediante avaliação de concordância entre a construção conceitual dos fatos e a construção conceitual da norma". Mais: "as regras consistem em normas *preliminarmente decisivas* e *abarcantes*, na medida em que, a despeito da pretensão de abranger todos os aspectos relevantes para a tomada da decisão, têm a aspiração de gerar uma solução específica para o conflito de razões". (ÁVILA, Humberto. *Teoria dos Princípios*: da definição à aplicação de princípios jurídicos. 17.ed. São Paulo: Malheiros, 2016, p. 71; 75-76). Em suma: para Humberto Ávila, "As regras são normas imediatamente descritivas, primariamente retrospectivas e com pretensão de decidibilidade e abrangência, para cuja aplicação se exige a avaliação da correspondência, sempre centrada na

que, a propósito, considera a violação de uma regra algo mais grave que a inobservância de um princípio (uma espécie de *inversão em* relação àquilo que tradicionalmente se defende desde o fim da Segunda Guerra Mundial[193]).

finalidade que lhes dá suporte ou nos princípios que lhes são axiologicamente sobrejacentes, entre a construção conceitual da descrição normativa e a construção conceitual dos fatos. Os princípios são normas imediatamente finalísticas, primariamente prospectivas e com pretensão de complementariedade e de parcialidade, para cuja aplicação se demanda uma avaliação da correlação entre o estado de coisas a ser promovido e os efeitos decorrentes da conduta havida como necessária à sua promoção". (ÁVILA, Humberto. *Teoria dos Princípios*: da definição à aplicação de princípios jurídicos. 17.ed. São Paulo: Malheiros, 2016, pp. 78-79).

192 Para Humberto Ávila, além dos princípios e das regras existe uma outra categoria de normas jurídicas, que são os postulados, que se prestam, de um lado, a auxiliar na *compreensão do Direito* (=hermenêuticos), e, de outro, a estruturar a adequada *aplicação* das demais espécies normativas que integram o sistema jurídico (=aplicativos). Sobre os postulados hermenêuticos, o autor destaca que "no âmbito do Direito, há postulados hermenêuticos, cuja utilização é necessária à compreensão interna e abstrata do ordenamento jurídico, podendo funcionar, é claro, para suportar essa ou aquela alternativa de aplicação normativa. Dentre os mais importantes está o *postulado da unidade do ordenamento jurídico,* a exigir do intérprete o relacionamento entre a parte e o todo, mediante o emprego das categorias de ordem e de unidade. Subelemento desse postulado é o *postulado da coerência,* a impor ao intérprete, entre outros deveres, a obrigação de relacionar as normas com as normas que lhes são formal ou materialmente superiores. As condições do conhecimento reveladas pela hermenêutica são verdadeiros postulados: onde há uma parte há o todo; onde há um objeto cognoscível há um sujeito cognoscente; onde há um sistema, há um problema". (ÁVILA, Humberto. *Teoria dos Princípios*: da definição à aplicação de princípios jurídicos. 17.ed. São Paulo: Malheiros, 2016, p. 125-126). Quanto aos postulados normativos aplicativos, "são normas imediatamente metódicas que instituem os critérios de aplicação de outras normas situadas no plano do objeto da aplicação. Assim, qualificam-se como metanormas. Daí se dizer que se qualificam como normas de segundo grau. Nesse sentido, sempre que se está diante de um postulado normativo, há uma diretriz metódica que se dirige ao intérprete relativamente à interpretação de outras normas. Por trás dos postulados, há sempre outras normas que estão sendo aplicadas". (ÁVILA, Humberto. *Teoria dos Princípios*: da definição à aplicação de princípios jurídicos. 17.ed. São Paulo: Malheiros, 2016, p. 124).

193 Conforme Humberto Ávila, "as regras têm a função de gerar uma solução para um conflito, evitando que a controvérsia entre os valores morais que elas afastam ressurja no momento da aplicação". Partindo da ideia de que as regras são "instrumentos de garantia de segurança jurídica, ...porque visam a eliminar a incerteza, a arbitrariedade e a promover uma determinada solução mediante o bloqueio do uso de razões na aplicação", conclui o autor que "descumprir uma regra é mais grave do que descumprir um princípio. E isso porque as regras têm uma pretensão de decibilidade que os princípios não têm" (g.n). E arremata: "enquanto as regras têm a pretensão de oferecer uma solução provisória para um conflito de interesses já conhecido

Contudo, conferir primazia a princípios, ou a regras, no processo de concretização do direito, não parece ser a solução jurídica mais adequada para a generalização e estabilização das expectativas normativas – pelo menos não à luz da teoria dos sistemas de Luhmann. Tampouco se afigura parâmetro seguro para a implementação da ideia de **justiça** que, conforme o modelo Luhmanniano, compreende a busca pela **consistência interna do direito** concomitantemente à sua **adequação social**[194].

Princípios *demais* abrem espaço ao cometimento de abusos, proporcionando a abertura excessiva do sistema ao ambiente e prejudicando a consistência interna do direito. As decisões judiciais, neste caso, tendem a ter como base o consequencialismo e se afastam dos programas normativos (*v.g.*, as leis) que devem reger a aplicação do código *lícito/ilícito*.

Em suma: o apego exagerado aos princípios torna o sistema jurídico *aberto demais*[195].

Por outro lado, a dedicação exacerbada às regras – como se fossem as *normas mais importantes* – acarreta o engessamento do sistema, pois, ao se prestigiar o fechamento operativo, há tendência de se negar a abertura cognitiva. Efeito disso é o bloqueio do processo de evolução do direito e da adequação do sistema jurídico às necessidades da sociedade.

ou antecipável pelo Poder Legislativo, os princípios apenas oferecem razões complementares para solucionar um conflito futuramente verificável". (ÁVILA, Humberto. Princípios e regras e a segurança jurídica. In *Revista de direito do estado,* n.1, jan. a mar. 2006, p. 204).

194 Como bem observa Betina Treiger Grupenmacher, o sistema jurídico (visto sob a óptica constitucional) deve ser "permanentemente adequado" com vistas à compatibilização das suas normas à "sociedade em um dado momento histórico". E ao fazer referência às lições de Canotilho, registra a autora que "um sistema em que existissem apenas regras levaria a um sistema jurídico de racionalidade prática. (...). Tal espécie de sistema jurídico, por certo conduziria a um sistema de segurança, mas inexistiria espaço para complementação e desenvolvimento de um sistema, como o constitucional, que como afirma é necessariamente aberto". (GRUPENMACHER, Betina Treiger. Eficácia e aplicabilidade das limitações Constitucionais ao poder de tributar. São Paulo: Editora Resenha Tributária, 1997, p. 41; 43).

195 "Os princípios constitucionais como normas no plano da observação de segunda ordem de casos a decidir e de normas de decisão apresentam, na cadeia argumentativa, uma maior capacidade de desenvolver a heterorreferência. De certa maneira, eles sempre apontam para algo que já existiria fora do sistema jurídico (valores, princípios morais, interesses sociais etc.)". (NEVES, Marcelo. *Entre Hidra e Hércules*: princípios e regras constitucionais como diferença paradoxal do sistema jurídico. 3.ed. São Paulo: Editora WMF Martins Fontes, 2019, p. 127).

Resumidamente, a primazia das regras torna o sistema do direito *demasiadamente fechado*[196].

Essas razões parecem suficientes para que, na modernidade complexa, se abandone a ideia de *hierarquia linear* (=superioridade de uma espécie normativa em relação à outra) e se encarem os princípios e as regras como programas normativos que, no processo de concretização do direito, mantêm relação de ***pressuposição recíproca***. Afinal, como recorda Marcelo Neves, "embora as normas constitucionais sirvam como fundamento de validade das demais normas jurídicas, os sentidos normativos da Constituição dependem tanto da legislação quanto dos atos de interpretação-aplicação da Constituição"[197].

[196] "um sistema jurídico moderno que superestime as regras em detrimento dos princípios constitucionais tende a uma consistência excessivamente rígida, isolando-se do seu ambiente: a rigidez... torna-o socialmente inadequado perante uma sociedade altamente dinâmica e complexa. Entretanto, a fascinação pelos princípios constitucionais, em detrimento das regras, tende a bloquear a consistência jurídica, dissolvendo o direito amorfamente em seu ambiente e subordinando-o imediatamente às intrusões particularistas do poder, do dinheiro, dos moralismos intolerantes, dos valores excludentes inegociáveis etc. O caráter amorfo da fumaça principialista torna o direito inconsistente e, simultaneamente, não adequado aos fatores sociais do seu ambiente, mas sim subordinado imediatamente a eles. Daí resulta a inflação de princípios, que pode levar, no limite, à desestabilização das expectativas normativas, à insegurança jurídica e à desconfiança no funcionamento da própria ordem constitucional. Nesse contexto, os princípios apresentam-se como *topoi* argumentativos de uma retórica que encobre a inconsistências do direito". (NEVES, Marcelo. *Entre Hidra e Hércules:* princípios e regras constitucionais como diferença paradoxal do sistema jurídico. 3.ed. São Paulo: Editora WMF Martins Fontes, 2019, p. 133).

[197] O trecho em referência, extraído da obra de Marcelo Neves, está inserido no seguinte contexto: "A autofundamentação constitucional do sistema não deve, porém, levar a uma compreensão hierárquica linear do sistema jurídico, pois, embora as normas constitucionais sirvam como fundamento de validade das demais normas jurídicas, os sentidos normativos da Constituição dependem tanto da legislação quanto dos atos de interpretação-aplicação da Constituição. Portanto, a partir da própria autofundamentação constitucional do sistema jurídico, desenvolve-se uma hierarquia entrelaçada no processo dinâmico de concretização normativa". E continua o autor: "assim como a relação entre Constituição e lei, do ponto de vista da dinâmica jurídica, não importa uma hierarquia linear, mas sim uma relação circular, a diferença entre princípios e regras constitucionais, do ponto de vista de estática jurídica, envolve uma relação de pressuposição recíproca". (NEVES, Marcelo. *Entre Hidra e Hércules:* princípios e regras constitucionais como diferença paradoxal do sistema jurídico. 3.ed. São Paulo: Editora WMF Martins Fontes, 2019, p. 117; 120).

Essa outra perspectiva (da *pressuposição recíproca*), que é adotada neste livro, será analisada no próximo item.

1.8. Ainda sobre princípios e regras: um "outro modelo" sob a óptica da teoria dos sistemas de Niklas Luhmann

Cumpre advertir, de início, que o "outro modelo" a que se faz referência no título acima não diz respeito à teoria desenvolvida por Luhmann. Também não se trata de inovação decorrente dos estudos desenvolvidos nesta obra. As ideias que a seguir serão apresentadas derivam da visão de Marcelo Neves, que, ao discorrer sobre a relação entre princípios e regras[198], considerou as bases do pensamento luhmanniano sobre os sistemas sociais.

Dito isto, cumpre destacar que, na prática cotidiana, em que não há controvérsias sobre o conteúdo e/ou validade das normas jurídicas, a distinção entre *princípios* e *regras* não revela utilidade prática. As pessoas simplesmente cumprem o comando normativo (param frente ao sinal vermelho, por exemplo) sem questionar se o dever é decorrente de uma regra ou de um princípio.

Diferentemente ocorre quando se discutem aspectos voltados à aplicação das normas na solução dos casos concretos. Nessas circunstâncias, instauram-se debates no plano da argumentação jurídica, e os princípios e as regras passam a integrar a comunicação sob a forma de programas normativos dotados de características distintas, que atuam de modo diverso (mas interdependente) no processo de concretização do direito[199-200].

[198] Em obra específica sobre o tema, intitulada Entre Hidra e Hércules: princípios e regras constitucionais como diferença paradoxal do sistema jurídico.

[199] "No âmbito da mera observância cotidiana do direito, da pura aplicação rotineira de normas jurídicas pela burocracia estatal ou dos usos de ofertas legais de regulação no exercício corriqueiro da autonomia privada, os envolvidos (...) não questionam o sentido ou a validade das normas a serem seguidas, aplicadas ou usadas no respectivo contexto. *Alter* e *ego* supõem um sentido habitual, mas isso não implica necessariamente consenso. Assim, *ego* (pessoa qualquer) não fuma no local porque há uma proibição, expressa inclusive em uma placa, ou *alter* (o policial ou outra autoridade administrativa) ordena e impõe a ordem de interrupção do ato de fumar". Contudo, quando surgem controvérsias de expectativas normativas, "os envolvidos na comunicação jurídica galgam outro plano, a partir do qual discutem sobre as normas a serem aplicadas, a sua validade, o seu sentido, as condições de seu cumprimento etc.", o que permite que "se rediscuta permanentemente as normas a aplicar e as condições de seu cumprimento. Dessa maneira, pode-se questionar a proibição de fumar à luz das liberdades constitucionais, inclusive da liberdade econômica... Assim, o sistema fica constrangido a aumentar a sua irritabilidade

Nas palavras de Marcelo Neves, este é o momento em que "a diferença entre princípios e regras ganha um significado imprescindível para o desenvolvimento consistente e adequado do direito", e que surge a necessidade de construção de uma argumentação jurídica situada "entre a justificação e a aplicação das normas"[201].

Pode-se afirmar, portanto, que **a judicialização de questão tributária controvertida**, que envolve a relação entre *particular* e *Estado*, implica a instauração, no interior do sistema jurídico, de uma **rede discursiva** baseada em **princípios** e **regras**.

Para que se possa compreender o papel exercido pelos diferentes tipos de normas no âmbito da cadeia argumentativa, é necessário recordar a diferença entre **ambiente** e **sistema jurídico**. Em seguida, deve-se fixar a atenção no **processo de concretização do direito**, que compreende a **argumentação** das partes sobre o *caso* a ser decidido e os *princípios* e *regras* aplicáveis, bem como a atuação dos **tribunais** na **construção do caso** e na **interpretação dos textos normativos** aplicáveis à solução da demanda. A interseção do caso construído e dos textos interpretados permitem a identificação dos **princípios** e das **regras** que serão **aplicados** na última etapa do processo de concretização do direito, que compreende a edição da **norma de decisão** (=norma que soluciona o caso).

Pluralidade de valores e multiplicidade de interesses são as marcas do **ambiente** em relação ao sistema jurídico (ou seja, da sociedade complexa). Esse contexto contribui para que as pessoas e o Estado criem expectativas normativas diversas a partir da interpretação dos mesmos textos normativos.

e a construir e reconstruir permanentemente sua própria realidade, o seu próprio mundo". (NEVES, Marcelo. *Entre Hidra e Hércules:* princípios e regras constitucionais como diferença paradoxal do sistema jurídico. 3.ed. São Paulo: Editora WMF Martins Fontes, 2019, p. 98-99).

[200] "A argumentação jurídica ocorre na intersecção entre a justificação e a aplicação das normas. Com ela, ...saímos do plano da mera aplicação ou observância... e procuramos dar uma nova luz à aplicação mediante a discussão sobre a justificação sistêmico-interna das normas a aplicar. E isso é especialmente relevante no caso do direito constitucional, ou seja, na determinação dos princípios e regras constitucionais aplicáveis à solução de questões jurídicas controversas". (NEVES, Marcelo. *Entre Hidra e Hércules:* princípios e regras constitucionais como diferença paradoxal do sistema jurídico. 3.ed. São Paulo: Editora WMF Martins Fontes, 2019, p. 100-101).

[201] NEVES, Marcelo. *Entre Hidra e Hércules:* princípios e regras constitucionais como diferença paradoxal do sistema jurídico. 3.ed. São Paulo: Editora WMF Martins Fontes, 2019, p. 100.

Por exemplo: o particular calcula certo tributo considerando a base de cálculo X, pois, na sua visão, que parte de valores e interesses "particulares", X é o "correto" à luz do direito. Por outro lado, é possível que o Estado interprete os mesmos textos normativos de maneira diversa, e argumente que a base de cálculo correta do tributo não é X, e, sim, X+Y. Alguma expectativa normativa será frustrada em razão do dissenso: do particular, se o tributo for cobrado a partir da base X+Y, ou do Estado, se a exação for recolhida com a base de cálculo X. A solução desse quadro de insegurança será dada pelo centro do sistema jurídico: judicializada a questão, competirá ao Poder Judiciário, a partir da aplicação de regras e/ou princípios, decidir quem está com a razão.

Uma vez judicializada a questão, a discussão ingressará no **interior do sistema jurídico** por meio da *argumentação*. **Dar-se-á início, então, ao processo de concretização do direito.**

Neste processo, as partes, por intermédio de seus procuradores, apresentarão dados fáticos sobre o caso a ser decidido e invocarão *princípios* e *regras* que, segundo seus interesses, deverão prevalecer para a solução da demanda.

No centro do sistema do direito, os tribunais **construirão o caso a ser decidido** (a partir dos dados fáticos fornecidos pelas partes) e **interpretarão os textos normativos** invocados na demanda judicial. Nas etapas de *criação do caso* e de *interpretação dos textos*, os tribunais **selecionarão** os princípios e as regras que serão aplicados para a tomada de decisão, descartando aqueles que não deverão incidir. Ao final do processo de concretização do direito, será editada a **norma de decisão**, que solucionará a demanda a partir da relação *interdependente* entre os princípios e as regras aplicados[202].

[202] Resumidamente: "Em casos constitucionais mais complexos, nos quais são articulados diversos princípios e regras constitucionais na cadeia argumentativa, há as normas que são invocadas e a(s) norma(s) que é (são) aplicada(s) direta e indiretamente como razão ou critério definitivo para a solução do conflito. ... apresenta-se no ambiente social do processo de concretização constitucional uma diversidade contraditória de valores, pretensões morais, interesses e expectativas normativas atípicas. Na rede ou cadeia da argumentação constitucional, invocam-se princípios e regras constitucionais. Mediante a invocação de princípios, inicia-se um primeiro passo seletivo na estruturação da complexidade do caso em face dos valores, pretensões morais e interesses que circulam no ambiente social do processo de concretização:

Conforme o modelo luhmanniano (aqui aplicado na visão de Marcelo Neves), **a partir da norma de decisão** se torna possível identificar e distinguir os princípios das regras.

Nessa perspectiva, as regras são **razões *imediatas*** para a criação das normas de decisão[203]. Elas não precisam de outras normas (=veículos) para serem aplicadas ao final do processo de concretização do direito: uma vez selecionadas (pelos tribunais), são aplicadas *prima facie*[204]. É de Marcelo Neves a lição de que "mediante determinação da incidência de uma regra excluem-se do seu âmbito de incidência outras regras, possibilitando-se imediatamente a construção de um fundamento definitivo da norma de decisão do caso, ou seja, a construção de um enunciado completo da regra a ser aplicada"[205].

Já os **princípios** são razões ***mediatas*** em relação à norma de decisão, pois conferem as balizas e os contornos para a aplicação das regras. A referência *imediata* dos princípios ocorre relativamente às regras (são "normas de normas"), e não ao caso a ser decidido (em relação ao qual o vínculo é apenas *mediato*). Por conseguinte, **os princípios se concretizam apenas por intermédio de regras**, sejam estas "regras legais" (=extraídas diretamente dos textos normativos), sejam "regras adstritas" (=construídas

busca-se um caminho de passagem da complexidade desestruturada à estruturável. Por meio da invocação de regras, dá-se um passo além: procura-se tornar estruturada a complexidade do caso. Mas as regras e os princípios invocados... são insuscetíveis de oferecer critérios de solução. No interior do processo de concretização, surge uma nova seleção, determinando-se quais princípios e regras devem ser aplicados". (NEVES, Marcelo. *Entre Hidra e Hércules:* princípios e regras constitucionais como diferença paradoxal do sistema jurídico. 3.ed. São Paulo: Editora WMF Martins Fontes, 2019, p. 136).

203 NEVES, Marcelo. *Entre Hidra e Hércules*: princípios e regras constitucionais como diferença paradoxal do sistema jurídico. 3.ed. São Paulo: Editora WMF Martins Fontes, 2019, p. 103.

204 "As regras condensam expectativas normativas que se dirigem imediatamente à solução do caso". (NEVES, Marcelo. *Entre Hidra e Hércules:* princípios e regras constitucionais como diferença paradoxal do sistema jurídico. 3.ed. São Paulo: Editora WMF Martins Fontes, 2019, p. 120).

205 NEVES, Marcelo. *Entre Hidra e Hércules*: princípios e regras constitucionais como diferença paradoxal do sistema jurídico. 3.ed. São Paulo: Editora WMF Martins Fontes, 2019, p. 122.

a partir da interpretação dos textos da Constituição e da legislação). Nesse contexto, os princípios não são aplicáveis *prima facie*[206-207-208].

Como se pode observar, as regras atuam como "vetores" dos princípios, que lhes conferem conteúdo completo e sentido de aplicação. Isso se deve ao fato de que os **princípios**, notadamente os constitucionais, "servem ao balizamento, construção, desenvolvimento, enfraquecimento e fortalecimento de regras, assim como, eventualmente, para restrição e aplicação do seu conteúdo", sendo possível afirmar, "com o devido cuidado", que os princípios "atuam como razão ou fundamento de regras, inclusive regras constitucionais, nas controvérsias jurídicas complexas[209].

[206] Conforme Marcelo Neves, os princípios se aplicam "mediante regras completas como razões ou critérios definitivos de solução do caso e construção da respectiva norma de decisão". (NEVES, Marcelo. *Entre Hidra e Hércules*: princípios e regras constitucionais como diferença paradoxal do sistema jurídico. 3.ed. São Paulo: Editora WMF Martins Fontes, 2019, p. 103). Por "regras completas" entenda-se regras de conduta/comportamento, cujas hipóteses de incidência e respectivas consequências normativas podem ser extraídas a partir da interpretação dos textos do direito positivo.

[207] "Não se trata aqui de negar que os princípios constitucionais, inclusive os chamados princípios 'abertos'... possam ser expressos em um enunciado em que constem um antecedente e um consequente. Se não pudessem ser expressos em enunciados normativos, não teriam o caráter de norma jurídica. Ocorre que a relação entre antecedente (hipótese normativa do fato) e consequente (hipótese normativa do efeito jurídico) é flexível, importando uma 'causalidade jurídica' incompleta. **Apenas à luz do princípio, enquanto princípio, não se consegue observar e determinar diretamente a relação entre o fato jurídico e sua eficácia jurídica concreta**. Nesse sentido, pode-se dizer que os princípios *prima facie* contam apenas com a hipótese normativa ampla. Só no desenvolvimento do processo concretizador delimita-se, à luz de regra, a hipótese normativa, possibilitando a transformação do suporte fático (concreto) em fato jurídico irradiador de efeitos jurídicos concretos" (g.n.). (NEVES, Marcelo. *Entre Hidra e Hércules:* princípios e regras constitucionais como diferença paradoxal do sistema jurídico. 3. ed. São Paulo: Editora WMF Martins Fontes, 2019, p. 123-124).

[208] "Em relação às regras diretamente atribuídas a texto constitucional ou legal, sobressai sua função de balizamento, fortificação ou enfraquecimento e ampliação ou restrição de seu conteúdo. A respeito de regras atribuídas indiretamente a texto constitucional ou legal, destaca-se sua função como critério de construção ou desenvolvimento hermenêutico de regras. Dessa maneira, os princípios constitucionais fortificam a capacidade de reprodução adequada do sistema jurídico". (NEVES, Marcelo. *Entre Hidra e Hércules:* princípios e regras constitucionais como diferença paradoxal do sistema jurídico. 3.ed. São Paulo: Editora WMF Martins Fontes, 2019, p. 131-132).

[209] NEVES, Marcelo. *Entre Hidra e Hércules*: princípios e regras constitucionais como diferença paradoxal do sistema jurídico. 3.ed. São Paulo: Editora WMF Martins Fontes, 2019, p. 134.

Há outros três aspectos ligados à distinção entre princípios e regras que merecem ser destacados (e que se relacionam mutuamente): o primeiro diz respeito aos **níveis de observação** envolvidos na autopoiese do direito; o segundo compreende a ideia de **reflexividade**; e o terceiro trata da **circularidade** como forma de relação entre princípios e regras no processo de concretização do direito.

Quanto ao **primeiro aspecto**, convém realçar que as **regras** estão inseridas no **nível de observação de *primeira ordem*** em relação ao caso a ser decidido, sendo este o plano em que "as operações se deixam guiar pela ideia de que o direito se aplica mediante normas consumadas em forma de textos específicos", e "o sentido literal do texto é o indispensável"[210].

Há, no entanto, casos mais complexos (os chamados "casos difíceis" ou *hard cases*) em que as regras, por si só, não relevam critérios suficientes e seguros para a edição da norma de decisão.

Pense-se na imunidade dos "livros, jornais, periódicos e o papel destinado à sua impressão" (art. 150, VI, "d", da CF). Com a chegada dos livros eletrônicos, o nível de observação de primeira ordem se tornou insuficiente para a tomada de decisão quanto à extensão, ou não, da referida imunidade à produção e ao comércio de e-books, pois a literalidade do texto constitucional (de 1988) não contempla expressamente este instrumento de veiculação dos livros. Em casos assim, torna-se necessário o alcance de outro nível de observação: a **observação de segunda ordem**.

De acordo com Luhmann:

> Somente no plano da observação de segunda ordem chega-se ao estabelecimento de regras como a que prescreve que os textos não devem ser entendidos de maneira literal, mas conforme um sentido intrínseco. Então, observa-se a si mesmo (ou aos outros) na leitura dos textos, quando se depara com dúvidas. O que dá ensejo a essas dúvidas é, na maioria dos casos, o fato de a decisão encontrada resultar insatisfatória – seja porque não se harmoniza com interesses próprios, seja porque as consequências dessa decisão não podem, com seriedade, ser atribuídas ao autor do texto. Então, tendo em vista as diversas possibilidades, deve-se buscar a argumentação convincente; deve-se encontrar a razão, a regra decisiva subjacente ao texto, e fundamentá-la. Na interpretação do texto, já é possível colocar-se no lugar de uma observação

[210] LUHMANN, Niklas. *O direito da sociedade*. São Paulo: Martins Fontes, 2016, p. 270.

de segunda ordem precisamente ao se formular a pergunta (que com isso bastaria) sobre o que o texto quer dizer[211-212].

Os **princípios** estão no nível de **observação de segunda ordem**: eles levam à *observação sobre a observação de primeira ordem*[213], bem como

[211] LUHMANN, Niklas. *O direito da sociedade.* São Paulo: Martins Fontes, 2016, p. 271.

[212] A respeito do assunto, Luhmann destacou que: "Todos os sistemas funcionais observam suas próprias operações no plano de *observação de segunda ordem*. Na economia, os observadores se observam através do mercado e dos preços ali formados. Na política, todas as atividades são encenadas diante do espelho da opinião pública, olhando para os resultados das eleições. Na ciência, os pesquisadores não se observam mais diretamente no trabalho, mas por meio de publicações que são revisadas, discutidas ou ignoradas – de modo que a orientação deriva de como os observadores observam as respectivas teses. Algo semelhante aconteceu na arte desde que os artistas se acostumaram a ver suas obras não apenas como objetos, mas em vista dos meios com que produzem seus efeitos. Tudo isso significa: os sistemas funcionais devem estabelecer as respectivas formas e oportunidades de auto-observação e só assim podem construir a realidade". No original: "Todos los sistemas funcionales observan sus propias operaciones en el plano de la *observación de segundo orden*. En la economía, los observadores se observan mutuamente por medio del mercado y los precios que allí se forman. En la política, todas las actividades se escenifican ante el espejo de la opinión pública poniendo la mira en los resultados de las elecciones. En la ciencia, los investigadores ya no se observan uno a otro directamente en el trabajo, sino a través de publicaciones que se reseñan, se discuten o se ignoran — de tal suerte que la orientación se deriva de la manera en la que los observadores observan las tesis respectivas. Algo similar sucede en el arte desde que los artistas se acostumbran a que sus obras no se observen tan sólo como objetos, sino en vista a los medios con los que producen sus efectos. Todo esto quiere decir: los sistemas funcionales deben establecer las respectivas formas y oportunidades de autoobservación y sólo de esta manera pueden llegar a construir realidad". (LUHMANN, Niklas. *La sociedad de la sociedad.* México: Editorial Herder, 2006, p. 607).

[213] "observações são operações assimétricas (como quebra de simetria). Eles usam distinções como formas e tomam formas como limites, separando um lado interno (a Gestalt) e um lado externo. O lado interno é o lado indiciado, o lado marcado. A partir daqui deve-se iniciar a próxima operação. O lado interno tem valor conectivo. Por exemplo, é o imanente (e não o transcendente), o ser (não o não-ser), ou a propriedade ter (e não o não-ter). O lado interno é onde está o problema – o problema de encontrar uma próxima operação adequada. Na linguagem formal de Günther, tem um valor positivo (designativo), mas não negativo (reflexivo). No entanto, todas as observações têm que pressupor ambos os lados da forma que usam como distinção ou "moldura". Eles não podem deixar de operar (viver, perceber, pensar, agir, comunicar) dentro do mundo. Isso significa que algo sempre deve ser deixado sem ser dito, provando assim uma posição a partir da qual se pode desconstruir o que foi dito." No original: "observations are asymmetric (as symmetry-breaking) operations. They use distinctions as forms a take form as boundaries, separations an inner side (the Gestalt) and an outer side. The

orientam "como se deve manejar o texto na comunicação"[214], conferindo os limites e os contornos das regras que serão aplicadas no processo de concretização do direito. Afinal, os princípios, isoladamente, não oferecem critérios definitivos para a solução dos casos concretos[215].

Sob este ponto de vista, os princípios atuam como **mecanismos reflexivos.** O termo "reflexividade", por sua vez, significa "fazer referência a outra coisa que é da sua mesma natureza"[216-217-218]. Os princípios

inner side is the indicted side, the marked side. From here one has to start next operation. The inner side has connective value. For example, it the immanent (and not the transcendent), the being (and not the nonbeing), or the having property (and not the not having). The inner side is where the problem is – the problem of finding a suitable next operation. In the formal language of Günther, it has a positive (designative) but not a negative (reflective) value. Nevertheless, all observations have to presuppose both sides of the form they use as distinction or "frame". They cannot but operate (live, perceive, think, act, communicate) within the world. This Means that something always has to be left unsaid, thereby proving a position from which to deconstruct what has been said." (LUHMANN, Niklas. Deconstruction as Second-Order Observing. In: *New Literary History*, vol. 24, n. 4, Papers from the Commonwealth Center for Literary and Cultural Change (Autumn, 1993), p. 763-782).

214 LUHMANN, Niklas. *O direito da sociedade*. São Paulo: Martins Fontes, 2016, p. 271.

215 "Os princípios... permanecem, na dimensão estrutural, sempre no plano da observação de segunda ordem, não oferecendo critérios definitivos para a solução do caso". (NEVES, Marcelo. *Entre Hidra e Hércules:* princípios e regras constitucionais como diferença paradoxal do sistema jurídico. 3.ed. São Paulo: Editora WMF Martins Fontes, 2019, p. 125).

216 Nas palavras de Marcelo Neves, "a reflexividade diz respeito à referência de um processo a processos sistêmicos da mesma espécie. Assim, pode-se apontar para a decisão sobre a tomada de decisão nas organizações, a normatização da normatização no direito, o ensino do ensino (ou a educação do educador), o aprendizado do aprendizado na educação, o poder sobre o poder na política, a troca referente à troca (monetarização ou, em outro plano, o financiamento do uso do dinheiro) na economia, a comunicação amorosa sobre o próprio amor". (NEVES, Marcelo. *Entre Hidra e Hércules:* princípios e regras constitucionais como diferença paradoxal do sistema jurídico. 3.ed. São Paulo: Editora WMF Martins Fontes, 2019, p. 129).

217 "A reflexividade diz respeito à referência de um processo a processos sistêmicos da mesma espécie". Nesse sentido, o "ensino do ensino (ou a educação do educador)" é um processo reflexivo, assim, como a "decisão sobre a tomada de decisão nas organizações" também compreende reflexividade no âmbito da comunicação. (NEVES, Marcelo. *Entre Hidra e Hércules:* princípios e regras constitucionais como diferença paradoxal do sistema jurídico. 3.ed. São Paulo: Editora WMF Martins Fontes, 2019, p. 129).

218 "Os mecanismos ou processo reflexivos e as respectivas estruturas de reflexividade incrementam a dinâmica do sistema correspondente em um ambiente supercomplexo. Em sociedades menos complexas, o desenvolvimento de mecanismos reflexivo é muito limitado. (...) A falta de educação formal na escola tornava irrelevante educar o educador.

operam de modo reflexivo em relação às regras, dimensionando seu conteúdo e orientando seu modo de aplicação[219]. No direito tributário, os *princípios constitucionais tributários* lidam reflexivamente em relação às *regras tributárias*. Igualdade e capacidade contributiva, *v.g.*, delimitam os contornos constitucionais das regras instituidoras dos tributos. O princípio da proibição aos efeitos de confisco, por seu turno, pode ser invocado na cadeia argumentativa como mecanismo reflexivo sobre os elementos quantitativos das regras tributárias, com vistas à identificação de eventuais excessos relacionados às alíquotas e/ou às bases de cálculo eleitas pelos legisladores[220].

Os princípios atuam reflexivamente, ainda, "em relação ao caso a decidir" e à "norma de decisão" [221]. Com razão, portanto, Marcelo Neves, quando afirma que os princípios jurídicos (notadamente os constitucionais) "constituem mecanismos reflexivos ou, mais precisamente, são as estruturas mais abrangentes de reflexividade do sistema jurídico"[222-223].

(...) A fundamentação do direito em verdades imutáveis tornava dispensável uma normatização de processos de produção de normas gerais. Com o aumento da complexidade social, que implica a exigência de diferenciação e especificação funcional, a autonomia dos respectivos sistemas sociais passa a depender do desenvolvimento de estruturas e processos reflexivos". (NEVES, Marcelo. *Entre Hidra e Hércules*: princípios e regras constitucionais como diferença paradoxal do sistema jurídico. 3.ed. São Paulo: Editora WMF Martins Fontes, 2019, p. 130).

[219] "Os princípios são normas no plano reflexivo, possibilitando o balizamento e a construção ou reconstrução de regras. Estas, enquanto razões imediatas para normas de decisão, são condições da aplicação dos princípios à solução dos casos. Na cadeia argumentativa, uma norma afirma-se tipicamente como princípio ou como regra. De antemão, não se pode definir qual padrão constitui um princípio ou uma regra. Vai depender do modo mediante o qual a norma será incorporada do ponto de vista funcional-estrutural no processo argumentativo". (NEVES, Marcelo. *Entre Hidra e Hércules*: princípios e regras constitucionais como diferença paradoxal do sistema jurídico. 3.ed. São Paulo: Editora WMF Martins Fontes, 2019, p. 103).

[220] Veja-se que, de fato, os princípios não se referem diretamente à normas de decisão. A relação imediata é com as regras, que consistem no objeto sobre os quais os princípios direcionarão, reflexivamente, suas respectivas forças normativas.

[221] NEVES, Marcelo. *Entre Hidra e Hércules*: princípios e regras constitucionais como diferença paradoxal do sistema jurídico. 3.ed. São Paulo: Editora WMF Martins Fontes, 2019, p. 123.

[222] NEVES, Marcelo. *Entre Hidra e Hércules*: princípios e regras constitucionais como diferença paradoxal do sistema jurídico. 3.ed. São Paulo: Editora WMF Martins Fontes, 2019, p. 129.

[223] Os princípios constitucionais aparecem como mecanismos mais abrangentes de reflexividade, haja vista que "a Constituição apresenta-se como mecanismo reflexivo do sistema jurídico (norma de normas). A normatividade constitucional fixa os limites da capacidade de

Já as regras não operam de modo reflexivo em relação a outras normas. São elas, na verdade, objeto da reflexividade dos princípios[224]. Isto, porém, não significa que os princípios sejam mais importantes que as regras. Embora haja uma espécie de "subordinação" das regras quanto ao conteúdo que lhes é atribuído pelos princípios, ambos são fundamentais para a criação da norma de decisão. Sem regras, não há princípios a serem aplicados, e, sem princípios, o conteúdo das regras se revelará incompleto (notadamente na solução dos chamados "casos difíceis")[225-226]. É o que se pode concluir das lições de Marcelo Neves:

aprendizado do direito. Estabelece como e até que ponto o sistema jurídico pode reciclar-se sem perder a sua identidade/autonomia. É verdade que o próprio sistema constitucional é capaz de aprender e, assim, de reciclar-se. Isso não ocorre apenas mediante procedimentos específicos de reforma da Constituição, mas também no processo de concretização constitucional. Entretanto, a auto-reciclagem decorrente da capacidade de aprendizado tem que respeitar princípios e normas constitucionais que se apresentam como limitações implícitas e explicitas à mutação jurídica da Constituição. Nesse sentido, a estrutura normativo-constitucional determina os parâmetros básicos do fechamento normativo e da abertura cognitiva do direito. Ou seja, a Constituição configura-se como o mecanismo mais abrangente de controle da auto-reprodução jurídica e de filtragem das influências do ambiente no direito enquanto sistema autopoiético. Trata-se, aqui, da ideia de que "a comunicação é a unidade elementar da sociedade". (NEVES, Marcelo. *Entre Têmis e Leviatã:* uma relação difícil: o Estado Democrático de Direito a partir e além de Luhmann e Habermas. São Paulo: Martins Fontes, 2006, p. 101).

[224] "As regras - sobretudo as constitucionais, por sua pretensão de abrangência -, sem a reflexividade dos princípios constitucionais, apresentam-se subcomplexas como critérios isolados para o tratamento e solução dos casos constitucionais que são marcados por uma alta complexidade. Elas servem melhor à consistência ou autorreferência do sistema jurídico, mas são limitadas no que diz respeito à adequação social do direito. Os princípios constitucionais, ao contrário, embora não possam desprezar a consistência do sistema jurídico, desempenham sua função especialmente em relação à adequação social do direito, em particular nos casos controversos mais complexos". (NEVES, Marcelo. *Entre Hidra e Hércules:* princípios e regras constitucionais como diferença paradoxal do sistema jurídico. 3.ed. São Paulo: Editora WMF Martins Fontes, 2019, p. 132).

[225] "O que vale a moeda sem os bens ou sem poder de comprá-los? E o que valem os bens, em uma sociedade complexa, sem valor monetário? Essa implicação recíproca encontra-se analogamente na relação entre princípios e regras... Os princípios constitucionais servem ao balizamento, construção, desenvolvimento, enfraquecimento e fortalecimento de regras, assim como, eventualmente, para restrição e ampliação do seu conteúdo. Em suma, pode-se dizer, com o devido cuidado, que eles atuam como razão ou fundamento de regras, inclusive de regras constitucionais, nas controvérsias jurídicas complexas. Mas as regras são condições de aplicação dos princípios na solução de casos constitucionais... Ou seja, caso não haja uma regra

> Ou as normas estão no nível reflexivo da ordem jurídica, servindo tanto para o balizamento ou a construção hermenêutica de outras normas, mas não sendo razão definitiva para uma norma de decisão de questões jurídicas, e, portanto, devem ser classificadas primariamente como princípios; ou elas são normas suscetíveis de atuar como razão definitiva de questões jurídicas, não atuando como mecanismo reflexivo, e, portanto, devem ser classificadas primariamente como regras[227].

O **terceiro aspecto** diz respeito à **relação "circular"** entre princípios e regras no processo de concretização do direito.

A ideia de **circularidade** diz respeito ao modo como os princípios e as regras se relacionam no processo de concretização do direito[228]. Consiste, pois, em um "modelo de articulação entre princípios e regras"[229] ligado ao

diretamente atribuída a texto constitucional ou legal nem seja construída judicialmente uma regra à qual o caso possa ser subsumido mediante uma norma de decisão, os princípios perdem o seu significado prático ou servem apenas à manipulação retórica para afastar a aplicação de regras completas, encobrindo a inconsistência do sistema jurídico. A inflação de argumentos principialistas implica a perda de importância dos princípios constitucionais como critério de solução de casos. A relação reflexiva circular entre princípios e regras implica uma fortificação recíproca das respectivas estruturas (normas) e processos (argumentos)". (NEVES, Marcelo. *Entre Hidra e Hércules*: princípios e regras constitucionais como diferença paradoxal do sistema jurídico. 3.ed. São Paulo: Editora WMF Martins Fontes, 2019, p. 134-135).

[226] É importante repensar a questão da primazia dos princípios em relação às regras, pois "a mobilidade e a abrangência dos princípios constitucionais não excluem que os conflitos externos sejam reproduzidos internamente, de tal maneira que, com um mesmo princípio, frequentemente, podem ser fundamentadas decisões antagônicas. A isso se relaciona o perigo do abuso de princípios, que decorre da probabilidade de que, em certos contextos, eles sirvam retoricamente para encobrir manipulações que bloqueiam a auto consistência constitucional da respectiva ordem jurídica". (NEVES, Marcelo. *Entre Hidra e Hércules*: princípios e regras constitucionais como diferença paradoxal do sistema jurídico. 3.ed. São Paulo: Editora WMF Martins Fontes, 2019, p. 128).

[227] NEVES, Marcelo. *Entre Hidra e Hércules*: princípios e regras constitucionais como diferença paradoxal do sistema jurídico. 3.ed. São Paulo: Editora WMF Martins Fontes, 2019, p. 109.

[228] O processo de concretização do direito, vale lembrar, inicia no plano da argumentação, onde princípios e regras são invocados pelas partes, e termina com a criação da norma de decisão, que pressupõe a seleção e aplicação, pelos tribunais, das normas que deverão incidir para a solução do caso concreto.

[229] NEVES, Marcelo. *Entre Hidra e Hércules*: princípios e regras constitucionais como diferença paradoxal do sistema jurídico. 3.ed. São Paulo: Editora WMF Martins Fontes, 2019, p. 134.

conceito de "reflexividade", Como registra Marcelo Neves, "a reflexividade em geral implica uma relação circular".

Em suma, e mais uma vez nas palavras de Marcelo Neves:

> ...os princípios constitucionais como normas no plano da observação de segunda ordem de casos a decidir e normas de decisão são estruturas reflexivas em relação às regras; a relação entre princípios e regras implica uma relação circular reflexiva na dimensão estática; a concretização constitucional exige uma regra completa ("norma geral") como critério imediato para a solução do caso mediante a norma de decisão; há uma impossibilidade prática de aplicação imediata de princípios sem intermediação de regras, sejam estas (atribuídas diretamente a dispositivos) legais ou constitucionais ou construídas (atribuídas indiretamente ao texto constitucional) jurisprudencialmente; a argumentação focada excessivamente em princípios constitucionais é sobremaneira falível, deixando amplo espaço para que se superem as própria regras constitucionais desenvolvidas a partir dela[230].

Com isso se encerra a primeira etapa deste livro. No capítulo seguinte se discorrerá sobre a **modulação** fundamentada no princípio da **segurança jurídica**, com vistas à identificação de *quando* e *como* devem ser modulados os efeitos das decisões judiciais sobre matéria tributária.

[230] NEVES, Marcelo. *Entre Hidra e Hércules*: princípios e regras constitucionais como diferença paradoxal do sistema jurídico. 3.ed. São Paulo: Editora WMF Martins Fontes, 2019, p. 140.

2.
MODULAÇÃO DOS EFEITOS DAS DECISÕES JUDICIAIS SOBRE MATÉRIA TRIBUTÁRIA

2.1. Notas essenciais sobre modulação

Decisões judiciais são normas jurídicas (=normas de decisão) que resultam do processo de concretização do direito a partir da relação circular entre princípios e regras, considerando as reflexões da dogmática jurídica.

No âmbito dos tribunais superiores, há normas criadas no processo de concretização do direito que irradiam efeitos jurídicos para toda a sociedade. Isso se verifica, *v.g.*, no controle concentrado de constitucionalidade e em relação aos precedentes vinculantes e à jurisprudência dominante. São normas dotadas de *caráter geral* – porque não se destinam apenas às partes envolvidas na demanda – e *abstrato* – pois servem de orientação (=pauta de conduta) para a solução de outros casos enquadráveis na mesma moldura fática e jurídica.

Justamente em razão desses efeitos gerais e abstratos é que, em situações excepcionais, deve haver "manipulação ou calibração da forma como esses efeitos se operarão no mundo empírico"[231-232]. Isso é feito por meio da modulação.

[231] ALVIM, Teresa Arruda. *Modulação na alteração da jurisprudência firme ou de precedentes vinculantes*. 2.ed. rev., atual. e ampl. São Paulo: Thomson Reuters Brasil, 2021, p. 13.

[232] "A modulação é instituto concebido para concretizar, nos casos em que se entenda adequado prevalecer, o princípio da proteção à confiança (que se consubstancia na dimensão subjetiva da

Modulação é regra jurídica (cujo balizamento é conferido por princípios – como o da segurança jurídica), pois consiste em razão imediatamente ligada à norma de decisão: ou se aplica, *prima facie*, no processo de concretização do direito, ou não se aplica. Portanto, a primeira questão está em saber *quando* se deve modular, considerando as situações em que o STF e o STJ, como organizações integrantes do centro do sistema jurídico, criam normas de decisão que, mais que decidir um caso concreto, serão "pautas de conduta" para a coletividade. Em seguida, deve ser enfrentado o seguinte questionamento: *como* modular?

No Brasil, a modulação tem sido aplicada antes mesmo da existência das leis a seu respeito. Exemplo é o RE 79343/BA, julgado em 1977, em que o STF modulou os efeitos de decisão declaratória de inconstitucionalidade com fundamento nos princípios da segurança jurídica e da boa-fé[233].

Na legislação brasileira, o instituto apareceu pela primeira vez no controle concentrado de constitucionalidade. Nesse sentido, cumpre destacar o art. 27 da Lei 9.868/1999 (lei que trata da ADI e da ADC), segundo o qual o STF, ao declarar a inconstitucionalidade de lei ou ato normativo, "e tendo em vista razões de segurança jurídica ou de

segurança jurídica), ... quando a jurisprudência dominante muda de rumo ou quando a lei, em que se baseia a decisão, seja tida por inconstitucional. Entretanto, a modulação permite que se faça muito mais do que isso. Pode-se até mesmo, como se verá, julgar certo caso x de acordo com entendimento jurisprudencial que havia à época em que ocorreu o caso x, mesmo que este entendimento já esteja superado no STJ ou no STF. Aliás, de rigor, muito excepcionalmente, a modulação pode dizer respeito a aspectos da eficácia territorial e subjetiva das decisões. (...) Trata-se de instituto extremamente versátil, flexível". (ALVIM, Teresa Arruda. *Modulação na alteração da jurisprudência firme ou de precedentes vinculantes*. 2.ed. rev., atual. e ampl. São Paulo: Thomson Reuters Brasil, 2021, p. 15-16).

[233] Naquela ocasião, o STF declarou a inconstitucionalidade do Decreto-Lei 322/1967, conferindo, porém, efeitos *ex nunc* à decisão. Confira-se a seguinte passagem do voto condutor do acórdão: "a lei inconstitucional é um fato eficaz, ao menos antes da determinação da inconstitucionalidade, podendo ter consequências que não é lícito ignorar. A tutela da boa fé exige que, em determinadas circunstâncias, notadamente quando, sob a lei ainda não declarada inconstitucional, se estabeleceram relações entre o particular e o poder público, se apure, prudencialmente, até que ponto a retroatividade da decisão, que decreta a inconstitucionalidade, pode atingir, prejudicando-o, o agente que teve por legítimo o ato e, fundado nele, operou na presunção de que estava procedendo sob o amparo do direito objetivo". (RE 79343/BA, Rel. Ministro Leitão de Abreu, DJ 02/09/1977).

excepcional interesse social", poderá, por maioria de $^2/_3$ de seus membros, "restringir os efeitos daquela declaração ou decidir que ela só tenha eficácia a partir de seu trânsito em julgado ou de outro momento que venha a ser fixado" [234].

Ainda no que concerne ao controle concentrado de constitucionalidade, merece destaque o art. 11 da Lei 9.882/1999, que versa sobre a modulação nos casos de declaração de inconstitucionalidade de lei ou ato normativo no processo de *arguição de descumprimento de preceito fundamental*, por razões de "segurança jurídica ou de excepcional interesse social"[235].

A Lei 11.417/2006, que disciplina a edição, revisão e cancelamento, pelo STF, de *súmula vinculante*, trata da modulação no seu art. 4º, e "autoriza" a aplicação do instituto por "razões de segurança jurídica" ou de "excepcional interesse público" [236].

O art. 927, §3º, do Código de Processo Civil, faz referência ao instituto em exame na hipótese de "alteração de jurisprudência dominante do Supremo Tribunal Federal e dos tribunais superiores ou daquela oriunda de julgamento de casos repetitivos", e dispõe que "pode haver modulação dos efeitos da alteração no interesse social e no da segurança jurídica"[237].

[234] "Art. 27. Ao declarar a inconstitucionalidade de lei ou ato normativo, e tendo em vista razões de segurança jurídica ou de excepcional interesse social, poderá o Supremo Tribunal Federal, por maioria de dois terços de seus membros, restringir os efeitos daquela declaração ou decidir que ela só tenha eficácia a partir de seu trânsito em julgado ou de outro momento que venha a ser fixado".

[235] "Art. 11. Ao declarar a inconstitucionalidade de lei ou ato normativo, no processo de argüição de descumprimento de preceito fundamental, e tendo em vista razões de segurança jurídica ou de excepcional interesse social, poderá o Supremo Tribunal Federal, por maioria de dois terços de seus membros, restringir os efeitos daquela declaração ou decidir que ela só tenha eficácia a partir de seu trânsito em julgado ou de outro momento que venha a ser fixado".

[236] "Art. 4º. A súmula com efeito vinculante tem eficácia imediata, mas o Supremo Tribunal Federal, por decisão de 2/3 (dois terços) dos seus membros, poderá restringir os efeitos vinculantes ou decidir que só tenha eficácia a partir de outro momento, tendo em vista razões de segurança jurídica ou de excepcional interesse público".

[237] "Art. 927. (...) §3º Na hipótese de alteração de jurisprudência dominante do Supremo Tribunal Federal e dos tribunais superiores ou daquela oriunda de julgamento de casos repetitivos, pode haver modulação dos efeitos da alteração no interesse social e no da segurança jurídica".

Finalmente, a Lei de Introdução às Normas do Direito Brasileiro – LINDB (Decreto-lei 4.657/42, com redação conferida pela Lei 13.655/2018), também tangencia o instituto da modulação nos seus arts. 23 e 24.

Segundo o art. 23 da LINDB, a decisão administrativa, controladora ou judicial que estipular "interpretação ou **orientação nova** sobre norma de conteúdo indeterminado" (g.n), estabelecerá "**regime de transição**" (g.n) quando tal medida se revelar "indispensável para que o **novo dever** ou condicionamento de direito seja **cumprido** de modo **proporcional**, **equânime** e **eficiente** e **sem prejuízo aos interesses gerais**"[238]. (g.n)

O regime de transição, que serve de fundamento à criação de regra de transição, é, sob a perspectiva adotada neste trabalho, uma das espécies de modulação previstas nos programas do direito[239-240]. Nesse sentido,

[238] "Art. 23. A decisão administrativa, controladora ou judicial que estabelecer interpretação ou orientação nova sobre norma de conteúdo indeterminado, impondo novo dever ou novo condicionamento de direito, deverá prever regime de transição quando indispensável para que o novo dever ou condicionamento de direito seja cumprido de modo proporcional, equânime e eficiente e sem prejuízo aos interesses gerais".

[239] Numa outra perspectiva, Antonio do Passo Cabral considera a *modulação* como espécie/ /modalidade do gênero *regime de transição*: "Durante muito tempo, o tema das regras de transição ficou, no Brasil, restrito às normas legislativas. Não era incomum que leis e emendas constitucionais fossem acompanhadas de regras de transição quando pudessem interferir com relações jurídicas consolidadas. Posteriormente, o tema começou a ser abordado também no âmbito das decisões de outros poderes, mas raramente se usava o nome 'regra de transição'. Não se compreendia a edição de regra de transição pelo Judiciário ou pela Administração Pública como uma possibilidade geral no sistema (talvez porque ainda se partia do paradigma de segurança jurídica como inalterabilidade). Assim a edição de regra de transição em decisão judicial ficou praticamente identificada com a 'modulação temporal', ou relacionada à mera limitação da decisão a uma eficácia *ex nunc*, como previsto na jurisdição constitucional abstrata e concentrada no STF (leis 9.868/99 e 9.882/99). Mas, como vimos, o tema é muito mais amplo. **A modulação temporal é apenas uma modalidade possível de regras de transição**" (g.n.). (CABRAL, Antonio do Passo. *Segurança Jurídica e Regras de Transição nos Processos Judicial e Administrativo*: introdução ao art. 23 da LINDB. 2.ed., rev., atual. e ampl. Salvador: Juspodivm, 2021, p. 229-230). Este autor trata, ainda, de outras espécies de "regra de transição", a saber: compensação financeira (p. 231-237), ajuda de adaptação (p.238-240) e tutela da preservação dos efeitos do ato estável em caso de anulação ou desfazimento (p.241).

[240] Nesse sentido, Teresa Arruda Alvim: "A expressão *regras de transição* pode, a nosso ver, ser compreendida em dois sentidos. Um sentido mais geral, que abrange toda e qualquer solução oferecida pelo sistema, cujo objetivo seja o de minimizar o choque da alteração de uma situação anterior, que se tenha tornado estável. Esta acepção, que é mais ampla, abrange compensações financeiras, ajuda para a adaptação, cláusulas de exceção etc. Nesse sentido a modulação seria

apesar de a redação do art. 23 da LINDB não ser tecnicamente precisa[241], é possível concluir que, nos casos de **alteração de jurisprudência firme**, se a mudança implicar quebra de expectativa normativa legítima (=confiança), a nova decisão deverá, em respeito ao princípio da **segurança**

uma espécie do gênero regra de transição. **Aqui, entretanto, estamos usando a expressão para referirmo-nos a uma modulação gradual, sempre ligada ao *fator tempo*, de modo provisório, até que a nova regra tenha plena eficácia.** É uma forma de controle gradativo da eficácia da norma, com marcos temporais ligados a certos momentos/atos, como, por exemplo, a propositura da ação, a prolação da sentença etc. As regras de transição, a nosso ver, são um tipo especial de modulação que não tem como pressuposto necessariamente a concretização do princípio da proteção da confiança, em pauta anterior de conduta que fosse firme, mas apenas a ideia de não prejudicar quem não tinha orientação segura. Pode-se não aplicar a nova regra ao processo *sub judice* (em que a mudança "aconteceria") e também aos processos pendentes e ir se aplicando a nova regra aos poucos. Essa prática é comum nas ADIns – e, como se observou antes – para que haja modulação nas ADIns não se leva em conta apenas a proteção à confiança, mas também, de formas cautelosa, o impacto social, econômico etc. da declaração de que a norma não integra o sistema porque é incompatível com a Constituição Federal. A nosso ver, um exemplo clássico de ADIn com modulação é a ADIn 2.240/BA, cujo relator foi o Min. Eros Grau, j em 09.05.2007, em que se estabeleceu regime de transição, pois se decidiu no sentido de que a decisão deveria produzir efeitos apenas dois anos depois do trânsito em julgado. Este prazo foi concedido, certamente, para que houvesse tempo de adaptação à nova realidade" (g.n). (ALVIM, Teresa Arruda. *Modulação na alteração da jurisprudência firme ou de precedentes vinculantes*. 2.ed. rev., atual. e ampl. São Paulo: Thomson Reuters Brasil, 2021, p. 199).

[241] "O art. 23 estabelece que a decisão, a respeito do tema x, que adota orientação diferente daquela que vinha sendo adotada pelas decisões anteriores do mesmo órgão, deve conter, em si mesma, regime de transição quanto à incidência dos efeitos que dela decorrem, quando isso for indispensável para concretização do princípio da confiança e da segurança jurídica. O art. 23, cujo conteúdo foi resumido anteriormente, usa expressões ambíguas e não usuais, ao menos na linguagem dos processualistas. Faz, também, uma distinção que seria dispensável: diz que a regra se aplica quando a nova interpretação recair sobre norma de 'conteúdo indeterminado'. Provavelmente, o que o legislador quis dizer é que as normas que ensejam alterações interpretativas, cujos efeitos devem ser modulados, seriam apenas aquelas que contêm conceitos vagos. Todavia, sabe-se que a indeterminação dos conceitos envolve graus: quase todos os conceitos têm certa dose de *vaguedad* (vagueza). Basta se pensar na palavra 'mãe', que pode abranger a mãe natural, a mãe adotiva, a mãe biológica etc., dependendo do contexto em que se encontre. A nova regra, óbvia e evidentemente, não se aplica 'apenas' aos casos em que as normas, cuja interpretação foi alterada, contenham conceitos vagos. O legislador, portanto, expressou uma preocupação correta de modo inadequado, o que deve ser corrigido, sem maiores problemas, pela via interpretativa". (ALVIM, Teresa Arruda. *Modulação na alteração da jurisprudência firme ou de precedentes vinculantes*. 2.ed. rev., atual. e ampl. São Paulo: Thomson Reuters Brasil, 2021, p. 18-19).

jurídica, ter seus efeitos modulados sob a forma de *regime de transição*, para que a orientação mais recente seja implementada de forma equilibrada, moderada, eficiente e, ainda, com observância aos "interesses gerais" (=interesses da sociedade).

Já o art. 24, *caput* e parágrafo único, da LINDB, cuja redação também "carece da precisão desejável"[242], prevê que a **revisão de entendimento**, inclusive na esfera judicial, "quanto à validade de ato, contrato, ajuste, processo ou norma administrativa", **deverá considerar as "orientações gerais da época"** (=no caso dos tribunais, a jurisprudência do período anterior) em que o ato, contrato, ajuste etc. tenha sido praticado, "sendo vedado que, com base em **mudança posterior de orientação geral**, se declarem inválidas situações plenamente constituídas"[243] (g.n).

Ao editar o Decreto nº 9.830, de 10 de junho de 2019, que regulamenta os arts. 20 a 30 da LINDB, o Poder Executivo (federal) seguiu a linguagem imprecisa utilizada nos arts. 23 e 24 antes referidos (afinal, os artigos do referido decreto repetem, em boa medida, aquilo que está na LINDB[244]). De toda a sorte, merecem registro o art. 4º e seus correspondentes parágrafos 3º, 4º e 5º, que dispõem, expressamente, sobre a **modulação** como meio para "mitigação dos ônus ou das perdas dos administrados ou da administração pública que sejam anormais ou excessivos em função das peculiaridades do caso" (§5º). Assim, nos casos de declaração de invalidade de atos[245] (e quando a modulação for necessária), a decisão indicará "as condições para que a regularização ocorra de forma proporcional e

[242] ALVIM, Teresa Arruda. *Modulação na alteração da jurisprudência firme ou de precedentes vinculantes*. 2.ed. rev., atual. e ampl. São Paulo: Thomson Reuters Brasil, 2021, p. 228.

[243] "Art. 24. A revisão, nas esferas administrativa, controladora ou judicial, quanto à validade de ato, contrato, ajuste, processo ou norma administrativa cuja produção já se houver completado levará em conta as orientações gerais da época, sendo vedado que, com base em mudança posterior de orientação geral, se declarem inválidas situações plenamente constituídas. Parágrafo único. Consideram-se orientações gerais as interpretações e especificações contidas em atos públicos de caráter geral ou em jurisprudência judicial ou administrativa majoritária, e ainda as adotadas por prática administrativa reiterada e de amplo conhecimento público".

[244] "Os dispositivos constantes desse decreto também carecem de clareza, estão repletos de termos excessivamente vagos e, muitas vezes, apenas repetem a LINDB". (ALVIM, Teresa Arruda. *Modulação na alteração da jurisprudência firme ou de precedentes vinculantes*. 2.ed. rev., atual. e ampl. São Paulo: Thomson Reuters Brasil, 2021, p. 211).

[245] De modo semelhante ao que ocorre na declaração de inconstitucionalidade, pelo STF, ou de ilegalidade, pelo STJ.

equânime e sem prejuízo aos interesses gerais" (§3º), podendo, após consideradas as "consequências jurídicas e administrativas da decisão para a administração pública e para o administrado" (§4º), "restringir os efeitos da declaração" (§4º, inciso I), ou, ainda, "decidir que sua eficácia se iniciará em momento posteriormente definido" (§4º, inciso II)[246].

Em suma, são dois os pressupostos que impõem a modulação dos efeitos das decisões judiciais: i) segurança jurídica; e/ou ii) interesse social, conforme o CPC e a LINDB, e que, de acordo com as leis da ADI, ADC e ADPF, deve ser relevante/excepcional (incluído no contexto da referida *excepcionalidade* o "excepcional interesse público" a que faz referência o art. 4º da Lei 11.417/2006[247]). Sem a presença de pelo menos um desses dois requisitos, não há espaço para modulação, pois ambos correspondem ao "núcleo" do instituto ora examinado.

As próximas páginas serão dedicadas ao exame de um desses requisitos: a **segurança jurídica**, sob a perspectiva do modelo luhmanniano.

2.2. Segurança jurídica sob a perspectiva do modelo luhmanniano: a confiança *no* direito e *na congruência* do direito

Segurança jurídica tem relação direta com a própria existência do direito[248]. Nas mais variadas concepções doutrinárias sobre o conceito de *sistema jurídico*, o princípio da segurança jurídica costuma ser tratado

[246] "Art. 4º. A decisão que decretar invalidação de atos, contratos, ajustes, processos ou normas administrativos observará o disposto no art. 2º e indicará, de modo expresso, as suas consequências jurídicas e administrativas. (...) §3º Quando cabível, a decisão a que se refere o *caput* indicará, na modulação de seus efeitos, as condições para que a regularização ocorra de forma proporcional e equânime e sem prejuízo aos interesses gerais. §4º Na declaração de invalidade de atos, contratos, ajustes, processos ou normas administrativos, o decisor poderá, consideradas as consequências jurídicas e administrativas da decisão para a administração pública e para o administrado: I - restringir os efeitos da declaração; ou II - decidir que sua eficácia se iniciará em momento posteriormente definido. §5º A modulação dos efeitos da decisão buscará a mitigação dos ônus ou das perdas dos administrados ou da administração pública que sejam anormais ou excessivos em função das peculiaridades do caso".

[247] Lembrando que a lei em questão dispõe sobre a edição, revisão e cancelamento, pelo STF, de súmula vinculante.

[248] Conforme Roque Antonio Carrazza, "a segurança jurídica é ínsita à própria ideia de Direito", que revela "uma das manifestações do nosso Estado Democrático de Direito" porque "visa a proteger e preservar as justas expectativas das pessoas", impedindo, assim, a "adoção de medidas legislativas, administrativas ou judiciais capazes de frustrar-lhes a confiança que

como *norma fundamental* que atua como vetor axiológico para a interpretação dos programas condicionais (notadamente a Constituição e as leis)[249-250].

A ligação entre segurança e o sistema jurídico é destacada por Luis Recasens Siches, para quem "**sem segurança não há Direito, nem bom, nem mau, nem de nenhuma espécie**"[251] (g.n), pois "segurança é o valor fundamental do jurídico, sem o qual não pode haver Direito"[252]. Conforme as lições deste autor, "não pode haver uma situação de justiça sem uma situação de segurança"[253], pois "o direito não nasceu na vida humana em virtude do desejo de cultuar ou homenagear a ideia de justiça, mas sim

depositam no Poder Público". (CARRAZZA, Roque Antonio. *Curso de Direito Constitucional Tributário*. 32.ed., rev., ampl. e atual. São Paulo: Malheiros, 2019, p. 344).

249 "segurança é direito e garantia fundamentais, não sendo possível desconsiderá-la em qualquer nível de aplicação infraconstitucional". (BORGES, José Souto Maior. Segurança jurídica: sobre a distinção entre competências fiscais para orientar e autuar o contribuinte. In: *Revista de Direito Tributário* n. 100. São Paulo: Malheiros, p. 20).

250 "A segurança jurídica... inspira as normas que, no âmbito do Direito Positivo, lhe atribuem efetividade". É "Valor contemplado e consignado em normas de Direito Positivo". (BORGES, José Souto Maior. Princípio da Segurança Jurídica na criação e aplicação do tributo. In: *Revista de Direito Tributário* n. 63. São Paulo: Malheiros, p. 206).

251 No original: "Sin seguridad no hay Derecho, ni bueno, ni malo, ni de ninguna clase". (SICHES, Luis Recasens. *Tratado General de Filosofía del Derecho*. 19.ed. México: Editorial Porrúa, 2008, p. 224). E prossegue o autor: "É verdade que, além disso, o Direito deve ser justo, servir ao bem comum etc. Se você não fizer isso, será injusto, será injustificado, será um fracasso. Mas, por outro lado, se não representa uma ordem de segurança, então não há lei de qualquer espécie. A injustiça se opõe à justiça; o erro em certos propósitos se opõe à utilidade comum; mas, por outro lado, a ausência de segurança nega a própria essência do direito". No original: "Es verdad que, además, el Derecho debe ser justo, servir al bien común, etc. Si no lo hace, será injusto, estará injustificado, representará un malogro. Pero, en cambio, si no representa un orden de seguridad, entonces no hay Derecho de ninguna clase. La injusticia se opone a la justicia; el yerro en determinados fines se opone a la utilidad común; pero, en cambio, la ausencia de seguridad niega la esencia misma de lo jurídico". (SICHES, Luis Recasens. *Tratado General de Filosofía del Derecho*. 19.ed. México: Editorial Porrúa, 2008, p. 224).

252 No original: "seguridad es el valor fundamental de lo jurídico, sin el cual no puede haber Derecho". (SICHES, Luis Recasens. *Tratado General de Filosofía del Derecho*. 19.ed. México: Editorial Porrúa, 2008, p. 224).

253 No original: "no puede haber una situación de justicia sin que exista una situación de seguridad". (SICHES, Luis Recasens. *Tratado General de Filosofía del Derecho*. 19.ed. México: Editorial Porrúa, 2008, p. 65).

para cumprir uma urgência inescapável de segurança e certeza na vida social"[254-255]. E destaca ainda:

[254] No original: "el Derecho no ha nacido en la vida humana por virtud del deseo de rendir culto u homenaje a la idea de justicia, sino para colmar una ineludible urgencia de seguridad y de certeza en la vida social". (SICHES, Luis Recasens. *Tratado General de Filosofía del Derecho.* 19.ed. México: Editorial Porrúa, 2008, p. 220).

[255] "o homem não apenas experimenta a dor da insegurança diante da natureza, mas também coloca um problema análogo em relação aos outros homens; e sente a urgência de saber o que esperar em relação aos outros: saber como se comportarão com ele, e o que deve e pode fazer contra eles; e é necessário não apenas saber o que esperar sobre o que deve acontecer, mas também saber que isso necessariamente acontecerá; isto é, requer certeza sobre as relações sociais, mas, além da certeza de que a regra será cumprida, de que ela será fortemente garantida. Precisa saber o que acontecerá com o gado que pastava ou com a árvore que cultivava, quando está dormindo ou ausente; o que acontecerá com sua parceira quando ele não estiver ao lado dela; em suma, ele tem a necessidade de saber o que os outros podem fazer com ele e o que ele pode fazer com os outros; e não só isso, mas também a garantia de que isso será cumprido, garantido, defendido com eficácia. O direito surge precisamente como uma instância determinada do que o homem deve respeitar nas suas relações com os outros – a certeza –; mas não apenas a certeza teórica (saber o que deve ser feito), mas também a certeza prática, ou seja, a segurança: saber que isso necessariamente terá que acontecer, porque será imposto pela força, se necessário, inexoravelmente. O Direito não é uma opinião pura, uma mera máxima, mas uma regra certa e cumprimento seguro (de imposição inexorável), regra garantida pelo mais alto poder social, pelo Estado, de cujo império não se pode escapar. E é na conjuração de tal necessidade de segurança, de garantia irrefragável, que surge o Direito. Esta é sua motivação primária, sua raiz mais profunda na vida humana". No original: "el hombre no tan sólo experimenta el dolor de la inseguridad frente a la naturaleza, sino que también se plantea análogo problema respecto de los demás hombres; y siente la urgencia de saber a qué atenerse en relación con los demás: de saber cómo se comportarán ellos con él, y qué es lo que él debe y puede hacer frente a ellos; y precisa no sólo saber a qué atenerse sobre lo que debe ocurrir, sino también saber que esto ocurrirá necesariamente; esto es, precisa de certeza sobre las relaciones sociales, pero además de la seguridad de que la regla se cumplirá, de que estará poderosamente garantizada. Necesita saber qué es lo que ocurrirá con el ganado que apacentaba o con el árbol que cultivaba, cuando esté durmiendo o se ausente; qué es lo que le pasará a su compañera, cuando él no se halle a su lado; en suma, tiene la necesidad de saber qué podrán hacer los demás respecto de él, y qué es lo que él puede hacer respecto de los demás; y no sólo esto, sino que también precisa tener la seguridad de que esto será cumplido forzosamente, garantizado, defendido de modo eficaz. El Derecho surge precisamente como instancia determinada de aquello a lo cual el hombre tiene que atenerse en sus relaciones con los demás – certeza –; pero no sólo certeza teorética (saber lo que se debe hacer), sino también certeza práctica, es decir, seguridad: saber que esto tendrá forzosamente que ocurrir, porque será impuesto por la fuerza, si es preciso, inexorablemente. El Derecho no es puro dictamen,

> Se nos perguntarmos: **por que e com que propósito os homens estabelecem o Direito?** E se, para isso, tratarmos de descobrir o sentido germinal do surgimento do Direito, para realizar sua essência, perceberemos que a motivação radical que determinou o surgimento do Direito não deriva das altas regiões dos valores éticos superiores, e, sim, de um valor de nível inferior, a saber, de **segurança na vida social**[256]. (g.n)

Para Roque Antonio Carrazza, segurança jurídica "é a própria razão de ser de nossa Constituição Federal, tendo sido consagrada, expressa ou implicitamente, em várias de suas normas". Entre essas normas estão a que trata da **anterioridade**, que tem a segurança jurídica como princípio que "lhe serve de apoio e lhe revela as reais dimensões"[257-258];

mera máxima, sino norma cierta y de cumplimiento seguro (de imposición inexorable), norma garantizada por el máximo poder social, por el Estado, a cuyo imperio no se podrá escapar. Y es al conjuro de tal necesidad de seguridad, de garantía irrefragable, que surge el Derecho. Esta es su motivación primaria, su más honda raíz en la vida humana". (SICHES, Luis Recasens. *Tratado General de Filosofía del Derecho.* 19.ed. México: Editorial Porrúa, 2008, p. 221).

[256] No original: "Si nos preguntamos ¿por qué y para qué los hombres establecen el Derecho? Y si, para ello, tratamos de descubrir el sentido germinal del surgimiento del Derecho, a fin de percatarnos de su esencia, caeremos en la cuenta de que la motivación radical que ha determinado el orto del Derecho no deriva de las altas regiones de los valores éticos superiores, sino de un valor de rango inferior, a saber: de la seguridad en la vida social". (SICHES, Luis Recasens. *Tratado General de Filosofía del Derecho.* 19.ed. México: Editorial Porrúa, 2008, p. 220).

[257] "o princípio da anterioridade é o corolário lógico do princípio da segurança jurídica. Visa a evitar surpresas para o contribuinte, com a instituição ou a majoração de tributos no curso do exercício financeiro. De fato, o princípio da anterioridade veicula a ideia de que deve ser suprimida a tributação de surpresa (que afronta a segurança jurídica dos contribuintes). Ele impede que, da noite para o dia, alguém seja colhido por nova exigência fiscal. É ele, ainda, que exige que o contribuinte se depare com regras tributárias claras, estáveis e seguras. E, mais do que isso: que tenha conhecimento antecipado dos tributos que lhe serão exigidos ao longo do exercício financeiro, justamente para que possa planejar, com tranquilidade, sua vida econômica". (CARRAZZA, Roque Antonio. *Curso de Direito Constitucional Tributário.* 32.ed., rev., ampl. e atual. São Paulo: Malheiros, 2019, p. 163).

[258] No mesmo sentido, Teresa Arruda Alvim: "Os tributos precisam estar previstos em lei e, via de regra, passam a ser cobrados no exercício seguinte, em razão do princípio da anterioridade. Veja-se a relevância destas regras (arts. 150, I e III, b, da CF), no que se refere à concretização dos princípios basilares de direito tributário, todos ligados à segurança jurídica". (ALVIM, Teresa. *Modulação na alteração da jurisprudência firme ou de precedentes vinculantes.* 2.ed. rev., atual. e ampl. São Paulo: Thomson Reuters Brasil, 2021, p. 48).

legalidade[259-260-261], com a necessidade de se buscar reduzir, ao máximo, a abstração[262]; **irretroatividade**[263-264-265]; **isonomia**[266-267-268-269];

[259] "Nunca devemos perder de vista que a estrita legalidade é o principal instrumento de revelação e garantia da justiça fiscal além, é claro, de estar profundamente relacionada com a segurança jurídica dos cidadãos". (CARRAZZA, Roque Antonio. *Curso de Direito Constitucional Tributário*. 32.ed., rev., ampl. e atual. São Paulo: Malheiros, 2019, p. 210).

[260] No mesmo sentido: "o Princípio da Legalidade transformou-se, portanto, no grande pilar do direito positivo, na fonte primeira do Direito. As suas funções primordiais podem ser resumidas em, de um lado, oferecer segurança jurídica aos cidadãos e, de outro lado, limitar os poderes dos governantes". (AITH, Fernando. *Reflexões sobre o Princípio da Legalidade na Ciência do Direito contemporâneo*. Revista de Direito Sanitário. Vol. 5. n. 3. nov. 2004, p. 61).

[261] "A segurança jurídica no plano do direito objetivo, que encontra seu mais intenso grau de efetividade no plano da legalidade, possui também uma dimensão temporal, representada pela necessidade do ordenamento jurídico oferecer previsibilidade para nortear a conduta do cidadão, cuja liberdade de ação está relacionada com a capacidade de mensurar os efeitos jurídicos dos seus atos, a partir do conhecimento prévio das normas que os regulam. Daí surge, no Estado de Direito, a proibição da lei retroagir para atingir os direitos fundamentais". (RIBEIRO, Ricardo Lodi. *Temas de Direito Constitucional Tributário*. Rio de Janeiro: Lumen Juris, 2009, p. 143).

[262] "Deve, sim, limitar-se a reduzir o grau de generalidade e abstração da lei tributária, aumentando a segurança jurídica das pessoas de algum modo submetidas às regras de tributação. Esta é uma decorrência do próprio princípio da reserva absoluta da lei formal, que dá exclusivamente ao Poder Legislativo a faculdade de criar ou aumentar tributos e sobre eles dispor". Segurança jurídica implica, portanto, "proibição do emprego de normas indeterminadas, que, muito ao propósito, Nuno Sá Gomes chama de 'elásticas' ou 'de borracha'". (CARRAZZA, Roque Antonio. *Curso de Direito Constitucional Tributário*. 32.ed., rev., ampl. e atual. São Paulo: Malheiros, 2019, p. 300; 349).

[263] "A segurança jurídica, um dos pilares de nosso Direito, exige, pois, que as leis tributárias tenham o timbre da irretroatividade. Afinal, a necessidade de assegurar-se às pessoas a intangibilidade dos atos e fatos lícitos já praticados impõe sejam as leis tributárias irretroativas". (CARRAZZA, Roque Antonio. *Curso de Direito Constitucional Tributário*. 32.ed., rev., ampl. e atual. São Paulo: Malheiros, 2019, p. 284).

[264] "A segurança jurídica, como um dos valores decorrentes do Estado de Direito, exige que a atividade estatal seja dotada de previsibilidade e certeza, que dão fundamento à vedação da retroação da lei tributária". Ainda, "Essa dimensão de princípio, que conecta a irretroatividade tributária com a pauta axiológica ligada à segurança jurídica, dá origem ao princípio da não-surpresa do contribuinte, que lhe garante o conhecimento da lei tributária que vai onerar os atos por ele praticados, permitindo-lhe dentro de um ambiente de liberdade que marca o Estado Social e Democrático de Direito, optar entre praticar ou não o ato, ou praticá-lo desta ou daquela forma, ou nesta ou daquela oportunidade, assumindo as consequências fiscais daí decorrentes. Com essa roupagem, o princípio da não-surpresa é dirigido não só ao legislador,

e **boa-fé**[270-271-272]. Assim, e tendo em vista que "o homem necessita de *segurança* para conduzir, planificar e conformar autônoma e responsavelmente a sua vida", o princípio da **segurança jurídica** e seu correspondente

mas também ao aplicador, orientando as práticas administrativas, e a interpretação das regras constitucionais da irretroatividade e da anterioridade". (RIBEIRO, Ricardo Lodi. *Temas de Direito Constitucional Tributário.* Rio de Janeiro: Lumen Juris, 2009, p. 146).

265 "No âmbito tributário, a relação entre a segurança jurídica e os efeitos retroativos da lei adquirem uma importância particular uma vez que o contribuinte deve orientar-se com base na norma vigente a cada momento, pelo que o conhecimento e a certeza acerca do direito vigente, bem como a previsibilidade sobre a relativa permanência frente às mudanças sucessivas, constituem um elemento imprescindível à tributação segundo o Estado de Direito". (RIBEIRO, Ricardo Lodi. *Temas de Direito Constitucional Tributário.* Rio de Janeiro: Lumen Juris, 2009, p. 143).

266 "para que a segurança jurídica do contribuinte esteja assegurada" é necessário, ainda, que "a lei que descreve a ação-tipo tributária valha para todos igualmente, isto é, seja aplicada a seus destinatários (quer pelo Judiciário, quer pela Administração Fazendária) de acordo com o princípio da igualdade (art. 52, I, da CF). Só assim os contribuintes terão segurança jurídica em seus contatos com o Fisco". (CARRAZZA, Roque Antonio. *Curso de Direito Constitucional Tributário.* 32.ed., rev., ampl. e atual. São Paulo: Malheiros, 2019, p. 353).

267 Conforme José Souto Maior Borges, "quais os valores que a segurança jurídica busca preservar, no âmbito do sistema constitucional tributário? A irretroatividade? A legalidade? A isonomia? A efetividade da jurisdição tributária, administrativa ou judicial? Tudo isso junto e muito mais que isso". E prosseguiu o autor: "todos os dispositivos que instituem garantias constitucionais buscam, em última análise, assegurar, literalmente: 'tornar seguros' os direitos que esses dispositivos adnumeram: um experimento de realização da justiça". (BORGES, José Souto Maior. Princípio da Segurança Jurídica na criação e aplicação do tributo. In *Revista de Direito Tributário,* n. 63. São Paulo: Malheiros, p. 206).

268 "A mais eminente de todas as normas assecuratórias de direitos individuais é a isonomia. (...) Sem isonomia, nenhuma segurança. Segurança é, pois, um sub-rogado, na metalinguagem doutrinária, dos dispositivos constitucionais que a contemplam nas dobras dos direitos e garantias individuais (linguagem-objeto)". (BORGES, José Souto Maior. Princípio da Segurança Jurídica na criação e aplicação do tributo. In *Revista de Direito Tributário,* n. 63. São Paulo: Malheiros, p. 207-208).

269 Conforme Tércio Sampaio Ferraz Jr., "A igualdade é um atributo da segurança que diz respeito não ao conteúdo, mas ao destinatário das normas, garantindo segurança a norma que obedece o princípio da isonomia". (FERRAZ JR., Tércio Sampaio. Segurança jurídica e normas gerais tributárias. In: *Revista de Direito Tributário,* n.17/18. São Paulo: Malheiros, 1981, p. 51).

270 "o princípio da boa-fé está conectado com o da segurança jurídica e, por isso, traz à sirga as ideias de certeza, previsibilidade, lealdade e celeridade nas ações do Poder Público". (CARRAZZA, Roque Antonio. *Curso de Direito Constitucional Tributário.* 32.ed., rev., ampl. e atual. São Paulo: Malheiros, 2019, p. 361).

núcleo normativo (a **proteção da confiança**) são "elementos constitutivos do Estado de direito"[273], pois estão relacionados com os "ideais de **determinação**, de **estabilidade** e de **previsibilidade** do Direito, em todas as suas dimensões"[274] (g.n).

Direito seguro é direito **confiável**: os particulares devem confiar que os atos praticados com base no sistema jurídico de hoje não serão frustrados pelas mudanças que ocorrerem no direito amanhã. Ou seja, às pessoas deve ser garantido o direito de "prever, em alto grau, as consequências jurídicas dos comportamentos que adotarem"[275].

Segurança tem a ver, portanto, com garantia do "**câmbio das expectativas**"[276]. As pessoas criam expectativas normativas e confiam que o direito as garantirá no caso de frustração. Creem que as perspectivas amparadas *no direito* são legítimas e protegidas pelo sistema jurídico[277].

[271] Sobre a relação entre segurança jurídica e boa-fé, confira-se Maria Sylvia Zanella Di Pietro: "A segurança jurídica tem muita relação com a ideia de respeito à boa-fé. Se a Administração adotou determinada interpretação como a correta e a aplicou a casos concretos, não pode depois vir a anular atos anteriores, sob o pretexto de que os mesmos foram praticados com base em errônea interpretação. Se o administrado teve reconhecido determinado direito com base em interpretação adotada em caráter uniforme para toda a Administração, é evidente que a sua boa-fé deve ser respeitada. Se a lei deve respeitar o direito adquirido, o ato jurídico perfeito e a coisa julgada, por respeito ao princípio da segurança jurídica, não é admissível que o administrado tenha seus direitos flutuando ao sabor de interpretações jurídicas variáveis no tempo". (DI PIETRO, Maria Sylvia Zanella. *Direito administrativo*. 30.ed. Rev., atual. e ampl. – Rio de Janeiro: Forense, 2017, p. 121).

[272] "Na verdade, a exigência de que as autoridades em geral ajam de boa-fé é indispensável à segurança jurídica. Aqui se está referindo, obviamente, à boa-fé objetiva, que nada tem que ver com o plano interno, das intenções: é a ausência de abuso, a coerência e a harmonia dos atos que compõem suas condutas. Tudo o que se disse, aplica-se, indubitavelmente, à conduta do Poder Judiciário". (ALVIM, Teresa. *Modulação na alteração da jurisprudência firme ou de precedentes vinculantes*. 2.ed. rev., atual. e ampl. São Paulo: Thomson Reuters Brasil, 2021, p. 75).

[273] CANOTILHO, José Joaquim Gomes. *Direito Constitucional e Teoria da Constituição*. 7.ed. Coimbra: Almedina, 2000, p. 257.

[274] CARRAZZA, Roque Antonio. *Curso de Direito Constitucional Tributário*. 32.ed., rev., ampl. e atual. São Paulo: Malheiros, 2019, p. 345.

[275] CARRAZZA, Roque Antonio. *Curso de Direito Constitucional Tributário*. 32.ed., rev., ampl. e atual. São Paulo: Malheiros, 2019, p. 344.

[276] FERRAZ JR., Tércio Sampaio. Segurança jurídica e normas gerais tributárias. In: *Revista de Direito Tributário*, n.17/18. São Paulo: Malheiros, 1981, p. 51.

[277] Conforme Maurício Dalri Timm do Valle, "a noção de segurança liga-se à de ausência de perigo. Liga-se também à ideia de que aquele que praticar determinado ato não seja

Com a razão destaca Tércio Sampaio Ferraz Jr. que "segurança significa a clara determinação e proteção do direito contra o não-direito, para todos"[278], de modo que, como afirmou Gustav Radbruch, "a lei, mesmo quando má, conserva ainda um valor: o valor de garantir a segurança do direito perante situações duvidosas"[279-280].

A relação intrínseca entre *segurança* e *confiança* é também observada no **modelo luhmanniano**, mas com particularidade em relação à dogmática jurídica clássica. Segurança jurídica não é *indispensável* apenas para as pessoas: *os sistemas (inclusive o jurídico) dependem da concretização deste princípio para manutenção da diferenciação social e, consequentemente, da autonomia em relação ao ambiente.*

Nessa perspectiva, a **confiança** é observada como aspecto capaz de proporcionar segurança e, em razão disso, conferir durabilidade ao direito como sistema especializado de comunicação. Em contrapartida, a **desconfiança** é vista como ameaça à integridade e credibilidade do sistema.

surpreendido com as suas consequências". (VALLE, Maurício Dalri Timm. *Os princípios constitucionais e regra-matrizes de incidência do imposto sobre produtos industrializados – IPI.* São Paulo: Noeses, 2016, p. 410).

[278] "Ora, como diz Radbruch, a segurança jurídica exige positividade do direito: se não se pode fixar o que é justo, ao menos que se determine o que é o jurídico. Segurança significa a clara determinação e proteção do direito contra o não-direito, para todos. Na determinação do jurídico e, pois, na obtenção da segurança, a certeza é um elemento primordial. Por certeza entende-se a determinação permanente dos efeitos que o ordenamento jurídico atribui a um dado comportamento, de modo que o cidadão saiba ou possa saber de antemão a conseqüência das suas próprias ações". (FERRAZ JR., Tércio Sampaio. Segurança jurídica e normas gerais tributárias. In: *Revista de Direito Tributário,* n.17/18. São Paulo: Malheiros, 1981, p. 51).

[279] RADBRUCH, Gustav. *Filosofia do Direito.* Trad. Prof. L. Cabral de Moncada. 6.ed. rev. e ampl – reimp. Coimbra: Arménio Amado Editor, 1997, p. 417.

[280] Conforme Gustav Radbruch, "os três lados da Ideia de direito – *Justiça, Fim e Segurança* – dominam a este ao mesmo tempo, sob qualquer dos aspectos da vida jurídica que considere". Mais adiante, destacou que "o direito não obriga só porque consegue impor-se eficazmente. Obriga quando, conseguindo impor-se eficazmente, o consegue porque garante a segurança e a ordem. O fundamento da obrigatoriedade do direito positivo reside na segurança que só ele pode dar, ...na paz que só ele pode estabelecer". Ainda: "Se a justiça é a segunda grande preocupação do direito, a primeira não pode deixar de ser a da segurança, da paz e da ordem social. 'Antes quero ver praticada uma injustiça do que ter de sofrer a desordem'- dizia Goethe. E mais ainda: 'é sempre preferível sofrer uma injustiça a que o mundo viva sem lei'". (RADBRUCH, Gustav. *Filosofia do Direito.* Trad. Prof. L. Cabral de Moncada. 6.ed. rev. e ampl. – reimp. Coimbra: Arménio Amado Editor, 1997, p. 167; 180).

Mas as pessoas "confiam" não porque têm o direito ou o dever de confiar, e sim em razão de algo ou alguém ser digno de confiança. Portanto, é fundamental que *o sistema jurídico busque e conquiste a confiança das pessoas e dos demais sistemas sociais.*

A relação luhmanniana entre segurança e confiança tem como ponto de partida a **complexidade da sociedade moderna**. Infinitas são as possibilidades de decisões (qualquer decisão, e não apenas a jurídica), pois múltiplos são os interesses e valores sociais, bem como ilimitadas são as consequências que delas podem resultar[281].

Conforme Luhmann, "quem confia se livra da complexidade que não pode suportar"[282]. Se não houver direito *confiável*, estabelecendo o que é lícito e ilícito, ninguém conseguirá prever a conduta do próximo. Decisões serão tomadas num contexto de complexidade caótica desordenada[283].

Cumpre, então, indagar: como o sistema jurídico deve operar para conquistar a confiança do ambiente (sociedade/pessoas), a fim de manter sua diferenciação social?

Para que as pessoas se sintam seguras (mesmo sabendo que nada é 100% seguro), os sistemas devem provar a utilidade da sua autonomia, que consiste na capacidade de redução da complexidade social.

[281] "O fator fundamental para qual se faz necessária a confiança entres os indivíduos é a imprevisibilidade do comportamento dos outros". (MOTA, Rodrigo. Confiança e complexidade social em Niklas Luhmann. In: *LURAL, Revista do Programa de Pós-Graduação em Sociologia da USP*, São Paulo, v.23.2, 2016, p. 188).

[282] No original: "Por medio de la confianza, el que confía se alivia el mismo de la complejidad que no puede soportar". (LUHMANN, Niklas. *Confianza*. México: Universidad Iberoamericana, 1996, p. 110).

[283] Evidentemente que os sistemas não conseguem resolver o problema da variedade de *caminhos possíveis* para a tomada de decisões (não eliminam a complexidade); todavia, eles reduzem o campo de possibilidades, o que permite conferir certa ordem e, consequentemente, um grau mínimo aceitável de segurança nas relações sociais. Como observou Luhmann, "o mundo objetivo é mais complexo do que qualquer sistema: ele recebe mais possibilidades do que o próprio sistema oferece e pode compreender. Nesse sentido, o sistema exibe um maior grau de ordem (menos possibilidades, menos variedade) do que o mundo". No original: "El mundo objetivo es más complejo que cualquier sistema: recibe más posibilidades de lo que el sistema mismo provee y puede comprender. En este sentido el sistema exhibe un grado más alto de orden (menos posibilidades, menos variedad) que el mundo". (LUHMANN, Niklas. *Confianza*. México: Universidad Iberoamericana, 1996, p. 53).

No caso do sistema jurídico, isso significa demonstrar que a comunicação jurídica pode ser produzida apenas pelo direito, sem interferências externas. Que nenhum outro sistema (*v.g.*, político, econômico etc.) é capaz de operar com os programas condicionais que orientam a aplicação do código *lícito/ilícito*. Que o sistema jurídico é capaz de manter sua autonomia apesar das constantes irritações provenientes do ambiente: ele se abre cognitivamente (com vistas à adequação social), mas opera apenas de modo fechado (com coerência interna), filtrando as informações provenientes do ambiente para que a comunicação produzida não ultrapasse os limites da sua capacidade de conhecimento.

Essas considerações preliminares dizem respeito à primeira perspectiva da confiança como aspecto da segurança jurídica: *a confiança no direito*, que é ligada à ideia de redução da complexidade social[284]. Nesse contexto, "a formulação da confiança... supõe a existência de sistemas como suportes de seu funcionamento, sistemas que por si só são complexos o suficiente para reproduzir em si, por meio de processos internos, centenas de relações no mundo"[285].

Mas existe uma segunda perspectiva: a confiança *na congruência* do direito, que se conecta com a noção de que o sistema deve se auto-apresentar *confiável* sob os aspectos da: *i)* organização (=coerência quanto ao modo de operar do sistema); e *ii)* história (=coerência em relação às decisões jurídicas tomadas no passado).

A seguir se discorrerá sobre esses dois aspectos da confiança, que integram o conceito de segurança jurídica a partir da teoria de Niklas Luhmann.

[284] "a confiança está associada à redução da complexidade e, mais especificamente, da complexidade que chega ao mundo como consequência da liberdade de outros seres humanos. A confiança funciona assim, para entender e reduzir essa complexidade". No original: "la confianza está asociada con la reducción de la complejidad, y más específicamente, de la complejidad que llega al mundo como consecuencia de la libertad de otros seres humanos. La confianza funciona así, para comprender y reducir esta complejidad". (LUHMANN, Niklas. *Confianza*. México: Universidad Iberoamericana, 1996, p. 51).

[285] No original: "la formulación de la confianza... supone la existencia de sistemas como apoyos en su operación, sistemas que son por sí mismos lo suficientemente complejos para reproducir dentro de sí mismos, mediante procesos internos, cientos relaciones en el mundo". (LUHMANN, Niklas. *Confianza*. México: Universidad Iberoamericana, 1996, p. 44).

2.3. A confiança *no* sistema jurídico

A ideia de que o direito tem como principal função *conferir segurança às pessoas* – e não primordialmente fazer *justiça* – não é novidade na dogmática jurídica. Para Luis Recasens Siches, "sempre a **função do Direito** é **segurança**, garantia"[286] (g.n); ou seja, "certeza e **segurança** constituem o significado formal da **função do direito**"[287] (g.n).

É certo que, para cumprir tal atribuição, o sistema jurídico deve estar relacionado com *normas jurídicas*. Um conjunto delas. Normas que estipulem pautas de conduta a serem seguidas pela sociedade.

Mas Luhmann não se limitou a enxergar o mundo jurídico como uma ordem escalonada de normas. Na sua visão, o direito não estaria voltado, primordialmente, à regulação das condutas das pessoas[288]. Sua função *primária* seria generalizar e estabilizar, de modo congruente, expectativas normativas por meio da produção de um tipo muito específico de comunicação (que nenhum outro sistema é capaz de produzir): a **comunicação jurídica**[289-290].

[286] No original: "siempre la función del Derecho es seguridad, aseguración". (SICHES, Luis Recasens. *Tratado General de Filosofía del Derecho*. 19.ed. México: Editorial Porrúa, 2008, p. 222).

[287] No original: "certeza y seguridad constituyen el sentido formal de la función del Derecho". (SICHES, Luis Recasens. *Tratado General de Filosofía del Derecho*. 19.ed. México: Editorial Porrúa, 2008, p. 221).

[288] Essa função, embora importante, é apenas *secundária*, como observou Marcelo Neves: "Nos termos do modelo de Luhmann, parte-se aqui da suposição de que a 'generalização congruente de expectativas normativas' constitui a função *primária* do direito..., embora este também cumpra a importante função de regulação da conduta". (NEVES, Marcelo. *Constituição e Direito na Modernidade Periférica*: uma abordagem teórica e uma interpretação do caso brasileiro. São Paulo: WMF Martins Fontes: 2018, p. 213).

[289] Quando a comunicação jurídica é generalizada e estabilizada, ela funciona como pauta de conduta para a sociedade – ou seja, como critério *jurídico* (="norte" dado pelo direito) para a tomada de decisões no âmbito social.

[290] Por exemplo: nas relações econômicas, o foco deve ser dado ao sistema da economia, que é o único capaz de produzir comunicação sobre o *ter* e o *não ter* (dinheiro). Se a questão é sobre política, o alvo da observação é o sistema político, que tem aptidão para gerar comunicação a partir do código do poder (governo/oposição). Cada sistema produz um tipo específico de comunicação, pois *nada* ou *ninguém* é capaz de entender sobre *tudo* e/ou *todos*. Conforme Rodrigo Mota, "a extrema complexidade frente à limitada capacidade do conhecimento humano nos faz desenvolver mecanismos para podermos tolerar esta contingência, para assim podermos agir e exercitar nosso desejo de viver". (MOTA, Rodrigo. Confiança e complexidade

Logo, é a partir da **diferenciação** que os sistemas sociais relevam sua **importância**. Um sistema somente será relevante enquanto for capaz de manter sua "diferença" em relação ao entorno, pois assim terá condições de cumprir sua função[291]. Nas palavras de Niklas Luhmann, "o problema fundamental da teoria de sistemas muda da manutenção da estabilidade à manutenção de uma diferença"[292-293]. O sistema deve, *sempre*, se preocupar em manter a diferenciação frente ao ambiente, e, no caso do **sistema jurídico**, isso envolve a preocupação (inclusive dos tribunais) de criar comunicação *exclusivamente* a partir do código *lícito/ilícito.*

Portanto, a **confiança *no* direito** – primeiro passo para se chegar ao conceito de segurança jurídica – significa confiança (das pessoas e dos demais sistemas) que o sistema jurídico produzirá comunicação jurídica

social em Niklas Luhmann. In *LURAL, Revista do Programa de Pós-Graduação em Sociologia da USP*, São Paulo, v.23.2, 2016, p. 196).

[291] No direito, os tribunais devem se apresentar como organizações integrantes do centro de um sistema – o sistema jurídico – que se autoconstrói com base em comunicação processada pelo código *lícito/ilícito*. A questão do código é fundamental, pois permite à sociedade saber a "lógica" (=de comunicação) que diferencia o direito, *v.g.*, da política e da economia. Sabe-se, de antemão, que a decisão judicial *deve ser* tomada com base em critérios jurídicos, e que aspectos de ordem política e econômica devem, necessariamente, ser "traduzidos" para o código do direito. Aplicam-se ao sistema jurídico, por analogia, as reflexões de Luhmann sobre a confiança no contexto da sociologia: "A base de toda confiança é a apresentação do próprio indivíduo como uma identidade social que se constrói por si mesma... (...) quem se distancia desta forma não está em posição de ganhar confiança, pois não oferece oportunidades de aprender. (...) Qualquer pessoa que queira ganhar confiança deve... estar em posição de criar expectativas nos outros em sua apresentação". No original: "La base de toda confianza es la presentación del proprio individuo como una identidad social que se construye por si sola... (...) "cualquiera que se distancie en esta forma no está en posición de adquirir confianza ya que no ofrece oportunidades para aprender. (...) Cualquier que quiera ganar confianza debe... estar en posición de crear expectativas de otros en su auto presentación". (LUHMANN, Niklas. *Confianza*. México: Universidad Iberoamericana, 1996, p. 107).

[292] No original: "el problema fundamental de la teoría de sistemas cambia del mantenimiento de la estabilidad al mantenimiento de una diferencia". (LUHMANN. Niklas. *Organización y decisión*. México: Universidad Iberoamericana. 2010, p. 78-79).

[293] Se o sistema da arte, que é regido pelo código binário *belo/feio*, passa a ser comandado pela lógica do dinheiro (*ter/não ter*), ele perde sua importância, pois a comunicação artística passa a integrar o sistema da economia (afinal, beleza passa a depender do fator "custo": quando mais caro, mais belo). Neste caso, o sistema econômico tende a se fortalecer às custas do enfraquecimento do sistema da arte.

a partir de programas jurídicos que orientem a aplicação do seu código binário, reduzindo, assim, a complexidade social. Quer dizer, confiança de que o direito é (e continuará sendo) criado pelo próprio direito (e não conforme interesses provenientes do ambiente – como o político e o econômico). Esse é o primeiro passo para a redução da complexidade, pois através dessa perspectiva da confiança "**a incerteza é absorvida ou tornada tolerável**" (g.n)[294].

A esse respeito, confira-se Celso Campilongo:

> ...certeza e segurança jurídica só existem se somente ao sistema jurídico – enquanto sistema parcial funcionalmente diferenciado no interior da sociedade – couber a tarefa de decidir sobre o direito e o não direito, sem depender de considerações sobre o "estrato social, a riqueza ou a oportunidade política" da decisão[295].

Se as pessoas confiam *no* sistema jurídico, elas partem da ideia de que apenas o direito pode estabelecer "o comportamento que é normal e o que não o é dentro do sistema, ou seja, do que é possível e o que não é"[296]. A permanência dessa confiança em relação ao sistema jurídico é fundamental para a autonomia do direito, pois, como afirmou Luhmann, "através da confiança, um sistema ganha tempo, e tempo é a variável crítica na construção de estruturas sistêmicas mais complexas"[297].

[294] Passagem extraída do seguinte trecho da obra de Luhmann – no original: "En el caso de la confianza, la reducción de la complejidad adopta formas especiales a causa de su naturaliza subjetiva. Tales formas pueden describirse como cambios en el nivel en que se absorbe, o se hace tolerable, la incertidumbre". (LUHMANN, Niklas. *Confianza*. México: Universidad Iberoamericana, 1996, p. 45).

[295] CAMPILONGO, Celso Fernandes. *Política, sistema jurídico e decisão judicial*. 2.ed. São Paulo: Saraiva, 2011, p. 85.

[296] MOTA, Rodrigo. Confiança e complexidade social em Niklas Luhmann. In *LURAL, Revista do Programa de Pós-Graduação em Sociologia da USP*, São Paulo, v.23.2, 2016, p. 187. Em outra passagem, este mesmo autor afirma que "a partir da relação desses sistemas com o ambiente, a relação dentro/fora, os sistemas sociais estabelecem suas fronteiras, onde o interno possui sentido, excluindo assim as possibilidades (os possíveis outros sentidos) que ficaram para além dessas fronteiras". (MOTA, Rodrigo. Confiança e complexidade social em Niklas Luhmann. In *LURAL, Revista do Programa de Pós-Graduação em Sociologia da USP*, São Paulo, v.23.2, 2016, p. 186).

[297] LUHMANN, Niklas. *Vertrauen*: ein Mechanismus der Reduktion sozialer Komplexität. Stuttgart: Lucius und Lucius, 2000, p. 117.

Mas para que a sociedade *confie* no direito, este deve ser merecedor de confiança.

Isso quer dizer que o direito deve se auto-apresentar à sociedade como sistema *confiável* quanto ao modo de reprodução de comunicação jurídica[298], haja vista que "a confiança sistêmica ergue-se em cima de que os outros também confiem e que essa comunhão de confiança se torne consciente", sendo que "a base racional da confiança sistêmica está na confiança do outro"[299].

Se confiança significasse apenas o ato de "confiar" das pessoas (e não também a busca de confiança pelo sistema), haveria apenas **esperança** de que o direito cumpriria sua função[300]. Esta, porém, não é a lógica dos sistemas, pois a mera *esperança* é incapaz de reduzir complexidades: as incertezas permaneceriam e, consequentemente, não haveria espaço para a concretização do princípio da segurança jurídica.

Não é tarefa fácil para os sistemas (inclusive o jurídico) conquistar a confiança daqueles que estão no seu entorno, pois isso implica manter a diferenciação sistêmica em um cenário marcado por sucessivas e incessantes *irritações* provenientes do ambiente. Pense-se na economia pretendendo introduzir a lógica do *dinheiro* no funcionamento da política, bem como o sistema político buscando introduzir o código do *poder* na produção de comunicação jurídica (=politização do direito). Até o sistema jurídico, por vezes, interfere na comunicação política (=judicialização da política), produzindo normas que interferem em questões políticas incapazes de serem processadas pelo código *lícito/ilícito.*

A verdade, porém, é que mesmo diante dos obstáculos enfrentados pelos sistemas, a princípio as pessoas depositam neles a sua confiança, e

298 "Para estar preparado para receber confiança, um sistema ou um indivíduo necessita dispor de segurança interna". (MOTA, Rodrigo. Confiança e complexidade social em Niklas Luhmann. In *LURAL, Revista do Programa de Pós-Graduação em Sociologia da USP*, São Paulo, v.23.2, 2016, p. 195).

299 LUHMANN, Niklas. *Vertrauen*: ein Mechanismus der Reduktion sozialer Komplexität. Stuttgart: Lucius und Lucius, 2000, p. 92.

300 "A confiança só está envolvida quando uma expectativa confiável faz diferença na decisão; caso contrário, o que temos é mera esperança". No original: "La confianza solamente está implicada cuando la expectativa confiable hace una diferencia para una decisión; de otro modo, lo que tenemos es una simples esperanza". (LUHMANN, Niklas. *Confianza.* México: Universidad Iberoamericana, 1996, p. 40).

chegam a tolerar, até certo limite, *corrupções sistêmicas* ocorridas no curso do processo de reprodução comunicativa, desde que tais deturpações sejam eventuais e pontuais.

Em relação ao direito, há consciência social de que, cedo ou tarde, alguma expectativa normativa será frustrada, e o sistema jurídico não dará conta de decidir adequadamente (=juridicamente) a questão. Desde que tal situação não seja rotineira, a diferenciação do direito não será ameaçada, pois não será *uma* e/ou *outra* "desconfiança" que configurará perigo de desdiferenciação, e sim o acúmulo de desconfiança das pessoas e dos diferentes setores da sociedade[301].

O ideal seria que o próprio sistema, a partir de sua auto-observação, notasse o erro cometido, e o enxergasse como anomalia a ser corrigida, como nos casos em que a jurisprudência muda para corrigir um "erro" do passado. Sabe-se, porém, que nem sempre o erro serve de aprendizado para reorientação das operações aos limites da comunicação que o sistema é capaz de produzir. A longo prazo, porém, isso se torna problemático, pois a repetição do erro (assim como os erros novos) tende a gerar desconfiança, que, por sua vez, abre espaço à desdiferenciação e perda de credibilidade (e da utilidade) do sistema[302-303].

A propósito, esse é um risco que o sistema jurídico corre em relação à modulação. O instituto é relativamente novo, e seus contornos jurídicos ainda estão sendo delineados pela dogmática e pela jurisprudência. Por isso, é fundamental que os tribunais, reflitam se os critérios que têm sido adotados para modular (ou não) mantêm coerência com os programas

[301] Ademais, o direito, assim como qualquer outro sistema, não opera com precisão semelhante à da engrenagem de um relógio (vez ou outra haverá comunicação jurídica *desviante*, ou seja, produzida conforme interesses da política e/ou da economia, por exemplo).

[302] Se a sociedade *desconfia* que o direito não é criado a partir do seu código binário, a complexidade que se pretendia ver reduzida (com o sistema jurídico) se torna inalcançável, pois as pessoas não terão a segurança de que, praticada a conduta "A", *deverá-ser* a consequência "B": tudo dependerá de interesses do ambiente, e não de critérios jurídicos, como deveria ser.

[303] "a confiança é racional. Sem ela, apenas formas simples de cooperação humana seriam possíveis, se alguma sequer fosse. (...) Da mesma forma, é racional a desconfiança como proteção frente à uma insegurança muito grande. A confiança é bem mais rapidamente transformada em insegurança do que o contrário". (MOTA, Rodrigo. Confiança e complexidade social em Niklas Luhmann. In *LURAL, Revista do Programa de Pós-Graduação em Sociologia da USP*, São Paulo, v.23.2, 2016, p. 195).

condicionais do direito, bem como se a sociedade tem respondido com *confiança* ou *desconfiança* às decisões que aplicam ou afastam a modulação. A reflexão é importante, pois viabiliza a correção de equívocos que ameaçam a credibilidade do direito como sistema capaz de reduzir a complexidade social.

Outro aspecto que merece ser destacado é que confiança *no* direito não significa confiança quanto ao resultado da comunicação que será produzida. **A sociedade confia no sistema jurídico mesmo sem saber qual será o resultado de uma disputa judicial**. Não prever o desfecho de uma demanda é inseguro, mas esse tipo de insegurança não implica desconfiança no direito[304]. Mesmo nos casos em que os argumentos são construídos com base em precedente vinculante ou jurisprudência dominante, há sempre o risco do *distinguishing* e do resultado diverso do esperado[305].

O que proporciona desconfiança e torna a vida das pessoas insegura é a **decisão que se afasta dos programas condicionais do direito** – no caso, da Constituição e das leis –, atendendo a interesses particularistas de grupos de pessoas ou de sistemas. São, por exemplo, as decisões *consequencialistas*, que, amparadas em argumentos extrajurídicos, buscam solucionar problemas que o direito não foi programado para lidar – o que ocorre, conforme se verá mais adiante, quando o direito se propõe a solucionar *problemas de dinheiro* do Estado.

Cumpre destacar, ainda, que a confiança *no* sistema jurídico depende da **cognoscibilidade do direito**, o que significa que as leis e as decisões judiciais devem ser **publicadas** (para que delas possam tomar conhecimento o maior número possível de pessoas) e **claras** (a fim de que *todos*, e não apenas os juristas, saibam, antes de tomar decisões, o que é *lícito* e *ilícito*[306]). E a partir da cognoscibilidade surge a **previsibilidade** como

[304] A dupla contingência estará sempre presente: decisões favoráveis e contrárias à parte sempre serão possíveis, e nunca haverá uma única decisão "correta", pois, no futuro, outra decisão poderá ser tomada e a jurisprudência poderá tomar outros rumos.

[305] Afinal, "não existe decisão livre de riscos". (MOTA, Rodrigo. Confiança e complexidade social em Niklas Luhmann. In *LURAL, Revista do Programa de Pós-Graduação em Sociologia da USP*, São Paulo, v.23.2, 2016, p. 192).

[306] "devemos primeiro saber quais normas estão em vigor antes de podermos decidir quando a conduta é lícita e quando é ilícita". No original: "we must first know which norms are in force before we can decide when conduct is lawful and when it is unlawful". (LUHMANN, Niklas.

aspecto essencial da confiança *no* direito, que permite que as pessoas e os sistemas programem suas ações para o *futuro* a partir do contexto normativo vigente no *presente*[307-308-309].

Sobre a importância da cognoscibilidade e da previsibilidade no contexto da segurança jurídica, merecem destaque as lições de Roque Antonio Carrazza[310] e Humberto Ávila[311].

Risk: a sociological theory. New York: de Gruyter, p. 53). Aquele que conhece o direito e opta por *cumprir a lei* confia que está agindo *conforme o direito*, e que não será punido pela conduta eleita. Por outro lado, quem decide infringir uma norma está certo que sua conduta caracteriza infração ao sistema jurídico, e assume a responsabilidade pela prática do seu ato (não *confia* na impunidade, embora possa permanecer na *esperança* de não ser descoberto para não sofrer as sanções decorrentes da falta cometida).

307 "segurança jurídica... preceitua a vedação à surpresa, a proteção da confiança e a previsibilidade do direito, como fatores essenciais ao adequado planejamento das atividades econômicas e correlatas". (Prefácio do Ministro Luiz Fux à obra: ALVIM, Teresa. *Modulação na alteração da jurisprudência firme ou de precedentes vinculantes*. 2.ed. rev., atual. e ampl. São Paulo: Thomson Reuters Brasil, 2021, p. 5).

308 Sobre a importância da "previsibilidade" (como aspecto da segurança jurídica) para o exercício das atividades empresariais, confira-se Alberto Xavier: "O planejamento empresarial, por que a iniciativa privada se concretiza, supõe assim uma possibilidade de previsão objetiva e esta exige, por seu turno, uma segurança quanto aos elementos que a afetam. (...) Um sistema que autorizasse a Administração a criar tributos ou a alterar os elementos essenciais de tributos já existentes, viria do mesmo passo a criar condições adicionais de insegurança jurídica e econômica, obrigando a uma constante revisão dos planos individuais, à qual a livre iniciativa não poderia resistir". (XAVIER, Alberto. *Os princípios da legalidade e da tipicidade da tributação*. São Paulo: RT, 1978, p. 54).

309 Sendo o direito acessível (=passível de ser conhecido) e, consequentemente, previsível, "o agente cheio de confiança se engaja como se no futuro só houvesse algumas determinadas possibilidades", definindo "seu presente futuro num futuro presente". (LUHMANN, Niklas. *Vertrauen*: ein Mechanismus der Reduktion sozialer Komplexität. Stuttgart: Lucius und Lucius, 2000, p. 24).

310 "o princípio da segurança jurídica... realizase por meio: a) do conhecimento e certeza do direito positivo; b) da confiança das pessoas nas instituições públicas e no ordenamento jurídico em geral, enquanto garantidores da paz social; e c) da previsibilidade dos efeitos que derivam da aplicação das normas e das próprias ações ou condutas de terceiros. (...) Uma legislação confusa, obscura e incompleta dificulta sua aplicação, além de solapar a certeza do Direito e a confiança que as pessoas nele devem depositar". (CARRAZZA, Roque Antonio. *Curso de Direito Constitucional Tributário*. 32.ed., rev., ampl. e atual. São Paulo: Malheiros, 2019, p. 267).

311 Segundo o autor, a segurança jurídica depende da promoção de "um estado de cognoscibilidade, de confiabilidade e de calculabilidade", ou seja, um estado de coisas que permita "conhecer o Direito, confiar nele e calcular os seus efeitos". Nesse sentido, "a ideia de **cognoscibilidade**

Em suma: segurança jurídica é incompatível com leis e/ou decisões judiciais vagas e/ou não publicadas[312-313].

deve ser reconhecida como a capacidade de o contribuinte ter acesso material e intelectual ao conceito normativo, ainda que se saiba que esse conceito, embora apresente um halo de certeza ou núcleo de significação (serviço é obrigação de fazer), pode apresentar, em maior ou em menor medida, margens de indeterminação (operação de *leasing* envolve ou não um serviço). Adota-se, pois, uma concepção determinável da interpretação, no sentido de que as regras contêm conceitos, contudo estes são, em virtude da linguagem, em alguma medida indeterminados, possuindo, entretanto, núcleos de sentido já fixados intersubjetivamente, quer pela doutrina, quer pela jurisprudência, ao longo do seu uso, dos quais o intérprete não pode se afastar. (...) As normas jurídicas – e as tributárias, em especial – destinam-se a tornar permitidos, proibidos ou obrigatórios determinados comportamentos; por isso, para que elas possam ter algum efeito prático, precisam ser compreendidas por quem pode fazer algo, ou está proibido ou obrigado a fazê-lo" (g.n.). Já a **confiabilidade** diz respeito à "segurança de transição do passado ao presente" (g.n.). Isso envolve, também, a ideia de "durabilidade do ordenamento jurídico", no sentido de que "seu uso não se contrapõe à mudança propriamente dita, mas sim à produção de efeitos normativos que atinjam o exercício passado de determinada(s) liberdade(s)". No que diz respeito ao *conteúdo normativo*, "a **calculabilidade** envolve a capacidade de prever o espectro de consequências a que o contribuinte estará submetido no futuro" (g.n.). Quanto à *modificação do direito*, "a calculabilidade deve ser entendida como a elevada capacidade de prever o espectro das consequências jurídicas que normas futuras poderão atribuir aos fatos regulados por normas passadas: embora o Poder Legislativo tenha competência para inovar o ordenamento jurídico, os direitos fundamentais só serão efetivamente respeitados se as inovações não forem bruscas, drásticas e desleais. Assim, não há calculabilidade quando o contribuinte, embora deva saber que a norma pode futuramente mudar, não apresenta condições de saber dentro de que limites ou em que medida aquela será alterada. A mudança da alíquota de um tributo em 5% não pode ser igualada a uma alteração de 600%, porquanto, nesta última hipótese, contribuinte, além de ser colocado em uma posição irreversível, talvez não fosse praticar o ato caso soubesse que a alteração seria tão intensa". O autor também destaca que "embora possa ser priorizada, dependendo do contexto normativo, uma das dimensões da segurança jurídica, a realização de uma não pode nunca cobrar o preço da aniquilação de outra, e a realização de uma não pode implicar a falta de realização de todas". (ÁVILA, Humberto. *Segurança Jurídica*: entre permanência, mudança e realização no Direito Tributário. São Paulo: Malheiros, 2011, p. 250-252; 259-260; 263; 342; 345-346).

[312] Em junho de 2019, a Suprema Corte dos Estados Unidos decidiu que "**uma lei vaga não é lei**. Somente os representantes eleitos do povo no Congresso têm o poder de redigir novas leis criminais federais. E quando o Congresso exerce esse poder, tem que redigir estatutos que deem às pessoas comuns um aviso justo sobre o que a lei exige delas. Leis vagas transgredem esses dois requisitos constitucionais. Eles transferem a responsabilidade do legislativo de definir o comportamento criminoso para promotores e juízes não eleitos, e **deixam as pessoas sem uma maneira segura de saber quais consequências serão atribuídas à sua conduta**. Quando o

Para concluir, é importante esclarecer que há autores que analisam o princípio da segurança jurídica sob duas perspectivas: ***objetiva*** e ***subjetiva***.

É o caso, por exemplo, de Humberto Ávila, que relaciona a dimensão **objetiva** da segurança jurídica com a necessidade de "**estabilidade e credibilidade do ordenamento jurídico**" (g.n), de modo que a argumentação voltada à demonstração de violação ao princípio exigiria "demonstração de que uma determinada regra, ato ou decisão causará, sob

Congresso aprova uma lei vaga, o papel dos tribunais sob nossa Constituição não é criar uma lei nova e mais clara para substituí-la, mas tratar a lei como nula e convidar o Congresso a tentar novamente" (g.n.). No original: "In our constitutional order, a vague law is no law at all. Only the people's elected representatives in Congress have the power to write new federal criminal laws. And when Congress exercises that power, it has to write statutes that give ordinary people fair warning about what the law demands of them. Vague laws transgress both of those constitutional requirements. They hand off the legislature's responsibility for defining criminal behavior to unelected prosecutors and judges, and they leave people with no sure way to know what consequences will attach to their conduct. When Congress passes a vague law, the role of courts under our Constitution is not to fashion a new, clearer law to take its place, but to treat the law as a nullity and invite Congress to try again". (Supreme Court of The United States, *United States v. Davis et al.*, n. 18-431, decided June 24, 2019).

[313] Sobre a importância histórica da escrita para o direito – e da publicação e coerência a ela relacionados –, Luhmann destacou o seguinte: "muito antes de a fixação pela escrita ter condição de validade, já havia se desenvolvido, pela escrita, uma cultura jurídica, com seus respectivos especialistas. (...). A fixação por escritos não levou imediatamente à renúncia dos testemunhos presenciais. A escrita, no entanto, teve a grande vantagem — o que pode explicar sua pronta aplicação aos assuntos jurídicos — de **tornar reconhecíveis os desvios** que, pelo nervosismo do litígio, poder-se-ia deixar passar com muita facilidade. A escrita, atenta a esses desvios, serve para fixar o acontecido e assim, de maneira antecipada, evitar conflitos. Contudo, na discussão antiga, é frequente se fazer menção a que a escrita proporciona maiores possibilidades de falseamento e engano do que a comunicação verbal entre presentes. Já relativamente bem mais tarde, a versão escrita assume a função de 'publicação' e de manifestação do direito para todos. Para que os desvios se fizessem visivelmente concretos, bastavam alguns especialistas conhecedores da forma escrita. **A função da publicação pressupõe uma cultura de literalidade amplamente difundida**. Enquanto as culturas orais dependiam, em sua memória, da repetição fidedigna (como sempre, pois, fictícia), por exemplo, das formas rituais, os textos escritos teriam maior liberdade de uso em situações imprevistas, **sempre a depender de um maior cuidado na redação dos textos, que deveriam ser compreensíveis por si mesmos, necessitando também impor limites aos espaços de interpretação**. Sobretudo, **deveriam evitar as contradições e velar pela suficiente consistência**. Jan Assmann chama isso de 'passagem do domínio da repetição para o domínio da representação, e da coerência ritual para a **coerência textual**'" (g.n.). (LUHMANN, Niklas. *O direito da sociedade*. São Paulo: Martins Fontes, 2016, p. 198-199).

o ponto de vista da maioria das pessoas e de acordo com critério médios de racionalidade, forte abalo na própria credibilidade regular do Direito como instituição"[314] (g.n). São aspectos muito semelhantes àqueles que, neste livro, foram analisados no contexto da confiança *no* direito.

Em contrapartida, o autor defende que o viés **subjetivo** estaria relacionado não com o sistema jurídico como um todo, mas com a "sua **aplicação concreta a determinado caso e a determinada pessoa**" (g.n)[315-316]. Sob esta óptica, a afronta à segurança jurídica dependeria de

[314] E prossegue o autor: "É o caso, por exemplo, de uma decisão judicial que, modificando orientação jurisprudencial consolidada anterior, atinja um sem-número de cidadãos que confiaram na orientação abandonada, causando uma desconfiança geral e abstrata da comunidade jurídica no Poder Judiciário e no Direito como instituições sociais". (ÁVILA, Humberto. *Segurança Jurídica*: entre permanência, mudança e realização no Direito Tributário. São Paulo: Malheiros, 2011, p. 139).

[315] O princípio da proteção da confiança estaria, portanto, relacionado com a proteção de direitos fundamentais *individuais*, cuja proteção derivaria de "manifestação estatal inequívoca capaz de gerar expectativa" e dependeria de *exercício da confiança* pelo particular. (ÁVILA, Humberto. *Segurança Jurídica*: entre permanência, mudança e realização no Direito Tributário. São Paulo: Malheiros, 2011, p. 230).

[316] "Para que exista proteção da confiança é também necessário que haja o exercício da confiança, isto é, que o cidadão tenha 'colocado em prática' (ins Werk gesetzt) a sua confiança, por meio do exercício concreto da sua liberdade. (...) A jurisprudência do Supremo Tribunal Federal, pelo menos com relação ao Direito Administrativo, é no sentido de que deve haver atos concretos baseados na confiança, como exemplifica o caso da obtenção de licença para construir, no qual se exige, para a proteção, que o particular tenha iniciado a construção. (...) se o problema diz respeito ao ordenamento jurídico como um todo, deve ser demonstrado que a mudança normativa provoca efeitos que comprometem a mantença de um ordenamento jurídico estável, capaz de propiciar condições mínimas de exercício conjunto de liberdades individuais. Nesse caso não são necessárias provas no sentido de que o interesse específico de alguém foi atingido, que a sua liberdade foi exercida desta ou daquela forma, com esta ou aquela intensidade, e que havia confiança legítima a ser protegida. É essencial a demonstração geral, baseada no princípio do Estado de Direito e na dimensão objetiva do princípio da segurança jurídica, de que a aceitação da validade da mudança abalará a credibilidade dos cidadãos no ordenamento jurídico. (...) se a questão diz respeito à proteção do interesse individual de alguém, então, deve ser comprovado que a mudança normativa provocou efeitos que comprometeram, injustificadamente, o exercício passado de uma liberdade juridicamente orientada. Nessa hipótese são indispensáveis, sim, provas a respeito do exercício da liberdade, desta ou daquela forma, com esta ou aquela intensidade. É imprescindível a demonstração individual, baseada nos direitos fundamentais e na dimensão subjetiva do princípio da segurança jurídica, de que a aceitação na validade da mudança restringirá injustificadamente os direitos de liberdade, de propriedade ou

"demonstração de que alguém, confiando em determinada regra, ato ou decisão, exerceu concretamente atos de disposição dos seus direitos de liberdade e de propriedade"[317].

Partindo dessa ordem de ideias, Humberto Ávila designa o *princípio da segurança jurídica* como norma que visa a proteger a estabilidade do sistema jurídico para todas as pessoas, e de ***princípio da proteção da confiança*** como aquele que, "mais do que proteger 'a estabilidade do Direito para todos'",

de igualdade de alguém. (...) a questão de saber se o exercício da liberdade é, ou não, requisito indispensável para a proteção da confiança, resolve-se verificando, primeiramente, qual é o tipo de estabilidade pretendida, se referente ao ordenamento jurídico como um todo, com base na face objetiva do princípio da segurança jurídica, que exige durabilidade normativa (confiabilidade por meio de permanência) e desenvolvimento normativo estável, moderado e consistente (calculabilidade por meio da continuidade), ou se relativa a uma situação jurídica, que veda restrições injustificadas no exercício passado da liberdade juridicamente orientada (confiabilidade por meio da proteção da confiança); segundo – e como consequência –, se a estabilidade pretendida está, ou não, fundamentada nos direitos fundamentais de permanência e de continuidade do ordenamento jurídico, não se deve falar em demonstração do exercício passado da liberdade. Caso, porém, o problema se refira à intangibilidade de direitos individuais, o exercício da confiança é pressuposto para a proteção da confiança. Essas considerações, portanto, demonstram que a exigência de exercício da confiança depende de a pretensão à sua proteção estar, ou não, fundamentada na proteção de direitos fundamentais individuais. (...) Deve haver proteção da confiança, por exemplo, quando o contribuinte, tendo firmado termo de cooperação assinado pelas mais altas autoridades do Estado com finalidade de obter benefício fiscal em troca de investimento e de criação de empregos, embora não tenha ainda feito o investimento propriamente dito, não só já investiu em ações preparatórias (como projetos e contratações), como também já alterou de modo irreversível o seu plano estratégico. (...) O princípio da proteção da confiança só se justifica nos casos em que o cidadão tem a sua confiança, gerada por um ato estatal anterior, frustrada por uma nova manifestação estatal posterior contraditória. (...) Nem toda frustração, porém, justifica a proteção da confiança. (...) Os direitos fundamentais de liberdade demandam um exercício responsável e compatível com os interesses da maioria, descabendo falar em proteção de expectativas relativamente a atos cujos efeitos apenas tangenciam o âmbito de proteção desses direitos". (ÁVILA, Humberto. *Segurança Jurídica*: entre permanência, mudança e realização no Direito Tributário. São Paulo: Malheiros, 2011, p. 399-402).

317 "É o caso, por exemplo, de decisão judicial que, modificando orientação jurisprudencial consolidada anteriormente, afete alguém em específico, que fez significativos investimentos causalmente vinculados à decisão modificada, que podia servir e que efetivamente serviu de orientação para a sua ação passada, causando uma significativa e imprevisível restrição individual e concreta nos seus direitos de liberdade e de propriedade". (ÁVILA, Humberto. *Segurança Jurídica*: entre permanência, mudança e realização no Direito Tributário. São Paulo: Malheiros, 2011, p. 140).

protege "'a confiança de alguém na estabilidade de uma manifestação do Direito', em vista da qual o cidadão colocou em prática alguma atividade"[318-319-320].

[318] E prossegue o autor: "o princípio da segurança jurídica, como bem aponta Calmes, visa a afastar a imprevisibilidade, notadamente a retroatividade, 'seja ela qual for' (*soit qu'il soit*), e a instabilidade do ordenamento em geral, seja ela qual for. Por isso, a rigor, é mais correto falar em direito subjetivo à proteção da confiança legítima do que em princípio da proteção à confiança legítima". (ÁVILA, Humberto. *Segurança Jurídica*: entre permanência, mudança e realização no Direito Tributário. São Paulo: Malheiros, 2011, p. 262).

[319] "a segurança jurídica pode ser tanto considerada um princípio objetivo do ordenamento jurídico quanto pode experimentar uma aplicação reflexiva relativamente a um sujeito específico. Daí se dizer que a segurança jurídica pode assumir tanto uma dimensão objetiva e impessoal, relacionada ao interesse coletivo ou geral de manutenção da ordem, quanto uma dimensão estritamente pessoal, vinculada a interesses individuais. No primeiro caso, tem-se o princípio da segurança jurídica; no segundo, o denominado princípio da proteção da confiança legítima (*Vertrauensschutzprinzip*). Embora relacionados, eles são diferentes: o princípio da segurança jurídica diz respeito ao ordenamento jurídico, de modo geral e abstrato, independentemente do interesse específico de alguém, podendo, inclusive, ser instrumento para contrariar interesses individuais; o princípio da proteção da confiança faz referência a uma situação subjetiva e concreta e destina-se unicamente a manter uma situação jurídica favorável a determinado sujeito. Pode-se, nessa direção, afirmar que o princípio da segurança jurídica serve de instrumento de proteção 'das confianças' (dos cidadãos em geral, em face do ordenamento jurídico globalmente considerado), enquanto que o princípio da proteção da confiança constitui meio de garantia 'da confiança' (de um cidadão em razão de uma manifestação particularizada do ordenamento jurídico)". (ÁVILA, Humberto. *Segurança Jurídica:* entre permanência, mudança e realização no Direito Tributário. São Paulo: Malheiros, 2011, p. 261-262).

[320] "Para saber quando a segurança jurídica visa a resguardar interesses individuais e quando objetiva preservar interesses coletivos, é preciso analisar o contexto normativo e fático em que ela é utilizada. Por exemplo, quando está em causa a proteção do direito adquirido, do ato jurídico perfeito, da coisa julgada e da confiança legítima, o princípio da segurança jurídica experimenta uma aplicação reflexiva relativamente a interesses particulares, quer porque as normas que protegem as mencionadas situações são qualificadas de 'garantias individuais', quer porque elas tratam de circunstâncias individuais. Quando, porém, se analisa a regra prevista no artigo 27 da Lei n. 9.868/98, que permite que o Supremo Tribunal Federal, no controle concentrado de constitucionalidade, ao declarar a inconstitucionalidade de lei ou ato normativo, e 'tendo em vista razões de segurança jurídica ou de excepcional interesse social', module os efeitos da declaração de inconstitucionalidade, o princípio da segurança jurídica visa a proteger a confiabilidade e a calculabilidade do ordenamento jurídico como um todo, quer porque tal regra se refere ao controle concentrado de constitucionalidade, que visa a examinar a constitucionalidade da lei em tese, sem atenção primordial a interesses particulares, quer porque, nesse controle, não há como provar a obediência dos requisitos indispensáveis à

Nesta obra não se distingue segurança jurídica *objetiva* de *subjetiva* porque, sob a óptica do modelo luhmanniano, parece não haver espaço para tal diferenciação. É que a teoria de Niklas Luhmann se concentra nos sistemas sociais, e não nas pessoas/indivíduos (não é, portanto, antropocentrista)[321]. A sociedade é caracterizada como conjunto de comunicações, e não como agrupamento de pessoas. O sistema social é composto por diferentes sistemas que criam e processam, por intermédio de seus respectivos códigos e programas, tipos específicos de comunicação (comunicação jurídica, política, econômica, da arte, da saúde, da educação etc.) – e o foco, para Luhmann, envolve a análise desses sistemas a partir de três elementos referenciais: *i)* função por eles exercida; *ii)* prestação por eles oferecida; e *iii)* reflexão que realizam sobre si mesmos, com vistas à manutenção da diferenciação em relação ao ambiente[322].

aplicação do denominado princípio da confiança (existência da base da confiança, da confiança, do nexo de causalidade entre a base e a confiança, do exercício da confiança e da frustração da confiança), tendo em vista que essa prova só pode ser feita no controle difuso e por meio de um processo de cognição ampla e exauriente". (ÁVILA, Humberto. *Segurança Jurídica:* entre permanência, mudança e realização no Direito Tributário. São Paulo: Malheiros, 2011, p. 262-263).

321 "O novo iluminismo – o iluminismo sociológico de que fala Luhmann – opta por uma 'racionalidade do sistema'. Princípios funcionais permitiriam compreender e reduzir a complexidade do mundo moderno. **Passa-se de uma racionalidade do sujeito para uma racionalidade do sistema**. Enquanto a primeira envolve certezas intersubjetivas, a segunda implica capacidade de guiar o sistema, reduzir sua complexidade e aumentar a estabilidade de um mundo em constante mudança" (g.n). (CAMPILONGO, Celso Fernandes. *Política, sistema jurídico e decisão judicial.* 2.ed. São Paulo: Saraiva, 2011, p. 20).

322 Marcelo Neves trata da "distinção luhmanniana entre as três referências do sistema: 'A *função* é a relação para com a sociedade, como o sistema social mais abrangente; a prestação é a relação para com os outros sistemas sociais; a reflexão é a relação para consigo mesmo. (...) No que se refere especificamente ao **sistema jurídico** positivo, sua **função primária**, segundo a formulação de Luhmann, é representada pela generalização congruente de expectativas normativas de comportamento..., ou seja, pela asseguração das expectativas, embora a função de regulação da conduta não deva ser subestimada... Como **prestação** do sistema jurídico, expressa-se, em primeiro plano, a regulação de conflitos 'que se apresentam como não mais passíveis de solução por meios sistêmicos próprios em outros sistemas sociais'. Porém, nas mais diferentes formas, também constitui prestação do direito disponibilizar institutos normativos que sirvam à asseguração de estruturas e operações em outros subsistemas sociais. A **reflexão** como referência do sistema social à sua própria identidade pertence, a respeito do direito positivo, tanto à teoria do direito quanto à dogmática jurídica" (g.n.). (NEVES, Marcelo.

Os indivíduos não fazem parte dos sistemas (integram, sim, o *ambiente* da sociedade[323-324]), pois enquanto os sistemas operam com o fator *comunicação*, as pessoas atuam em sistemas psíquicos através da *consciência*"[325-326].

Constituição e Direito na Modernidade Periférica: uma abordagem teórica e uma interpretação do caso brasileiro. São Paulo: WMF Martins Fontes: 2018, p. 163-165).

323 Nesse sentido, Juan Antonio Garcia Amado: "**Os indivíduos não fazem parte de sistemas sociais, mas de seu ambiente**, de seu Umwelt. Nenhum indivíduo pertence completamente, como identidade total, a um sistema. Cada sistema funcional abrange todos os indivíduos em sua perspectiva, mas não em sua totalidade, mas apenas na dimensão de sua existência que importa para cada sistema. **Luhmann ressalta que isso não significa menosprezar os homens para a sociedade. Para que a sociedade e os subsistemas existam, a existência do respectivo ambiente é tão importante quanto a dos elementos do sistema.** Os sistemas não existem no vácuo" (g.n). No original: "Los individuos no forman parte de los sistemas sociales, sino de su medio, de su Umwelt. Ningún individuo pertenece por completo, como identidad total, a un sistema. Cada sistema funcional abarca bajo su perspectiva a todos los individuos, pero no en su integridad, sino sólo en la dimensión de su existencia que importa para cada sistema. Puntualiza Luhmann que esto no significa restarle importancia a los hombres para la sociedad. Para que puedan existir la sociedad y subsistemas la existencia del medio respectivo es tan importante como la de los propios elementos del sistema. Los sistemas no existen en el vacío". (AMADO, Juan Antonio Garcia. *La Filosofía del Derecho de Habermas y Luhmann*. Serie de Teoría Jurídica y Filosofía del Derecho, n.5. Colombia: Universidad Externado de Colombia, Kindle, posição1157).

324 Como registra Marcelo Neves, "o ser humano não é considerado parte, mas sim *ambiente* da sociedade". (NEVES, Marcelo. *Constituição e Direito na Modernidade Periférica*: uma abordagem teórica e uma interpretação do caso brasileiro. São Paulo: WMF Martins Fontes: 2018, p. 214).

325 "Não é que em Luhmann os sujeitos desapareçam para dar lugar à auto-implantação dos sistemas. Na realidade, cada sistema será sujeito de si mesmo e para si mesmo. O que desaparece é a ideia do sujeito individual como centro de todo sistema. Cada indivíduo é um sujeito para si mesmo, para o sistema autorreferencial próprio e particular em que consiste sua consciência... **Mas não há sistema de sujeito**. Tampouco existe um sujeito (como consciência individual ou coletiva) de sistemas sociais. **A sociedade e seus subsistemas, segundo Luhmann, não são feitos de indivíduos, mas de comunicações.** (...) Luhmann mostra com um exemplo claro como nem tudo que pertence ao indivíduo como entidade biológica ou psicológica pertence, portanto, ao sistema social: 'a presença de arsênico no sangue ou um estado de excitação psicológica não são eventos sociais; eles apenas se tornam tais quando se transformam em comunicações, enquanto e na medida em que o sistema social consente, se não predispõe os meios para que tais eventos sejam comunicados e recebidos, não passam de puros eventos biológicos sem qualquer ressonância na sociedade'. **Isso não significa que a sociedade poderia existir se não houvesse indivíduos, em sua dupla dimensão, biológica e psicológica.** Estes são um **pressuposto necessário**. A única coisa que acontece é que eles não fazem parte

Isso não significa que a pessoa humana não seja fundamental para o sistema social e seus correspondentes sistemas parciais. Evidentemente, sem o *sujeito*, com seus aspectos biológicos e psicológicos que contribuem para a formação da individualidade, não existiria sociedade. A mudança de

como tais da autorreferencialidade do sistema" (g.n). No original: "No es que en Luhmann los sujetos desaparezcan para dejar su lugar al auto despliegue de los sistemas. En realidad, cada sistema será el sujeto de sí mismo y para sí mismo. Lo que se esfuma es la idea del sujeto individual como centro de todo sistema. Cada individuo es sujeto para sí mismo, para el sistema autorreferencial particular y propio en que consiste su consciencia... Pero no hay ningún sistema de sujetos. Tampoco hay un sujeto (en cuanto conciencia individual o colectiva) de los sistemas sociales. La sociedad y sus subsistemas, según Luhmann, no se componen de individuos, sino de comunicaciones. (...) muestra Luhmann con un ejemplo claro cómo no todo lo perteneciente al individuo como entidad biológica o psicológica pertenece por ello al sistema social: 'la presencia de arsénico en la sangre o un estado de excitación psicológica no son eventos sociales; sólo devienen tales cuando se transforman en comunicaciones, siempre que y en la medida en que el sistema societario lo consienta. Si éste no predispone los medios para que tales hechos vengan comunicados y recibidos, éstos no pasan de ser puros eventos biológicos sin ninguna resonancia sobre la sociedad'. Lo anterior no significa que la sociedad pudiera existir si no existieran individuos, en su doble dimensión, biológica y psicológica. Estos son un presupuesto necesario. Lo único que ocurre es que no forman parte como tales de la autorreferencialidad del sistema". (AMADO, Juan Antonio Garcia. *La Filosofía del Derecho de Habermas y Luhmann*. Serie de Teoría Jurídica y Filosofía del Derecho n.5. Colombia: Universidad Externado de Colombia, Kindle, posição 1150).

[326] "Cada pessoa contém um sistema psíquico como um sistema autopoiético diferente dos sistemas sociais. Seus elementos não são comunicações, mas consciência (Bewusstsein). O sistema psíquico não persegue nada que não tenha a forma de consciência. Os sistemas sociais como tais e seus elementos lhe são estranhos, são seu ambiente. Essa circularidade operativa da consciência é o que constitui, segundo Luhmann, a individualidade. (...) Os sistemas são estruturados a partir de expectativas que têm o indivíduo como referência. Mas isso não existe para o sistema como tal, como sistema orgânico e psicológico, mas apenas como centro de identificação de um feixe de expectativas". No original: "Cada persona encierra un sistema psíquico como sistema autopoiético diferente de los sistemas sociales. Sus elementos no son comunicaciones, sino conciencia (Bewusstsein). El sistema psíquico no persigue nada que no posea la forma de conciencia. Los sistemas sociales en cuanto tales, y sus elementos, le son ajenos, son su medio. Esa circularidad operativa de la conciencia es lo que constituye según Luhmann, la individualidad. (...) Los sistemas se estructuran sobre la base de expectativas que tienen como referencia al individuo. Pero éste existe para el sistema no como tal, como sistema orgánico y psicológico, sino únicamente como centro de identificación de un haz de expectativas". (AMADO, Juan Antonio Garcia. *La Filosofía del Derecho de Habermas y Luhmann*. Serie de Teoría Jurídica y Filosofía del Derecho n.5. Colombia: Universidad Externado de Colombia, Kindle, posição 1177).

foco, do indivíduo para os sistemas, é apenas uma **opção metodológica**: quem quiser enxergar o direito como sistema com função relacionada à "'satisfação de algumas necessidades básicas do ser humano'", ou seja, com o ambiente humano da sociedade"[327], certamente poderá fazê-lo; porém, não com fundamento em Niklas Luhmann.

Assim, as conclusões desta obra serão aplicáveis à sociedade (=sistemas sociais, inclusive o jurídico) e, também, às pessoas (=indivíduos), haja vista que a pessoa humana, por integrar o ambiente em relação à sociedade, figura como destinatária das funções exercidas e das prestações realizadas por todos os sistemas.

2.4. A confiança *na congruência* do sistema jurídico: organização (coerência com os programas do direito) e história

Conforme se destacou no item anterior, para as pessoas confiarem *no* direito como sistema capaz de manter sua diferenciação em relação ao ambiente (por reduzir a complexidade mediante a produção de comunicação jurídica, baseada em programas condicionais que orientam a aplicação do código *lícito/ilícito*), as decisões jurídicas devem ser compreensíveis e divulgadas.

Contudo, a confiança *no* direito é apenas um dos aspectos da "confiança" no sentido mais abrangente do termo. O outro aspecto é a **confiança *na congruência* do direito**; afinal, o sistema jurídico que decide de modo incoerente com seus próprios princípios e regras, ou que opera sem memória (=com desrespeito às expectativas normativas estabilizadas no passado), não é digno de "confiança", ainda que as decisões sejam claras e tenham sido publicadas.

Em suma: se as pessoas confiam no direito e na sua congruência ("confiança" no sentido abrangente), é porque o sistema jurídico se mostra capaz de oferecer segurança jurídica ao seu entorno – o que fortalece sua diferenciação social e aumenta sua durabilidade no tempo.

A confiança *na congruência* do direito é caracterizada quando as pessoas confiam que as decisões jurídicas serão pronunciadas: *i)* com organização, o que significa decidir com *fundamento jurídico* coerente com os princípios e

[327] NEVES, Marcelo. *Constituição e Direito na Modernidade Periférica*: uma abordagem teórica e uma interpretação do caso brasileiro. São Paulo: WMF Martins Fontes: 2018, p. 214.

regras extraíveis dos programas do direito, e com observância às reflexões da dogmática[328]; e *ii)* com respeito à história, ou seja, àquilo que o sistema decidiu no passado.

A **organização**, como primeiro aspecto da congruência[329], possibilita que as pessoas, que estão atentas à "coerência das situações"[330], confiem que o sistema jurídico tomará decisões que façam sentido[331] com o direito. Mas para que isso ocorra, é fundamental que o sistema se auto-apresente ao ambiente como algo *familiar*. A *familiaridade* abre espaço para o acúmulo

[328] Conforme Jorge Albuquerque Vieira, "a organização fala das relações que definem o sistema como um todo; consequentemente, ela se refere à coerência sistêmica". (g.n.). (VIEIRA, Jorge Albuquerque. Organização e Sistemas. In *Revista Informática na Educação*: Teoria & Prática. PG/E-UFRGS. vol.3. n.1, Setembro de 2000, p. 18). Cumpre destacar, ainda, que, conforme a teoria dos sistemas, organização não significa "ordem" no sentido comumente tratado pela dogmática. Nesse sentido, confira-se Jorge Albuquerque Vieira: "É claro que dependendo da complexidade do sistema estudado, podemos ter uma complexidade expressa por uma condição de aleatoriedade, de 'desordem', assim como podemos ter uma maior complexidade expressa por uma condição de organização, que não deve ser confundida com ordem. A complexidade, como parâmetro livre, comparece em todos os estágios evolutivos dos sistemas, tal que talvez possamos conceber organização como uma ordem de alto nível (DENBIGH, 1975:86). O conceito de ordem se aproxima mais de uma forma de Congruência com pequenos desvios em relação a um padrão geométrico; já o de organização envolve integralidade, o que dá um caráter de organicidade ao sistema. Citando ainda DENBIGH (1975:83) parece não haver dúvida de que uma célula viva seja mais organizada que um cristal ou um metal, embora os últimos sejam inegavelmente mais ordenados; da mesma forma, há uma diferença nesses parâmetros quando comparamos um papel de parede com um quadro de Rembrandt". (VIEIRA, Jorge Albuquerque. Organização e Sistemas. In *Revista Informática na Educação*: Teoria & Prática. PG/E-UFRGS. vol.3. n.1, Setembro de 2000, p. 20).

[329] Considere-se tal ordem para fins meramente didáticos.

[330] "As pessoas são formas especiais de observação da coerência das situações, vale dizer, pautas ordenadoras com propriedades altamente seletivas". No original: "Las personas son formas especiales de observación de la coherencia de situaciones, vale decir, pautas ordenadoras con propiedades altamente selectivas". (LUHMANN. Niklas. *Organización y decisión*. México: Universidad Iberoamericana. 2010, p. 332).

[331] "sentido é seleção a partir de outras possibilidades; é portanto, ao mesmo tempo, referência a outras possibilidades. O donde da seleção, a complexidade reduzida, permanece preservado no sentido. (...) O sentido serve para a apreensão e redução da complexidade do mundo e, só assim, serve para a orientação da vivência e da ação". (LUHMANN, Niklas. Sociologia como teoria dos sistemas sociais. In SANTOS, José Manuel (org.). *O pensamento de Niklas Luhmann*. Universidade da Beira Interior, 2005, p. 79).

da confiança[332] perseguida pelo direito, pois nas relações familiares os comportamentos costumam ser previsíveis – o que torna a vida das pessoas mais segura[333]. É diferente do "estranho não confiável", que, por "agir mais desprevenido", encontra dificuldades para que os outros nele confiem[334].

Se as pessoas observam decisões que não fazem sentido – mesmo cientes das "lacunas na compreensão da experiência"[335] –, a confiança *na congruência* do sistema se perde (por desconfiança quanto à *organização*). Em relação ao direito, isso provoca dois efeitos: um **imediato**, que impossibilita a concretização da segurança jurídica (e aqui vale o alerta de Luis Recasens Siches: "sem segurança não há Direito, nem bom, nem mau, nem de nenhuma espécie"[336]); e outro **mediato**, que envolve o perigo de desdiferenciação (=perda da autonomia) do direito.

[332] "Confiança se acumula como uma espécie de capital que abre mais possibilidades às ações de maior alcance, mas também deve ser utilizada e cuidada continuamente". (LUHMANN, Niklas. *Vertrauen*: ein Mechanismus der Reduktion sozialer Komplexität. Stuttgart: Lucius und Lucius, 2000, p. 84).

[333] "Aquele sistema ou indivíduo que cumpre com os comportamentos esperados, torna-se mais previsível, portanto, mais seguro na vista dos outros, torna-se familiar. Da mesma forma, quem costuma romper com as convenções sociais torna-se 'insegurança', imprevisível. Essa familiaridade é um pressuposto para a confiança e também para a desconfiança, já que o familiar não é necessariamente algo favorável ou desfavorável. 'Familiaridade, neste sentido, possibilita expectativas relativamente seguras e com isso também uma absorção de riscos permanecidos'". (MOTA, Rodrigo. Confiança e complexidade social em Niklas Luhmann. In *LURAL, Revista do Programa de Pós-Graduação em Sociologia da USP,* São Paulo, v.23.2, 2016, p. 190).

[334] LUHMANN, Niklas. *Vertrauen*: ein Mechanismus der Reduktion sozialer Komplexität. Stuttgart: Lucius und Lucius, 2000, p. 82.

[335] Essa passagem foi extraída do seguinte trecho: "A inteligência humana seleciona as informações aparentemente mais relevantes e as reinterpreta da maneira que lhes conferirá sentido. Este processo deixa várias lacunas na compreensão da experiência"; porém, "mesmo sem informações concretas anteriores ao momento onde a confiança aparece como necessária, se pode confiar". (MOTA, Rodrigo. Confiança e complexidade social em Niklas Luhmann. In *LURAL, Revista do Programa de Pós-Graduação em Sociologia da USP,* São Paulo, v.23.2, 2016, p. 191).

[336] No original: "Sin seguridad no hay Derecho, ni bueno, ni malo, ni de ninguna clase". (SICHES, Luis Recasens. *Tratado General de Filosofía del Derecho.* 19.ed. México: Editorial Porrúa, 2008, p. 224). E continua o autor: "É verdade que, além disso, o Direito deve ser justo, servir ao bem comum etc. Se você não fizer isso, será injusto, será injustificado, será um fracasso. Mas, por outro lado, se não representa uma ordem de segurança, então não há lei de qualquer espécie. A injustiça se opõe à justiça; o erro em certos propósitos se opõe à utilidade comum; mas, por outro lado, a ausência de segurança nega a própria essência do

O segundo aspecto da congruência é a **história**, no sentido de *memória* do sistema.

As pessoas costumam decidir baseadas naquilo que decidiram no passado, que é inalterável[337]. Experiências vividas caracterizam "história recordada" e manifestam "um valor simbólico do que é o correto"[338]. Esse *olhar para trás* reduz a complexidade social[339] e abre espaço à confiança, haja vista que "dissolve o problema da ação inesperada"[340-341].

Sobre a importância da história para o estabelecimento de relações de confiança, confira-se Rodrigo Mota:

> Em um mundo onde se multiplicam as escolhas, faz-se necessário o uso de um mecanismo que nos ajude a pré-selecionar tais escolhas e alivie-nos da quantidade necessária de informações para que possamos agir. A confiança faz com que, mesmo sem estarmos plenamente informados sobre uma situação ou pessoa, possamos agir baseando-nos no que já conhecemos, em nossa própria história, no passado que já é complexidade reduzida.

direito". No original: "Es verdad que, además, el Derecho debe ser justo, servir al bien común, etc. Si no lo hace, será injusto, estará injustificado, representará un malogro. Pero, en cambio, si no representa un orden de seguridad, entonces no hay Derecho de ninguna clase. La injusticia se opone a la justicia; el yerro en determinados fines se opone a la utilidad común; pero, en cambio, la ausencia de seguridad niega la esencia misma de lo jurídico". (SICHES, Luis Recasens. *Tratado General de Filosofía del Derecho.* 19.ed. México: Editorial Porrúa, 2008, p. 224).

337 "Os indivíduos tomam como referência para as suas ações, as ações passadas, já ratificadas e providas de consenso". (MOTA, Rodrigo. Confiança e complexidade social em Niklas Luhmann. In *LURAL, Revista do Programa de Pós-Graduação em Sociologia da USP,* São Paulo, v.23.2, 2016, p. 187).

338 MOTA, Rodrigo. Confiança e complexidade social em Niklas Luhmann. In *LURAL, Revista do Programa de Pós-Graduação em Sociologia da USP,* São Paulo, v.23.2, 2016, p. 187.

339 Afinal, o passado "é complexidade reduzida". (LUHMANN, Niklas. Sociologia como teoria dos sistemas sociais. In SANTOS, José Manuel [org.]. *O pensamento de Niklas Luhmann.* Universidade da Beira Interior, 2005, p. 98).

340 MOTA, Rodrigo. Confiança e complexidade social em Niklas Luhmann. In *LURAL, Revista do Programa de Pós-Graduação em Sociologia da USP,* São Paulo, v.23.2, 2016, p. 190.

341 Para Luhmann, a ideia de redução de complexidade "tem lugar, de modo inevitável, no decurso do tempo mediante o translado do futuro, que ainda está aberto nas suas possibilidades, para o passado imutável". (LUHMANN, Niklas. Sociologia como teoria dos sistemas sociais. In SANTOS, José Manuel [org.]. *O pensamento de Niklas Luhmann.* Universidade da Beira Interior, 2005, p. 105).

> (...)
> ...a confiança utiliza generalizações de comportamentos baseados na experiência prévia do sistema ou do indivíduo. Isso ocorre tanto para influenciar as ações dos indivíduos, quanto para compreender as ações dos outros indivíduos e formar expectativas sobre as possíveis reações destes em relação às ações daqueles. Estas generalizações são jogadas nas expectativas das ações futuras, tentando tornar este futuro esperado em presente real[342].

Transportando tais ideias para o sistema jurídico: **o direito *presente* deve observar aquilo que foi direito no *passado*.** É que "o sistema jurídico, quando decide, cria vínculos para o futuro" [343], orientando as pessoas e os demais sistemas sobre as pautas de conduta que algum dia foram consideradas *lícitas* e *ilícitas*. Além disso, o direito "vincula a si próprio"[344], ou seja, ele mesmo se sujeita à observância das regras que criou no passado. **Se o próprio sistema não respeitar a sua história**, não haverá espaço para efetivação do princípio da segurança jurídica, pois o ambiente revelará "insatisfação através da desconfiança"[345-346].

É importante deixar claro que o respeito às expectativas normativas do passado não pode frustrar as expectativas normativas estabilizadas no presente. Significa que decidir com observância à história não autoriza, pura e simplesmente, o afastamento de princípios e regras vigentes. O sistema jurídico deve ser capaz de compatibilizar o direito em vigor com as expectativas normativas que integram a memória do sistema. Não se

[342] MOTA, Rodrigo. Confiança e complexidade social em Niklas Luhmann. In *LURAL, Revista do Programa de Pós-Graduação em Sociologia da USP*, São Paulo, v.23.2, 2016, p. 182; 190.

[343] CAMPILONGO, Celso. *Direito e diferenciação social*. São Paulo: Saraiva, 2011, p. 114.

[344] CAMPILONGO, Celso. *Direito e diferenciação social*. São Paulo: Saraiva, 2011, p. 114.

[345] MOTA, Rodrigo. Confiança e complexidade social em Niklas Luhmann. In *LURAL, Revista do Programa de Pós-Graduação em Sociologia da USP*, São Paulo, v.23.2, 2016, p. 196.

[346] As pessoas confiam na história do sistema, e o direito não pode frustrar essa confiança que, no passado, ele mesmo buscou e alcançou. Portanto, é fundamental que os tribunais, como organizações especializadas em lidar com frustrações de expectativas normativas, tomem decisões observando a história do sistema jurídico no qual estão integrados. No caso das Cortes superiores, isso vai além da observação da própria história de cada Tribunal: o STF deve observar o passado decidido pelo STJ, e vice-versa. Caso contrário, a desconfiança social imporá barreiras ao estabelecimento da segurança jurídica que o direito deve promover.

chega à congruência por intermédio apenas da coerência ou da história[347]: é necessário a interseção de ambas.

Outro ponto relevante é que a confiança na *congruência do* direito sempre estará sujeita a decepções. Afinal, *confiar*, em si, é uma decisão, e toda a decisão está sujeita a frustrações que abrem espaço à desconfiança[348].

Quanto ao aspecto da **organização**, há risco de a desconfiança se tornar preponderante quando a expectativa de que o sistema funcionaria coerentemente é *frequentemente* frustrada. Ou seja, quando a disfuncionalidade muda do *eventual-tolerável* (a confiança ainda prevalece, apesar das eventuais decepções) para o *habitual-intolerável* (as frustrações superam as vantagens de se permanecer confiando).

No campo do direito, repetidas decisões incoerentes permitem o acúmulo de desconfiança e contribuem para a desdiferenciação e perda da autonomia do sistema, pois a predominância de decepções faz com que a confiança no direito se mostre inútil/sem sentido.

Além disso, quando as pessoas percebem que não vale a pena confiar em um sistema, elas tendem a transferir a confiança para outro, causando, assim, hipertrofia de uma esfera de comunicação social às custas da desintegração de outra. Isso é extremamente perigoso, pois o sistema *carente de confiança* se tornará alvo de sucessivos ataques que poderão resultar na desdiferenciação social (por corrupção sistêmica)[349].

[347] Essa bipartição existe apenas para fins meramente didáticos. Assim como a norma jurídica, que, a despeito de ter estrutura una e indecomponível, é dividida em critérios (*v.g.* a regra-matriz de incidência) para que se possa melhor compreender as características dos elementos que a integram, a congruência também é indivisível, e sua separação em coerência e história se presta apenas para facilitar o estudo e proporcionar o exame mais acurado desses fundamentos que integram o seu conceito.

[348] Com efeito, "elemento fundamental da confiança é que ela pressupõe risco". (LUHMANN, Niklas. *Vertrauen*: ein Mechanismus der Reduktion sozialer Komplexität. Stuttgart: Lucius und Lucius, 2000, p. 29).

[349] Basta pensar no quão grave seria se a sociedade transferisse a confiança inicialmente depositada no centro do sistema jurídico (tribunais) para o centro do sistema político (governo). O descrédito do Poder Judiciário (que afetaria o sistema jurídico como um todo) proporcionaria o agigantamento do sistema político, o que aumentaria o perigo de *politização* do direito que, por sua vez, não mais operaria conforme programas condicionais (*dever-ser*), e, sim, de acordo com programas finalísticos caracterizados pelos interesses do governo. A respeito desse fenômeno (=politização do sistema jurídico), Marcelo Neves destaca que "democracia e Estado de direito relacionam-se reciprocamente mediante a Constituição. Quando se fala

As frustrações também poderão ocorrer sob o aspecto da *história*. Não em relação à "evolução" do sistema jurídico, mas **caso o direito se altere e prejudique aqueles que agiram conforme as expectativas normativas vigentes no passado.**

As pessoas sabem que o direito, assim como os demais sistemas sociais, deve evoluir (no sentido alterar expectativas estabilizadas no passado) mediante a produção de novas comunicações capazes de lidar com a complexidade social[350-351]. Como observou Luhmann, o direito positivo

de judicialização da política e politização do direito pretende-se referir a um excesso, uma hipertrofia, em detrimento, respectivamente, do Estado de direito e da democracia". (NEVES, Marcelo. *Entre Hidra e Hércules:* princípios e regras constitucionais como diferença paradoxal do sistema jurídico. 3.ed. São Paulo: Editora WMF Martins Fontes, 2019, p. 195). No caso da "corrupção política do judiciário" (no sentido de corrupção sistêmica), o autor destaca que "as fronteiras operativas entre direito e política se diluem. Decisões judiciais são tomadas primariamente com base na distinção 'governo/oposição' ou em critérios políticos, sobretudo em matéria constitucional. No contexto brasileiro, isso se relaciona frequentemente com conexões particularistas e difusas de membros do judiciário com os agentes políticos". (NEVES, Marcelo. *Entre Hidra e Hércules:* princípios e regras constitucionais como diferença paradoxal do sistema jurídico. 3.ed. São Paulo: Editora WMF Martins Fontes, 2019, p. 195). A depender do nível de fragilidade do direito (decorrente da sua politização), nem mesmo eventual tentativa de "reerguida" do judiciário, como resistência às pressões do ambiente, poderia salvaguardar o sistema jurídico de investidas que, no jogo do (e pelo) poder, poderiam ser promovidas pelo sistema político em relação ao Estado Democrático de Direito (ataques estes caracterizados, por exemplo, pelo descumprimento de decisões judiciais pelas organizações políticas, questionamentos sobre a imparcialidade dos juízes e a legitimidade de suas decisões, apresentação de pedidos de *impeachment* contra membros dos tribunais superiores, defesa do fechamento/dissolução da Corte Constitucional etc.).

[350] O termo "evoluir" não significa necessariamente progressão para algo melhor; trata-se, apenas, de produção de comunicação capaz de lidar com as mudanças sociais no contexto da complexidade. Como afirma Marcelo Neves, "evolução social não se configura como um processo de passagem para uma vida melhor, um maior grau de felicidade. Nesse sentido, construiu-se a ideia de progresso no século XIX, apontando para o aperfeiçoamento contínuo, unilinear, regular e necessário da sociedade. A evolução não se dirige a um fim determinado ou à realização de um ideal ou valor. Não há uma teleologia da evolução". (NEVES, Marcelo. *Entre Têmis e Leviatã:* uma relação difícil: o Estado Democrático de Direito a partir e além de Luhmann e Habermas. São Paulo: Martins Fontes, 2006, p. 5-6).

[351] Conforme Marcelo Neves, nas sociedades estratificadas (=estagnadas) "os próprios instrumentos procedimentais de solução de conflitos destinam-se basicamente a averiguar a adequação das condutas ao modelo estrutural de expectativas evidentes e inquestionáveis. Isso significa a presença de um plexo de valores, imediatamente válido como padrão de

compreende "normas jurídicas que entram em vigor por decisão", e que "podem ser revogadas" por outra decisão[352]. Por conseguinte, as expectativas normativas são "relativamente firmes e também se podem alterar"[353].

A *alterabilidade* é nota essencial do direito[354], que evolui constantemente mediante o preenchimento de três condições: *a)* variação; *b)* seleção; e *c)* restabilização – todas "vinculadas reciprocamente[355].

A **variação** ocorre "quando a comunicação desvia-se do modelo estrutural de reprodução social"[356], ou seja, quando há "**expectativas normativas inesperadas**"[357] (g.n). No plano da argumentação jurídica, esta pode se manifestar, *v.g.*, através da veiculação, em petição inicial ou recurso, de tese jurídica contrária à jurisprudência dominante do STF ou do STJ. É, portanto, **o argumento *desviante***, que foge do modelo de reprodução *normal e conhecido* do direito[358].

comportamento em todas as esferas da vida social, que legitima a dominação da camada superior". (NEVES, Marcelo. *Entre Têmis e Leviatã:* uma relação difícil: o Estado Democrático de Direito a partir e além de Luhmann e Habermas. São Paulo: Martins Fontes, 2006, p. 8-9). Na modernidade é diferente. Não há expectativas (inclusive normativas) imutáveis: o direito muda – e tem que mudar – pois, caso contrário, será socialmente inadequado.

352 LUHMANN, Niklas. *Legitimação pelo procedimento*. Trad. de Maria da Conceição Côrte-Real. Brasília: Editora Universidade de Brasília, 1980, p. 119.

353 LUHMANN, Niklas. Sociologia como teoria dos sistemas sociais. In: SANTOS, José Manuel (org.). *O pensamento de Niklas Luhmann*. Universidade da Beira Interior, 2005, p. 90.

354 "Se no decurso do desenvolvimento civilizacional aumentam a complexidade e a variabilidade das condições naturais, psíquicas e sociais de vida – um processo em que a complexidade crescente da própria sociedade e do seu direito constituem uma causa predominante e concorrente – torna-se cada vez mais inadequada uma estrutura jurídica rígida. Aumenta a necessidade de conferir também a essas expectativas as qualidades jurídicas, tão efetivas, de ordem técnica, que são, evidentemente, novas e tem, necessariamente, de ser alteradas. Numa medida das estruturas e depois institucionalizada. Assim se altera o sentido do direito: ele é obrigado a já não excluir a variabilidade, mas sim a absorvê-la". (LUHMANN, Niklas. *Legitimação pelo procedimento*. Trad. de Maria da Conceição Côrte-Real. Brasília: Editora Universidade de Brasília, 1980, p. 121).

355 NEVES, Marcelo. *Entre Têmis e Leviatã*: uma relação difícil: o Estado Democrático de Direito a partir e além de Luhmann e Habermas. São Paulo: Martins Fontes, 2006, p. 2.

356 NEVES, Marcelo. *Entre Têmis e Leviatã*: uma relação difícil: o Estado Democrático de Direito a partir e além de Luhmann e Habermas. São Paulo: Martins Fontes, 2006, p. 6.

357 LUHMANN, Niklas. *Das Recht der Gesellschaft*. Frankfurt: Suhrkamp, 1993, p. 257.

358 Conforme Marcelo Neves, "baixo grau de variação, significa que as comunicações inesperadas são exceções que põem em xeque a própria estrutura social. O desvio é tido como algo estranho à comunidade. O presente está determinado pelo passado". (NEVES, Marcelo.

Entretanto, apenas a variação não faz com que o sistema jurídico evolua – mesmo porque os argumentos *jurídicos* contrários à jurisprudência firme dos tribunais superiores tendem a ser rejeitados pelo judiciário[359] (e existem várias boas razões para que isso ocorra, sendo a segurança jurídica uma delas).

O *segundo passo para a evolução* impõe que a comunicação imprevista seja eleita pelo órgão julgador, a fim de se permitir que o *argumento desviante* se transforme em *expectativa normativa* capaz de orientar a reprodução da comunicação jurídica. Isso ocorre por intermédio da **seleção.**

No processo evolutivo dos sistemas, selecionar significa eleger o sentido da comunicação surpreendente. É o que acontece, por exemplo, quando o juiz acolhe o *argumento divergente* apresentado no contexto da variação, criando norma de decisão que orientará a comunicação das partes envolvidas na demanda[360-361].

Entre Têmis e Leviatã: uma relação difícil: o Estado Democrático de Direito a partir e além de Luhmann e Habermas. São Paulo: Martins Fontes, 2006, p. 8). Na modernidade complexa, a variação passa a ser algo comum: as pessoas, movidas pelos mais diversos valores e interesses (que mudam a depender do contexto histórico envolvido), pressionam constantemente os sistemas para que sejam selecionados/escolhidos os seus argumentos.

359 Hipótese que configura *seleção negativa*, que "rejeita explicitamente" a comunicação desviante, ou a "abandona ao esquecimento". (LUHMANN, Niklas. *Die Gesellschaft der Gesellschaft*. Frankfurt: Suhrkamp, 2 Tomos, 1997, p. 454; LUHMANN, Niklas; DE GIORGI, Raffaele. *Teoria della società*. Milão: Franco Angeli, 1992, p. 190). Os precedentes vinculantes do STF (criados tanto no controle concentrado de constitucionalidade como no difuso) e do STJ (firmados por ocasião do julgamento de recursos repetitivos), assim como a jurisprudência *firme* dos tribunais superiores (especialmente aquela formada por julgamentos realizados em sessões plenárias do STF, ou, no caso do STJ, por Seção) integram o nível *estrutural* do sistema jurídico: introduzem expectativas normativas que servirão como pautas *confiáveis* de conduta para que as pessoas possam agir. Tanto fazem parte do rol de expectas que orientam a comunicação que o art. 489, §1º, do CPC, estabelece que não se considerará fundamentada a decisão judicial que "deixar de seguir enunciado de súmula, jurisprudência ou precedente invocado pela parte, sem demonstrar a existência de distinção no caso em julgamento ou a superação do entendimento". Por essa razão, o argumento contrário a precedente (*v.g.*) caracterizará variação que tende a ser *negativamente selecionada* (=rejeitada).

360 Resumidamente, e conforme Marcelo Neves: **seleção**, no contexto da evolução do direito, é quando a "**conduta inicialmente desviante passa a ser prevista no plano das expectativas normativas**" (g.n.). (NEVES, Marcelo. *Entre Têmis e Leviatã*: uma relação difícil: o Estado Democrático de Direito a partir e além de Luhmann e Habermas. São Paulo: Martins Fontes, 2006, p. 19).

Mas, atenção: a seleção "só se legitima, no Estado Democrático de Direito, na medida em que não se privilegia ou exclui a inserção de valores e interesses de determinados grupos, indivíduos ou organizações nos procedimentos constitucionais"[362]. O sistema jurídico não autoriza *qualquer seleção*: os tribunais devem adotar "mecanismos funcionais de seleção, filtragem e imunização... em face das influências contraditórias do respectivo ambiente"[363], para que vantagens não sejam atribuídas ou prejuízos sejam causados a indivíduos, grupos ou instituições a partir de informações extrajurídicas.

Por fim, o processo de evolução do direito se completa quando **a seleção** se voltar à "construção de **estruturas 'idôneas para um uso repetido'**" (g.n), ou seja, quando houver "condensação de **expectativas** que sejam **aptas** a atuar como **diretivas das comunicações ulteriores**"[364] (=pautas de conduta para que a sociedade possa planejar suas ações futuras – g.n).

Isso ocorre pela restabilização da seleção da comunicação desviante: a *variação*, que antes se distanciava do padrão do sistema, torna-se "norma jurídica vigente no modelo estrutural de reprodução do direito"[365], caracterizando nova expectativa normativa com potencial de "**duração**" e "**capacidade de resistência**"[366-367] (g.n).

[361] Quando se fala em "seleção", é importante deixar claro que não se trata de mecanismo próprio/exclusivo do contexto evolutivo dos sistemas. Seleção significa escolha/opção, de modo que, na autopoiese do direito, há duas possibilidades: 1) a seleção de comunicação *desviante* (e aí convém falar em etapa da evolução); ou 2) seleção da comunicação *não desviante* em relação aos padrões de reprodução do sistema (ou seja, da comunicação condizente com as expectativas normativas que já foram generalizadas e estabilizadas congruentemente pelo sistema: neste caso, não há evolução).

[362] NEVES, Marcelo. *Entre Têmis e Leviatã*: uma relação difícil: o Estado Democrático de Direito a partir e além de Luhmann e Habermas. São Paulo: Martins Fontes, 2006, p. 132-133.

[363] NEVES, Marcelo. *Entre Têmis e Leviatã*: uma relação difícil: o Estado Democrático de Direito a partir e além de Luhmann e Habermas. São Paulo: Martins Fontes, 2006, p. 143.

[364] NEVES, Marcelo. *Entre Têmis e Leviatã*: uma relação difícil: o Estado Democrático de Direito a partir e além de Luhmann e Habermas. São Paulo: Martins Fontes, 2006, p. 6.

[365] NEVES, Marcelo. *Entre Têmis e Leviatã*: uma relação difícil: o Estado Democrático de Direito a partir e além de Luhmann e Habermas. São Paulo: Martins Fontes, 2006, p. 19.

[366] LUHMANN, Niklas. *Die Gesellschaft der Gesellschaft*. Frankfurt: Suhrkamp, 2 Tomos, 1997, p. 454; LUHMANN, Niklas; DE GIORGI, Raffaele. *Teoria della società*. Milão: Franco Angeli, 1992, p. 190.

[367] A rigor, os efeitos da restabilização deveriam ser posteriores ao trânsito em julgado da decisão que seleciona a variação; todavia, o STF já decidiu que "para fins de aplicação da

Em uma disputa judicial, mesmo quando a comunicação desviante selecionada demonstrar resistência às possibilidades de reforma (=*seleção negativa*) pelas instâncias recursais, se a questão de direito não for julgada sob sistemática de recursos repetitivos (REsp, RE, IRDR, IAC) não haverá restabilização de "novas" expectativas normativas, haja vista que somente as partes envolvidas na ação serão atingidas pelos efeitos da decisão. Um "terceiro" até poderia utilizar a seleção promovida em outro processo; porém, apenas como **reforço argumentativo** – não mais que isso.

Percebe-se que, no sistema processual brasileiro, as comunicações desviantes do rol de expectativas normativas estabilizadas serão **restabilizadas** por **precedentes vinculantes** (=decisões com grau de obrigatoriedade *forte* e em sentido diverso da pauta de conduta outrora estabelecida)[368], o que por si só ameaça a diferenciação social do direito, pois a alteração das estruturas do sistema jurídico põe as pessoas e os demais sistemas em estado de "alerta", em razão da ruptura com o modelo

sistemática da repercussão geral, é desnecessário aguardar o trânsito em julgado do acórdão paradigma para que se possa aplicar a orientação firmada aos processos que tratam da mesma matéria. Esta Corte decidiu pela imediata observância de suas decisões, independentemente de trânsito em julgado". (AgRg na Reclamação 30.003. Relator Min. Roberto Barroso. DJ de 13/06/2018).

[368] Conforme Teresa Arruda Alvim, "se podem conceber, principalmente à luz do novo CPC, três graus de obrigatoriedade. A obrigatoriedade será tida como forte quando o respeito a um precedente é exigido, sob pena do manejo de medida ou ação especialmente concebida para esse fim, a reclamação. São precedentes obrigatórios, no sentido forte, à luz do CPC/2015, por exemplo, as decisões proferidas no regime dos recursos repetitivos, disciplinado pelos arts. 1.036 e ss. do CPC/2015. (...) Média é a obrigatoriedade de um precedente quando o seu desrespeito pode gerar a correção por meios não concebidos necessariamente para esse fim, como, por exemplo, recursos. Assim, se o juiz, ao decidir o caso entre A e B, o faz em desconformidade com o que o STJ tenha decidido em recurso especial, interposto em processo que corre entre C e D, em caso idêntico, a via apropriada para a parte prejudicada corrigir a decisão do juiz, adequando-a àquilo que o STJ havia decidido antes, é a recursal. (...) A obrigatoriedade fraca é (apenas) cultural. É aquela que decorre do bom senso, da razão de ser das coisas, do que se deve ter o direito de razoavelmente esperar (= justa expectativa da sociedade). Da 'lógica' do direito. O juiz decide o conflito entre A e B do modo x. C e D lhe submetem conflito idêntico à apreciação, no dia seguinte, e o mesmo juiz decide de modo y. Expectativa legítima e razoável tinham C e D de que o conflito seria decidido do modo x!". (ALVIM, Teresa Arruda; DANTAS, Bruno. *Recurso especial, recurso extraordinário e nova função dos tribunais superiores:* precedentes no direito brasileiro. 6.ed. rev., atual. e ampl. São Paulo: Thomson Reuters Brasil, 2019, p. 275-277).

de reprodução comunicativa até então vigente. Não é por outro motivo que os precedentes não podem ser alterados em curto espaço de tempo, pois expectativas frouxas (=não duráveis) promovem o retorno à complexidade que se confiava que o sistema jurídico fosse capaz de reduzir. Isso leva as pessoas e os sistemas ao "caos e medo paralisante"[369].

Por outro lado, a durabilidade das decisões vinculantes depende da sua compatibilidade com o modelo de "reprodução autorreferencial de comunicações" do sistema jurídico[370]. Portanto, os precedentes devem guardar "consistência sistêmica"[371-372], ou seja, coerência com os programas condicionais do direito (Constituição e leis) e respeito ao passado como memória do sistema jurídico.

Em suma, e de volta à relação da história com a evolução do direito: sistema jurídico confiável é aquele que, no seu evoluir, prestigia a confiança do ambiente em relação às expectativas normativas que foram estabilizadas no passado. As pessoas e os sistemas não perdem a confiança em razão da evolução, e, sim, devido à **inobservância da história no processo evolutivo**.

2.5. Destinatário(s) do princípio da segurança jurídica nas relações que envolvem particulares e Estado

Se o sistema jurídico deve buscar, no ambiente, "confiança" necessária para a manutenção da sua diferenciação social, cumpre indagar (sob a

[369] LUHMANN, Niklas. *Vertrauen*: ein Mechanismus der Reduktion sozialer Komplexität. Stuttgart: Lucius und Lucius, 2000, p. 01. Realmente, se as pautas de conduta mudassem a todo o momento, as pessoas ficariam inseguras para decidir o rumo de suas ações, pois não se lhes permitiria saber se o direito de hoje valeria daqui 1 mês, 1 ano ou 10 anos. Essa circunstância bloquearia a força normativa do princípio da segurança jurídica e abriria espaço à desdiferenciação do sistema.

[370] NEVES, Marcelo. *Entre Têmis e Leviatã*: uma relação difícil: o Estado Democrático de Direito a partir e além de Luhmann e Habermas. São Paulo: Martins Fontes, 2006, p. 6-7.

[371] NEVES, Marcelo. *Entre Têmis e Leviatã*: uma relação difícil: o Estado Democrático de Direito a partir e além de Luhmann e Habermas. São Paulo: Martins Fontes, 2006, p. 6-7.

[372] "Daí não decorre, porém, que elas tenham que se 'adaptar passivamente' ao modelo estrutural já existente. Ao contrário, a restabilização como mecanismo evolutivo implica, em grau maior ou menor, que as estruturas preexistentes rearticulem-se para adequar-se às novas expectativas, possibilitando, assim, a continuidade dinâmica da sociedade". (NEVES, Marcelo. *Entre Têmis e Leviatã*: uma relação difícil: o Estado Democrático de Direito a partir e além de Luhmann e Habermas. São Paulo: Martins Fontes, 2006, p. 6).

perspectiva do direito tributário): *confiança de quem? Do particular, do Estado ou de ambos?* Afinal, quem são os destinatários do princípio da segurança jurídica (concretizado pela confiança no direito e na sua congruência) nas relações jurídicas tributárias?

Na dogmática jurídica, o tema é controvertido. Há autores que defendem que o princípio em questão se destina apenas aos particulares, da mesma forma que existem opiniões no sentido de que a segurança vale tanto para o particular como para o Estado.

Para Humberto Ávila, o princípio da **segurança jurídica**, em sua dimensão *subjetiva*, se aplica **exclusivamente aos particulares**, pois "as normas que instituem tributos se dirigem ao contribuinte, e não ao Estado"[373]. O autor elenca três razões para fundamentar sua tese:

> Em **primeiro lugar**, porque a segurança jurídica é princípio protetivo de direitos individuais frente ao Estado, e não instrumento de aumento do poder do Estado... Essa conotação individualista e protetiva da segurança jurídica exterioriza-se pela forma e pelo conteúdo dos seus fundamentos. Pela forma, na medida em que os fundamentos da segurança jurídica, especialmente no Direito Tributário, são direitos e garantias individuais, com conotação protetiva... Pelo conteúdo, já que os fundamentos, como previsão de comportamentos ou de ideais, implicam ou pressupõem a segurança em favor dos direitos de liberdade pelo indivíduo.
>
> Em **segundo lugar**, porque... os fundamentos indiretos da segurança jurídica... são intitulados, pela própria Constituição, como "limitações ao poder de tributar", com conotação flagrantemente protetiva dos direitos de liberdade do contribuinte. (...)
>
> Em **terceiro lugar**, porque, quando o assunto é a proteção da expectativa ou o afastamento da surpresa, a CF/88 contém regras protetivas dos direitos individuais frente ao Estado. Basta, para esse efeito, lembrar, de um lado, que a Constituição protege o direito adquirido, o ato jurídico perfeito e a coisa

[373] E prossegue o autor: "O Estado institui norma a ser cumprida pelo contribuinte. Ora, se assim o é, é totalmente descabido avaliar a sua cognoscibilidade, a sua confiabilidade e a sua calculabilidade com base na visão daquele que edita a norma, e não com fundamento na perspectiva de quem deverá, para cumpri-la, entendê-la, nela confiar e com base nela calcular". (ÁVILA, Humberto. *Segurança Jurídica:* entre permanência, mudança e realização no Direito Tributário. São Paulo: Malheiros, 2011, p. 158).

julgada em favor do cidadão, não havendo no ordenamento constitucional qualquer tipo de regra em favor do Estado; de outro, que ela afasta a surpresa também em benefício do contribuinte por meio de "limitações ao poder de tributar", igualmente não havendo similar para proteger os interesses do Estado.[374-375-376]. (g.n)

[374] ÁVILA, Humberto. *Segurança Jurídica*: entre permanência, mudança e realização no Direito Tributário. São Paulo: Malheiros, 2011, p. 542-543.

[375] Esses argumentos são reforçados em outra passagem da obra desse mesmo autor: "De um lado, e em geral, a eficácia reflexiva e subjetiva do princípio da segurança jurídica, como proteção da confiança, é desenvolvida sob o influxo dos direitos fundamentais, e não, primordialmente, do princípio do Estado de Direito. E os direitos fundamentais, na sua eficácia defensiva e protetiva, só podem ser utilizados pelos cidadãos, não pelo Estado. Ao Estado falta o substrato pessoal, a vinculação com o exercício da liberdade, a relação com a dignidade humana e a posição de destinatário das normas: o Estado é uma instituição objetiva, não uma pessoa humana; não exerce liberdade, mas competência e poder; não tem dignidade; não é destinatário das normas, mas seu editor. **Desse modo, o Estado não pode valer-se do princípio da proteção da confiança para tornar intangíveis determinados efeitos passados sob o argumento de que teria atuado confiando na permanência da norma posteriormente declarada inconstitucional, tendo em vista que esse princípio é construído com base nos direitos fundamentais de liberdade e de propriedade, de que é titular.** De outro lado, e em particular no caso do Direito Tributário, como será visto, **o princípio da segurança jurídica assume uma feição protetiva do cidadão**, em razão de os seus fundamentos, relacionados à tributação (legalidade, anterioridade, irretroatividade, proteção de confiança, igualdade), serem destinados a limitar a atuação estatal, e não a servir para o seu exercício. Em razão disso - e como será adiante justificado -, **o Estado não pode valer-se do princípio da proteção da confiança, no âmbito do Direito Tributário**, para tornar intangíveis determinados efeitos passados, tendo em vista que esse princípio, nesse âmbito, **serve ao contribuinte, e não ao Estado**" (g.n.). (ÁVILA, Humberto. *Segurança Jurídica:* entre permanência, mudança e realização no Direito Tributário. São Paulo: Malheiros, 2011, p. 155-156).

[376] Por outro lado, o autor admite a aplicação do princípio no sentido *objetivo*. Confira-se: "Se a segurança jurídica é empregada no sentido de princípio objetivo, obviamente a cognoscibilidade, a confiabilidade e a calculabilidade do ordenamento jurídico em geral também são imprescindíveis para o funcionamento do próprio ente estatal. A abstração e a tipificação são instrumentos técnicos para garantir a função-certeza inerente ao conceito de segurança jurídica, sendo essa certeza avaliável na perspectiva do emissor dos comandos normativos, como assevera Ferraz Jr. Não por outro motivo a doutrina emprega a expressão *Funktionsfähigkeit des Staates* para denotar a ideia de que sem racionalidade não há como assegurar a funcionalidade do próprio ente estatal. Em face dessas considerações, pode-se postular, por exemplo, a eficácia prospectiva (*ex nunc*) de uma decisão do Supremo Tribunal Federal, sustentando que a atribuição da eficácia normal retroativa (no sentido de declaratória, *ex tunc*) causaria uma instabilidade normativa ou institucional muito grande ou, mesmo, poderia afetar o próprio

Até a segunda edição da sua obra sobre modulação (2021), Teresa Arruda Alvim seguiu essa mesma linha de pensamento, defendendo que o aspecto *subjetivo* da segurança jurídica é baseado nos direitos fundamentais, que "são direitos 'fortes', exercitáveis contra o Governo e se constituem em limitação ao agir do próprio Governo"[377]. Por isso, "deve haver modulação quando a mudança de orientação prejudica o particular... quando se trata de caso que envolva, direta ou indiretamente, o Estado". Em suma: "se a nova posição prejudicar o particular, deve haver modulação", pois "não deve o particular arcar com os ônus decorrentes da incoerência da conduta dos representantes do Estado"[378-379].

Há autores que sustentam o contrário[380-381], no que contam com o apoio da jurisprudência do Supremo Tribunal Federal, cujas decisões

'funcionamento' do Estado. (...) essa possibilidade depende não só da efetiva comprovação da referida instabilidade, como também de uma ponderação de todas as consequências, para o próprio princípio da segurança, decorrentes da escolha por uma ou outra atribuição de eficácia para a decisão: em algumas situações, manter os efeitos passados da norma ou do ato inquinado de inconstitucional protege a estabilidade do ordenamento jurídico sem causar problemas de calculabilidade; em outras situações, contudo, a mantença dos referidos efeitos contribui, paradoxalmente, para a perda da credibilidade, da estabilidade e da calculabilidade do ordenamento jurídico". (ÁVILA, Humberto. *Segurança Jurídica:* entre permanência, mudança e realização no Direito Tributário. São Paulo: Malheiros, 2011, p. 154-155).

[377] E prossegue a autora: "Pode-se enxergar, nos direitos fundamentais, verdadeira garantia contra o abuso do Estado. São direitos exercitáveis pelo particular para manter o Estado com seu poder limitado (na verdade, desenhado, em sua versão final). A ideia de Estado de Direito abrange a necessidade de o Estado respeitar direito fundamentais". (ALVIM, Teresa Arruda. *Modulação na alteração da jurisprudência firme ou de precedentes vinculantes.* 2.ed. São Paulo: Revista dos Tribunais, 2021, p. 240-241).

[378] ALVIM, Teresa Arruda. *Modulação na alteração da jurisprudência firme ou de precedentes vinculantes.* 2.ed. São Paulo: Revista dos Tribunais, 2021, p. 238.

[379] No mesmo sentido: "a modulação dos efeitos, além de ser instrumento de cunho excepcional, deve se dar somente em favor do contribuinte, aquele que é o protegido pelo primado da segurança jurídica". (PEREIRA NETTO, Antonio Alves. *Modulação de efeitos em matéria tributária*: análise quanto aos fundamentos constitucionais e às possibilidades de aplicação. Rio de Janeiro: Lumen Juris, 2015, p. 140).

[380] "há casos em que a modulação de efeitos pode ser feita tanto em benefício do Estado (leia-se Fazenda Pública) como do cidadão. Em determinados julgados, nem sempre a consideração da segurança jurídica pende favoravelmente para o contribuinte. Basta que, a priori, seja verificada a possibilidade evidente de lesão ao interesse social ou à segurança jurídica e, dependendo do caso em específico, observando-se os requisitos previstos nos arts. 27 e 11 das Leis n. 9.868/1999 e n. 9.882/1999, para o controle concentrado". (TEODOROVICZ, Jeferson.

têm sido no sentido de que "**a Fazenda Pública se beneficia das normas que resguardem a segurança jurídica**, como corolário do Estado de Direito"[382-383] (g.n), sendo a modulação admitida pelo tribunal para que as expectativas normativas do Estado possam ser resguardadas.

Sob a perspectiva do modelo luhmanniano, não há como se afastar a figura do Estado como destinatário do princípio da segurança jurídica.

Conforme se destacou ao longo desta obra, a **sociedade** (como sistema social mais abrangente) é integrada por diversos **sistemas especializados**

Modulação de efeitos e tributos inconstitucionais. In: DANTAS, José André Wanderley; ROSENBLATT, Paulo [org.]. *Direito tributário*: os 30 anos do Sistema Tributário Nacional na Constituição: estudos e homenagem a Ricardo Lobo Torres. Recife: editora dos Organizadores, 2018, p. 246).

[381] "Diante dessas considerações, torna-se inegável afirmar que uma decisão judicial proferida pela mais alta corte do País gera uma expectativa jurídica também para o Estado-administração, razão pela qual, em caso de mudança jurisprudencial, esta expectativa deve ser respeitada. Por tais razões, a nosso ver é perfeitamente admissível a modulação de efeitos em matéria tributária não só em prol do contribuinte, mas também em benefício do Erário, tudo em respeito aos princípios da segurança jurídica, boa-fé e confiança". (RIBEIRO, Diego Diniz. A modulação de efeitos no controle de constitucionalidade em matéria tributária e a jurisprudência do STF. In *Revista Dialética de Direito Tributário,* São Paulo, n. 178, jul. 2010, p. 37).

[382] Nesse sentido se manifestou o Ministro Luís Roberto Barroso no julgamento do RE 593849/MG: "Embora os direitos fundamentais se destinem, como regra, a proteger o particular em face do Poder Público, é fato que também a Fazenda Pública se beneficia das normas que resguardem a segurança jurídica, como corolário do Estado de Direito. Não poderia ser diferente, na medida em que a arrecadação tributária também se destina a viabilizar a efetivação de direitos fundamentais da população e seu comprometimento inesperado e retroativo – inclusive com a litigiosidade decorrentes dos pedidos de repetição – não deve ser respaldado pelo direito". (STF. *RE 593849/MG*, Órgão julgador: Tribunal Pleno, Rel. Ministro Edson Fachin, DJe 21/10/2016).

[383] No mesmo sentido, confira-se o voto proferido pela Ministra Cármen Lúcia no julgamento dos embargos de declaração no RE 574706/PR, que, após fazer referência à doutrina de Teresa Arruda Alvim, consigna o seguinte: "Embora a autora enfatize a posição do jurisdicionado frente ao poder estatal, a boa-fé, a confiança e a segurança jurídica são princípios fundamentais subjacentes à prospecção dos efeitos das decisões judiciais modificadoras da jurisprudência até então dominante. Por isso, a modulação também pode ser aplicada a casos em que a modificação na orientação jurisprudencial ocorre em desfavor da Fazenda Pública, como na espécie vertente. O planejamento fazendário deu-se dentro de legítimas expectativas traçadas de acordo com a interpretação até então consolidada pelo Superior Tribunal de Justiça, inclusive em sede de recurso repetitivo" (g.n.). (RE 574706 ED, Órgão julgador: Tribunal Pleno, Rel. Ministra Cármen Lúcia, DJe 12/08/2021).

na produção de tipos específicos de **comunicação**: direito, política, economia, arte, religião etc.

As pessoas, sob o prisma da generalidade, integram o ambiente em relação à sociedade, e estão aptas a "participar" de todos os sistemas *ao mesmo tempo*: como eleitores, no sistema político; como autores e/ou réus (em ações judiciais), no sistema jurídico; como professores e/ou estudantes, no sistema da educação; na condição de médicos e/ou pacientes, no sistema da saúde, como proprietários (no sentido econômico termo), em relação ao sistema da economia etc.

Quanto ao sistema jurídico, as normas produzidas no seu interior chegam aos demais sistemas e às pessoas sob a forma de **"prestações"** (que podem ser "amplas" *ou* "específicas"), e por intermédio de canais de transmissão de informações chamados *acoplamentos estruturais*.

A **prestação mais "ampla"** que o direito fornece às **pessoas** "é a **solução de conflitos** que não se apresentam mais em condições de ser resolvidos com os critérios e diferenças de cada um dos outros sistemas" [384]. (g.n) Mas o sistema jurídico também fornece ao seu entorno "prestações especificamente diferenciadas para os outros **sistemas** da sociedade" (g.n), como, por exemplo, o direito eleitoral para o sistema político; a garantia das "possibilidades de formação de capital na economia", em relação ao sistema econômico; e a salvaguarda do direito de "acesso à instrução", no tocante ao sistema educacional" [385].

Portanto, é por intermédio de prestações que o direito manifesta sua *diferenciação social* (se auto-apresenta como sistema autônomo com a função de reduzir a complexidade mediante a produção de comunicação jurídica), **que, para ser mantida, depende da "confiança"** (no sentido amplo do termo) **dos *receptores*** que integram o ambiente em relação ao sistema jurídico (=pessoas e sistemas).

O **Estado**, como organização ocupante do centro do **sistema político**, **faz parte da sociedade**, como, por exemplo, os bancos que integram o sistema econômico, as universidades que estão no centro do sistema educacional, e os hospitais que caracterizam o ponto central do sistema da saúde.

Nesse sentido, o Estado é destinatário de prestações jurídicas que são veiculadas por decisões judiciais que legitimam ou afastam os efeitos dos

[384] NEVES, Marcelo. *A constitucionalização simbólica*. Editora WMF Martins Fontes, 2011, p. 133.

[385] NEVES, Marcelo. *A constitucionalização simbólica*. Editora WMF Martins Fontes, 2011, p. 133.

atos estatais. Consequentemente, em relação a ele deve haver segurança jurídica. Adicionalmente, cumpre destacar que a diferenciação social do direito também depende da confiança do Estado, que é manifestada especialmente pelo adequado cumprimento das decisões judiciais[386-387].

Além disso, o Estado é destinatário de segurança jurídica porque a autopoiese do sistema político (e, por conseguinte, o exercício da função política) depende de **previsibilidade jurídica** para a implementação dos programas finalísticos que regem o código do poder (*governo/oposição*). O próprio sistema jurídico impõe o *agir programado* do Estado ao estabelecer, por intermédio do direito financeiro, regras e princípios ligados à gestão do orçamento público (veja-se, por exemplo, o princípio do equilíbrio orçamentário).

Em suma, para que o Estado possa planejar suas ações, ele deve agir em um contexto de complexidade reduzida, que pressupõe a confiança na existência de um direito que opera de modo congruente. Se não houver segurança jurídica em relação ao Estado, este atuará num estado de complexidade insustentável que o submeterá ao perigo de desdiferenciação. Muito provavelmente o direito passaria a reger o código *governo/oposição*, promovendo a alternância no poder a partir de suas decisões em relação ao Estado, que, ao fim e ao cabo, seria colocado na situação de organização política à espera das determinações provenientes do centro do sistema jurídico (sem saber quando e em que medida).

386 A propósito, se o Estado não confiasse na autonomia do direito, as decisões contrárias aos interesses governamentais seriam descumpridas pelos detentores do poder político (=corrupção sistêmica motivada por desconfiança), e o sistema político passaria a ditar as expectativas normativas (a princípio no seu próprio âmbito, a partir da ideia de autolegitimação, e, posteriormente, em relação aos demais sistemas e às pessoas), tomando para si a função do direito. Em contrapartida, a sociedade desconfiaria do direito, independentemente da congruência das suas decisões. Afinal, se nem o Estado observa as decisões judiciais, por que as pessoas deveriam observá-las? As expectativas normativas passariam, então, a ser estabilizadas pelos governantes, que orientariam a aplicação do código *lícito/ilícito* a partir de interesses políticos (e não propriamente jurídicos, como deveria ser).

387 Nem mesmo sob a perspectiva dos direitos fundamentais (como o direito de propriedade) se revela possível afastar o Estado como destinatário do princípio da segurança jurídica, pois a fruição de tais direitos, pelos indivíduos, depende do cumprimento das decisões judiciais pelo Estado, que, para agir conforme o *Estado de Direito*, deve observar o direito como sistema autônomo útil à redução da complexidade necessária para a autopoiese do sistema político.

Também não se sustenta, sob a óptica da teoria dos sistemas, o argumento de que o Estado resultaria da junção dos poderes Judiciário, Executivo e Legislativo, e que, a estes competiria *fornecer segurança* (às pessoas/indivíduos), e não *receber*. É que, a partir da ideia de que a sociedade é formada pelo conjunto de sistemas diferenciados, chega-se à conclusão de que a comunicação jurídica é criada a partir de uma lógica completamente distinta da que é atinente à comunicação política: esta é orientada por interesses voltados à eleição para o exercício do poder político; aquela por programas condicionais que orientam os tribunais a decidir sobre o que é *lícito* e *ilícito*.

Portanto, se a evolução do direito é provocada pelos tribunais, e a alteração no quadro de expectativas normativas interfere diretamente no planejamento estatal, é preciso que o sistema jurídico prestigie o Estado que pautou sua conduta conforme expectativa normativa estabilizada pelo direito no passado. Afinal, segurança jurídica é princípio (=norma) que irradia efeitos para todo o ambiente em relação ao direito (=sociedade e pessoas), e não apenas para parte dele.

2.6. Modulação e segurança jurídica frente às situações de "risco" e de "perigo"

Todas as decisões estão envolvidas em contextos de *incertezas* sobre os efeitos futuros das condutas praticadas no presente. Nesse contexto, Niklas Luhmann trata das diferenças entre risco e perigo, sendo ambos os conceitos relacionados à ideia de "prejuízos".

Em relação aos **riscos**, cumpre destacar que "são vistos como **consequências das decisões**" (g.n). A decisão de "tomar um remédio benéfico (mas não vital)" tem o risco de "causar graves danos à saúde ou a morte", mesmo que esse mal possa ocorrer "em um caso em milhões" [388]. Nesta

[388] Citação completa: "Voltamos agora ao nosso ponto de partida, a distinção feita entre risco e perigo. No caso de risco, as perdas que podem ocorrer no futuro são atribuídas às decisões tomadas. São vistos como consequências das decisões, mais ainda como consequências que, pelas vantagens que trazem, não podem ser justificadas como custos. (...). Continua a ser um risco tomar um medicamento benéfico (mas não vital), que em um caso em milhões pode levar a graves danos à saúde ou à morte. A geração de energia nuclear é um risco, mesmo que tenhamos certeza de que um acidente grave ocorrerá apenas uma vez a cada mil anos, embora não saibamos quando. Nesta questão, trata-se do grau de sensibilidade às probabilidades e da extensão da perda, ou seja, construções sociais sujeitas a influências temporais. Assim, a partir

hipótese, a escolha entre as alternativas envolve certo "grau de sensibilidade às probabilidades e à extensão da perda"[389] por aquele que decidirá se medicar ou não.

Cumpre registrar, ainda, que **no âmbito do risco** "nem o tipo de decisão nem o tipo de perda é o que importa, nem o grau de probabilidade ou improbabilidade das consequências ocorrerem". O que realmente interessa é a "**participação do agente na tomada de decisão**"[390] (g.n).

Por outro lado, nas situações de **perigo** "as perdas futuras são vistas não como consequências de uma decisão tomada, mas **atribuídas a um fator externo**"[391] (g.n). É o que se verifica quando pessoas são submetidas a danos causados pela ação ou omissão de outrem[392].

desses pontos de vista, o conceito de risco permanece em aberto e, por assim dizer, uma posição a partir da qual as relações sociais e a maneira como elas mudam ao longo da história podem ser monitoradas". No original: "We now return to our point of departure, the distinction drawn between risk and danger. In the case of risk, losses that may occur in the future are attributed to decisions made. They are seen as the consequences of decisions, moreover as consequences that, with regard to the advantages they bring, cannot be justified as costs. (...). It remains a risk if one takes a beneficial (but not vital) medicine, which in one case in millions can lead to grave damage to health or to death. Nuclear power generation is a risk, even if we may be certain that a serious accident will occur only once every thousand years although we do not know when. In this question it is a matter of the degree of sensitivity to probabilities and the extent of loss that is to say social constructs subject to temporal influences. Thus from these points of view the concept of risk remains open and, as it were, a position from which societal relations and the way they change in the course of history can be monitored". (LUHMANN, Niklas. *Risk*: a sociological theory. New York: de Gruyter, p. 101).

[389] LUHMANN, Niklas. *Risk*: a sociological theory. New York: de Gruyter, p. 101.

[390] LUHMANN, Niklas. *Risk*: a sociological theory. New York: de Gruyter, p. 101.

[391] Citação completa: "O conceito de risco é, no entanto, claramente distinto do conceito de perigo, ou seja, do caso em que as perdas futuras são vistas não como consequências de uma decisão tomada, mas atribuídas a um fator externo. A distinção risco/perigo é, em nossos termos conceituais, a 'forma' do risco, a marcação de uma fronteira, cruzar que é encontrar-se na posição oposta com condições e opções de conexão completamente diferentes". (g.n). No original: "The concept of risk is, however, clearly distinguished from the concept of danger, that is to say, from the case where future losses are seen not at all as the consequences of a decision that has been made, but are attributed to an external factor. The distinction risk/danger is, in our conceptual terms, the 'form' of risk, the marking of a boundary, to cross which is to find oneself in the opposite position with completely different conditions and connection options". (LUHMANN, Niklas. *Risk*: a sociological theory. New York: de Gruyter, p. 101).

[392] Como no caso do acidente nuclear de Chernobil, em que, entre outros fatores, a negligência dos operadores dos reatores da usina causou explosão radioativa que expôs o mundo a perigos

Em suma: "os riscos são atribuídos às decisões tomadas, enquanto os perigos são atribuídos externamente"[393-394].

No tocante ao direito tributário, quando os tribunais alteram sua jurisprudência, ou mudam orientação outrora fixada em precedente vinculante, sem prestigiar a confiança que a sociedade depositou nas expectativas normativas vigentes no passado, eles expõem tanto as pessoas como os demais sistemas sociais a situações de **perigo.**

Esse tipo de exposição tem sérias consequências problemáticas na manutenção da diferenciação social do direito, que podem ser afastadas ou, ao menos, minimizadas, por intermédio da modulação. É o que se demonstrará a seguir.

2.6.1. Modulação nos casos em que o particular é exposto a situações de "perigo"

No âmbito empresarial, projeções relacionadas a faturamento e lucro futuros, bem como programações de ordem operacional e financeira, são feitas a partir das expectativas normativas vigentes à época da sua realização. Sem planejamento, a decisão de exercer atividade econômica se mostra bastante arriscada, notadamente porque a economia de mercado apresenta incertezas (os juros podem aumentar, o PIB pode cair, a demanda pode não ser suficiente para a continuidade da empresa etc.[395]).

de proporções incalculáveis. Embora o acidente tenha caracterizado *risco* àquele que decidiu gerar energia nuclear, caracterizou perigo àqueles que não tomaram essa decisão e, mesmo assim, foram expostos a danos decorrentes do acidente.

393 No original: "risks are attributed to decisions made, whereas dangers are attributed externally". (LUHMANN, Niklas. *Risk*: a sociological theory. New York: de Gruyter, p. 107).

394 "Sobre a distinção entre perigo e risco, esclarece Luhmann (1991c: 30 s.): 'Ou o eventual dano é visto como consequência da decisão e, portanto, imputado à decisão. Então, falamos de risco, isto é, do risco da decisão. Ou o eventual dano é visto como provocado externamente e, portanto, imputado ao ambiente. Então, falamos de perigo'". (NEVES, Marcelo. *Entre Têmis e Leviatã*: uma relação difícil: o Estado Democrático de Direito a partir e além de Luhmann e Habermas. São Paulo: Martins Fontes, 2006, p. 16).

395 Todas essas possibilidades são consequências, para a própria pessoa, das decisões que ela mesma pode tomar no contexto da contingência social. Como as opções de decisão podem gerar danos, o particular calcula os riscos e, ao final, decide pelo caminho em que o risco não atinja o "limiar além do qual um infortúnio (ainda que improvável) seria experimentado como um desastre". No original: "only when it does not touch the threshold beyond which a

Considere-se que, após os cálculos relativos aos riscos, o empresário decida implementar seu plano de negócio, dando início à atividade econômica ou a ampliando. De repente, os tribunais mudam as expectativas normativas, e a nova orientação prejudica o particular: a cobrança de um tributo, que antes era considerada indevida, passa a ser lícita.

Em relação ao futuro, a pessoa jurídica terá que **reorientar suas expectativas normativas** conforme o novo padrão de reprodução de comunicação jurídica. Na prática, os gestores da empresa terão que reprojetar números (como faturamento e lucro) para que possam tomar novas decisões[396], como a descontinuidade da atividade (=venda da empresa ou seu encerramento) ou prosseguimento dos negócios (com ou sem expansão; com aumento, manutenção ou redução de preços, da margem de lucro etc.).

Mas não é aqui que reside o perigo, pois a reorientação das expectativas em relação ao futuro abre espaço para que novas decisões sejam tomadas, sob a perspectiva de novos riscos que serão avaliados conforme o novo contexto normativo vigente[397].

(however unlikely) misfortune would be experienced as a disaster". (LUHMANN, Niklas. *Risk*: a sociological theory. New York: de Gruyter, 1993, p. 2).

[396] Afinal, tributos são custos para a iniciativa privada; logo, impactam diretamente nas projeções e programações feitas no passado.

[397] As pessoas aceitam e se responsabilizam pelos riscos das suas decisões, razão pela qual sua implementação não tem o condão de afastar a segurança no sistema jurídico. Por mais estranho que possa parecer a relação entre *segurança* e *risco*, haja vista o antagonismo entre os conceitos, a verdade é que, no direito, ambos são relacionados e compatibilizados. É que a segurança *jurídica* não se trata, como já se adiantou, de segurança quanto aquilo que *certamente* ocorrerá no futuro; é, sim, segurança de que o direito, como sistema autônomo, operará congruentemente com seu código e seus programas. Em suma: como ""a vida neste mundo é repleta de incertezas", inclusive os resultados das ações praticadas pelas pessoas", a relação entre segurança e risco compreende **incerteza de resultados a partir de riscos calculáveis**. No original: "life in this world is fraught with uncertainty". (LUHMANN, Niklas. *Risk*: a sociological theory. New York: de Gruyter, p. 29). Sobre o assunto, Luhmann afirmou, ainda, que: "o par risco/segurança fornece-nos um esquema de observação que, em princípio, permite calcular todas as decisões do ponto de vista do risco envolvido. Como resultado, esta forma tem a virtude incontestável de universalizar a consciência do risco. Assim, não é por acaso que desde o século XVII os temas de segurança e risco amadureceram em um processo de interação mútua", mesmo diante do fato "amplamente aceito que o conceito de risco deve ser determinado como um contra-conceito à segurança". No original: "It is widely held that the concept of risk is to be determined as a counter-concept to security". (...) "the risk/security pair provides us with an observation schema

Na verdade, **o perigo está relacionado ao passado**, mais precisamente nos casos em que a restabilização *prejudicial ao particular* tiver **efeitos *ex tunc***.

De fato, se forem atribuídos efeitos retroativos à nova orientação dos tribunais, o Estado poderá cobrar o tributo *recém legitimado* em relação a fatos pretéritos (ou seja, em período em que a exigência era considerada ilícita), com acréscimos de juros, correção monetária e, em tese, multa.

A perda do particular (perigo pós-restabilização) é, portanto, de ordem *patrimonial*, e gera frustração de expectativas normativas criadas pelas pessoas à luz do sistema jurídico que vigorou no passado.

Os tribunais superiores devem se auto-apresentar como organizações que atuam no fechamento do sistema jurídico e que exercem adequadamente sua atribuição constitucional de dar a última palavra sobre o que é *lícito* e *ilícito* – ou seja, de orientar o modo de agir das pessoas diante das diversas possibilidades que caracterizam a contingência social[398]. Devem se mostrar confiáveis no cumprimento da função voltada à redução da complexidade social[399], respeitando o quadro de expectativas normativas vigentes tanto no presente como no passado, para que pessoas tenham segurança em "saber se o ato [que decidiram praticar] é benéfico, ou indi-

that in principle makes it possible to calculate all decisions from the point of view of the risk involved. As a result, this form has the incontestable virtue of universalizing risk awareness. Thus, it is not by chance that since the seventeenth century the topics of security and risk have matured in a process of mutual interaction". (LUHMANN, Niklas. *Risk*: a sociological theory. New York: de Gruyter, p. 19-20).

398 Afinal, como afirmou Luhmann, "o juiz é quem constrói a norma jurídica geral a partir de sentidos extraíveis do texto legislativo". (Luhmann, Niklas. *O direito da sociedade*. São Paulo: Martins Fontes, 2016, p. 191).

399 Tem, portanto, absoluta razão Roque Antonio Carrazza quando afirma que: "Assim, quando uma linha jurisprudencial nova reverte por completo as expectativas dos jurisdicionados, construídas com apoio em reiteradas e firmes decisões anteriores do mesmo tribunal, haverão de ser aplicados os ditames do art. 52, XXXVI, da CF, para que não reste sacrificado o princípio da segurança jurídica - e, com ele a boa-fé das pessoas, que praticaram atos, certas de que procediam sob o amparo do direito objetivo. (...) Depois, a jurisprudência é fator de segurança jurídica e de proteção dos direitos da cidadania. De fato, com o pacífico entendimento dos tribunais acerca de determinado assunto, surgem naturalmente parâmetros para as decisões dos juízes de graus inferiores, para que os advogados aconselhem seus clientes e para que as pessoas planejem suas condutas e negócios". (CARRAZZA, Roque Antonio. *Curso de Direito Constitucional Tributário*. 32.ed., rev., ampl. e atual. São Paulo: Malheiros, 2019, p. 291).

ferente, ou prejudicial"[400], considerando as "circunstâncias" (=conjunto de expectativas normativas) vigentes à época da tomada da decisão[401].

O direito pode evoluir, mas a evolução não pode alterar as circunstâncias do passado em relação às pessoas, sob pena de causar surpresas motivadoras de **desconfiança**. A confiança se concretiza no presente com observação da história, e se projeta para o futuro. Quando o sistema jurídico não observa sua memória, torna-se arriscado demais planejar o amanhã, pois sempre haverá receio de que as pessoas sejam *punidas* por terem confiado nas expectativas normativas que foram afastadas pela restabilização[402]. **Ao fim e ao cabo, a *restabilização retroativa prejudicial ao particular* implica tributação com efeito de confisco**, o que é expressamente vedado pelo art. 150, IV, da Constituição[403].

Mas as perdas não se limitam à esfera patrimonial dos particulares. A mudança de jurisprudência *sem observação da história* **também expõe o sistema jurídico a danos**, com ameaça àquilo que de mais importante é para o direito (sob a perspectiva da teoria dos sistemas): a **diferenciação social**.

[400] BENTHAM, Jeremy. Uma introdução aos princípios da moral e da legislação. In *Coleção Os Pensadores* – história das grandes ideias do mundo ocidental. São Paulo: Abril, 1974, p. 26.

[401] Jeremy Bentham, ao examinar as situações que podem causar algum tipo de prejuízo à pessoa, sustentou que "em cada ação... que examinarmos com vistas à punição, há quatro elementos a serem levados em consideração: (1) o próprio *ato* que é praticado; (2) as *circunstâncias* nas quais o ato é praticado; (3) a *intenção* que pode ter acompanhado o ato; (4) a *consciência*, inconsciência ou falsa consciência, que pode ter acompanhado o ato". Nesse sentido, as "circunstâncias", que, no contexto do direito, pode ser considerada como o conjunto das expectativas normativas válidas num dado momento, são essenciais para que as pessoas possam "determinar qualquer coisa acerca das consequências" das suas decisões". (BENTHAM, Jeremy. Uma introdução aos princípios da moral e da legislação. In *Coleção Os Pensadores* – história das grandes ideias do mundo ocidental. São Paulo: Abril, 1974, p. 26).

[402] "A proteção da confiança surge, assim, quando o cidadão legitimamente espera que o seu comportamento seja valorado de acordo com uma decisão com base na qual ele se orientou ou podia se orientar e que, mais tarde, veio a ser modificada". (ÁVILA, Humberto. *Segurança Jurídica*: entre permanência, mudança e realização no Direito Tributário. São Paulo: Malheiros, 2011, p. 482).

[403] "Art. 150. Sem prejuízo de outras garantias asseguradas ao contribuinte, é vedado à União, aos Estados, ao Distrito Federal e aos Municípios: (...) IV - utilizar tributo com efeito de confisco".

Com efeito, a retroatividade dos efeitos da restabilização faz com que o sistema jurídico passe a sofrer **pressões** do ambiente, provocadas por **frustrações** dos indivíduos quanto às **expectativas normativas passadas**. Os tribunais – e, consequentemente, o próprio direito – passam a ser alvo de **desconfiança**[404], pois orientaram as pessoas a tomarem decisões que, posteriormente, foram consideradas "erradas". E para agravar, os particulares, que não podem voltar no tempo para reorientar suas ações, **não contam com mecanismos *legais* para compensação dos prejuízos causados pelo sistema jurídico**[405].

Com a perda da capacidade orientadora das ações dos indivíduos, **o princípio da segurança jurídica perde sua força normativa (por ausência de confiança)**. Tendo em vista que sistema jurídico *inseguro* é incapaz de reduzir a complexidade social, o direito tende a perder sua utilidade e a se **desdiferenciar no ambiente**[406].

Para ilustrar o modo de caracterização do *perigo* em relação às pessoas, bem como as consequências disso em relação à diferenciação do sistema jurídico, vale a pena mencionar a discussão sobre a incidência da contribuição previdenciária patronal sobre o $^{1}/_{3}$ constitucional de férias.

Em agosto de 2021, o STF, ao solucionar o Tema 985 da repercussão geral, fixou a seguinte tese: "é legítima a incidência de contribuição social sobre o valor satisfeito a título de terço constitucional de férias".

[404] Sobre os problemas da mudança "brusca" da jurisprudência em relação à confiança, confira-se Teresa Arruda Alvim: "a mudança de orientação jurisprudencial firme ou a alteração de tese adotada em precedente formalmente vinculante provoca um déficit de confiabilidade no ordenamento jurídico, frustrando anteriores previsões. Na verdade, as mudanças de jurisprudência que causam impacto na vida das pessoas, comprometendo a segurança jurídica e a credibilidade do Judiciário, são as bruscas e as que dizem respeito a posições que, em alguma medida, eram pautas de conduta para o jurisdicionado". (ALVIM, Teresa Arruda. *Modulação na alteração da jurisprudência firme ou de precedentes vinculantes.* 2.ed. rev., atual. e ampl. São Paulo: Thomson Reuters Brasil, 2021, p. 61).

[405] Os particulares não têm como dividir com a sociedade os prejuízos patrimoniais causados pela *restabilização retroativa*; eles devem suportar as consequências causadas externamente, sem qualquer garantia de que com o tempo recuperarão os "danos" patrimoniais causados pela restabilização.

[406] Para o sistema jurídico, o comportamento *pessimista* da sociedade é extremamente problemático, pois, vale repetir, desconfiança leva à desdiferenciação social: o sistema vai perdendo, aos poucos, credibilidade e importância por se mostrar incapaz de reduzir a complexidade através da produção adequada de comunicação jurídica.

Todavia, pelo menos desde 2007 as decisões daquela Corte eram no sentido de que o terço de férias não deveria compor a base de cálculo da referida contribuição[407]. Além disso, em 2018, ao decidir sobre o Tema 163 da repercussão geral, o STF firmou orientação no sentido de que "não incide contribuição previdenciária sobre verba não incorporável aos proventos de aposentadoria do servidor público, tais como terço de férias...". De mais a mais, o STJ, ao julgar o REsp repetitivo 1230957/RS (2014), criou precedente vinculante para "afastar a incidência de contribuição previdenciária sobre o adicional de férias (terço constitucional) concernente às férias gozadas"[408].

As empresas, que até agosto de 2021 (=momento da restabilização) pagaram salários, *confiaram* em expectativa normativa até então estabilizada pela jurisprudência tanto do STF como do STJ, que as dispensava de recolher a contribuição sobre o terço constitucional de férias. Significa dizer que, para os empregadores, os riscos atinentes à decisão de contratar funcionários poderiam ser vários (reclamações trabalhistas, acidentes de trabalho, aumento dos custos da atividade empresária etc.), menos o de cobrança do $^1/_3$ de férias. Este fator não era risco condizente com o direito até agosto de 2021, e esse quadro não se altera porque a memória normativa do sistema não se apaga.

A mudança relacionada ao contexto normativo (não pagar o tributo sobre o $^1/_3$ de férias, que era *lícito*, e passou a ser *ilícito*) fez com que particulares e Estado **reorientassem suas expectativas normativas ao novo posicionamento do STF**. A partir de 2021, os particulares, embora frustrados com a mudança do entendimento que lhes era favorável, passaram a calcular os riscos de pagar ou não a contribuição conforme o contexto segundo o qual "é *ilícito* não incluir o $^1/_3$ de férias na base de cálculo do tributo questão". Em relação ao Estado, as consequências da mudança foram favoráveis:: amparado no precedente vinculante do STF,

[407] Nesse sentido: AgR no AI 603.537, Rel. Ministro Eros Grau, Segunda Turma, DJe 30.03.2007; AgR no RE 587.941, Rel. Ministro Celso de Mello, Segunda Turma, DJe 22.11.2008; AgR no AI 710.361, Rel. Ministra Cármen Lúcia, Primeira Turma, DJe 08.05.2009; e AgR no AI 712.880, Rel. Ricardo Lewandowski, Primeira Turma, DJe 19.06.2009.

[408] Posição que foi revista pelo STJ após a decisão relativa ao Tema 985/STF. Nesse sentido, vale a pena citar o AgRg no AREsp n. 692.987/RN, de relatoria do Ministro Benedito Gonçalves (Primeira Turma, DJe 16/2/2022), no qual houve juízo de retratação parcial para aplicar a tese fixada pelo STF no julgamento do Tema 985 da repercussão geral.

passou a atuar amparado na expectativa normativa (recém-restabilizada) segundo a qual ""é *lícito* exigir a inclusão do $^1/_3$ de férias na base de cálculo da contribuição".

Agora, imagine-se que o STF atribua efeitos *ex tunc* à decisão relativa ao Tema 985 da repercussão geral. Tal medida implicará dano ao patrimônio dos empregadores (=surgimento de dívida inesperada), que terão que suportar ônus tributário relativo aos anos anteriores à restabilização – prejuízo este que não era calculável no passado. Tendo em vista que as perdas serão decorrentes de *fator externo* (pois se o STF não tivesse alterado o quadro de expectativas normativas, não haveria danos patrimoniais), trata-se de típica situação de **perigo**.

Conforme se destacou anteriormente, a exposição das pessoas a perigo causa frustração de expectativa normativa pretérita, bem como gera desconfiança em relação ao direito que reflete para o sistema jurídico como ameaça à diferenciação social[409]. Tendo em vista que os tribunais têm o "papel de reagir aos perigos da desdiferenciação"[410] – afinal, como organizações integrantes do centro do sistema jurídico, eles devem atuar na autodefesa do direito –, é fundamental que operem com vistas à neutralização dos perigos causados por suas decisões, o que se dá pela abertura de espaço à concretização do princípio da segurança jurídica[411].

Mas vale lembrar que os princípios não incidem *prima facie*. Eles são aplicados por intermédio das regras. Nos casos de restabilização, a regra

[409] Evidentemente não será uma ou outra decisão que implicará diferenciação social do direito: o que realmente ameaça a autonomia do sistema é o acúmulo de desconfiança. Porém, como inexiste um padrão de medida que permita identificar o limite quantitativo da *desconfiança acumulada*, os tribunais devem atuar preventivamente na contenção dos perigos de suas decisões em relação ao ambiente.

[410] NEVES, Marcelo. *Entre Hidra e Hércules*: princípios e regras constitucionais como diferença paradoxal do sistema jurídico. 3.ed. São Paulo: Editora WMF Martins Fontes, 2019, p. 170.

[411] Como observa Roque Antonio Carrazza, "as decisões judiciais definitivas, mesmo as que giram em tomo de questões tributárias, devem sujeitar-se aos postulados constitucionais que consagram e garantem a segurança jurídica das pessoas. Dito de outro modo: a efetiva observância do decisum, evitando que as pessoas se sintam frustradas em suas expectativas legitimamente constituídas, é uma das manifestações mais expressivas do princípio da segurança jurídica". (CARRAZZA, Roque Antonio. *Curso de Direito Constitucional Tributário*. 32.ed., rev., ampl. e atual. São Paulo: Malheiros, 2019, p. 372).

que permite a neutralização do "perigo", a partir da concretização da segurança jurídica, é justamente a da **modulação**[412].

Nesse sentido, a modulação deve ser aplicada sempre que a restabilização causar prejuízos aos particulares – como, afirmou Teresa Arruda Alvim:

> Deve haver modulação quando a mudança de orientação prejudica o particular, e este é um terceiro critério, quando se trata de caso que envolva, direta ou indiretamente, o Estado. Se a nova posição prejudicar o particular, deve haver modulação. Não deve o particular arcar com os ônus decorrentes da incoerência da conduta dos representantes do Estado[413].

Nos casos em que os particulares são expostos a situações de perigo, a modulação deve ser empregada, necessariamente, para atribuir efeitos ***ex nunc*** (prospectivos, portanto) à nova expectativa normativa introduzida nas estruturas do sistema jurídico, pois desse modo o direito não põe em xeque a sua diferenciação social[414].

[412] O perigo é situação "excepcional", e a modulação serve como instrumento para afastá-lo, ou, quando isso não for possível, para atenuar seus impactos negativos. Sobre a modulação como regra veiculadora do princípio da segurança jurídica, veja-se Teresa Arruda Alvim: "A modulação é, sem dúvida, figura jurídica cujo objetivo é criar segurança jurídica, sob o prisma subjetivo, *i. e.*, protegendo a boa-fé e a confiança. Trata-se, sem dúvida, de um instituto que dá funcionalidade ao princípio". (ALVIM, Teresa Arruda. *Modulação na alteração da jurisprudência firme ou de precedentes vinculantes*. 2.ed. rev., atual. e ampl. São Paulo: Thomson Reuters Brasil, 2021, p. 40). No mesmo sentido são as lições de Roque Antonio Carrazza: "São dois valores que precisam ser igualmente preservados. De um lado, a segurança que decorre de uma firme orientação jurisprudencial e, de outro, o direito que os tribunais têm de rever suas próprias decisões. Ora, para se obter este temperamento, preservando a segurança jurídica, a alteração jurisprudencial, após longo período de prevalecimento, deve produzir apenas efeitos prospectivos e, em alguns casos, até diferidos, permitindo a sobrevivência, por algum tempo, da interpretação a final invalidada". (CARRAZZA, Roque Antonio. *Curso de Direito Constitucional Tributário*. 32.ed., rev., ampl. e atual. São Paulo: Malheiros, 2019, p. 293).

[413] ALVIM, Teresa Arruda. *Modulação na alteração da jurisprudência firme ou de precedentes vinculantes*. 2.ed. rev., atual. e ampl. São Paulo: Thomson Reuters Brasil, 2021, p. 23.

[414] O sistema jurídico deve "olhar" *egoisticamente* para as consequências das suas decisões em relação ao ambiente, com vistas a se proteger das situações que possam afetar sua autonomia. Em outras palavras: para ser útil à sociedade, o direito deve se preocupar, primeiramente, com sua existência (que depende da *diferenciação*), sendo a modulação importante instrumento de autopreservação sistêmica.

Sobre os efeitos futuros da restabilização em relação ao particular, merecem destaque as lições de Roque Antonio Carrazza:

> ...conquanto a evolução da jurisprudência seja, no mundo do Direito, um episódio corriqueiro, a decisão que a muda, alterando radicalmente posição sedimentada do próprio tribunal, deve, dependendo do caso, ser dotada de eficácia apenas futura, sob pena de se comprometer a segurança jurídica, destruindo-se a confiança dos jurisdicionados no Poder Judiciário[415].

Exemplo de caso em que o STF decidiu de maneira prejudicial à diferenciação do sistema jurídico diz respeito ao Tema 643 da repercussão geral.

Em 2016, ao julgar o RE 723651/PR, o STF decidiu que "incide o imposto de produtos industrializados na importação de veículo automotor por pessoa natural, ainda que não desempenhe atividade empresarial e o faça para uso próprio". Essa orientação, no entanto, contrariou a jurisprudência que até então era firme no âmbito daquele mesmo tribunal[416], além de ir de encontro à diretriz estabelecida pelo STJ em precedente vinculante (Tema 695 dos recursos repetitivos, posteriormente alterado em razão da mudança de entendimento do STF)[417].

[415] E prossegue o autor: "Temos para nós que o Tribunal Superior (STF, STJ. TST e TSE) ao alterar sua jurisprudência consolidada, mais que a faculdade, tem o inafastável dever de limitar os efeitos temporais da nova orientação, preservando fatos ou situações ocorridos sob a égide da orientação anterior, bastando, para tanto, estejam presentes 'razões de segurança jurídica ou excepcional interesse social' (art. 27, *in fine*, da Lei 9.868/1999), sopesáveis caso a caso. Faz coro com o art. 27 da Lei 9.868/1999 o art. 24 da LINDB, que veda, em síntese, que as modificações de critérios jurídicos estendam seus efeitos sobre situações já consolidadas, de modo a prejudicar as pessoas que nelas se encontram". (CARRAZZA, Roque Antonio. *Curso de Direito Constitucional Tributário*. 32.ed., rev., ampl. e atual. São Paulo: Malheiros, 2019, p. 292-293).

[416] Pela não incidência do IPI-importação: RE 255682 AgR, Rel. Min. Carlos Velloso, Segunda Turma, DJ 10.02.2006; RE 412045 AgR, Rel. Min. Ayres Britto, Primeira Turma, DJ 17.11.2006; RE 255090 AgR, Rel. Min. Ayres Britto, Segunda Turma, DJe 07.10.2010; RE 550170 AgR, Rel. Min. Ricardo Lewandowski, Primeira Turma, DJe 03.08.2011; RE 615595 AgR, Rel. Min. Ricardo Lewandowski, Primeira Turma, Dje 04.05.2011; RE 643525 AgR, Rel. Min. Dias Toffoli, Primeira Turma Dje 26.04.2013; e RE 627844 AgR, Rel. Min. Celso de Mello, Segunda Turma, Dje 12.11.2012. Todos esses julgados foram indicados no voto proferido pelo Ministro Luís Roberto Barroso no julgamento do Tema 643 da repercussão geral.

[417] Em 2013, o STJ, ao julgar o REsp n. 1.396.488/SC (afetado ao rito dos recursos especiais repetitivos), decidiu que "Não incide IPI sobre veículo importado para uso próprio, tendo em

Neste caso, houve restabilização prejudicial aos interesses os particulares, que até então agiam conforme a pauta de conduta que havia sido estabelecida pelos tribunais superiores. Como forma de proteger o sistema jurídico da desdiferenciação, o STF deveria ter modulado os efeitos do seu precedente, para o fim de impedir que a União cobrasse o imposto em relação a fatos ocorridos antes da mudança, pois assim o direito: *i)* se "auto-apresentaria" como sistema confiável; consequentemente, *ii)* permitiria a concretização do princípio da segurança jurídica (pois abriria espaço para que as pessoas depositassem confiança no direito e na sua congruência); por conseguinte, *iii)* afastaria o risco de desconfiança decorrente de frustração de expectativa normativa baseada na história do sistema; e, em vista disso: *iv)* neutralizaria as ameaças à diferenciação social do direito.

A propósito, a preocupação com a confiança da sociedade em relação ao sistema jurídico foi um dos motivos que levou o Ministro Luís Roberto Barroso a se posicionar pela necessidade modulação. Seu voto foi no sentido de que "eventual necessidade de uma correção de rumo por parte do Poder Judiciário" (=restabilização) deve ser compatibilizada com o "princípio da proteção da confiança", pois "a partir do momento que existe uma **expectativa digna de proteção, tal fato deve ser levado em conta previamente pelo Estado**" (g.n.), a fim de se evitar a prática de "qualquer ato com potencial de **piorar a situação jurídica de um particular** com efeitos retroativos" (g.n). Além disso, registrou que:

> ...se há jurisprudência pacífica do Supremo Tribunal Federal, que vige há muitos anos, e nós a estamos mudando, eu acho que há um dever moral do Tribunal de modular. **Acho que é um desrespeito ao contribuinte nós mudarmos uma jurisprudência, depois de muitos anos, e cobrarmos retroativamente**.
>
> De modo que, pedindo todas as vênias a quem pense diferentemente, eu acho que nós não podemos deixar de modular neste caso, porque houve, por muitos anos, jurisprudência pacífica do Supremo, jurisprudência pacífica do

vista que o fato gerador do referido tributo é a operação de natureza mercantil ou assemelhada e, ainda, por aplicação do princípio da não cumulatividade" (DJe de 17/03/2013). Contudo, em 2019, em razão da solução que foi dada ao Tema 643/STF, o STJ alterou sua posição anterior: "Incide IPI sobre veículo importado para uso próprio, haja vista que tal cobrança não viola o princípio da não cumulatividade nem configura bitributação".

Superior Tribunal de Justiça, e **nós vamos criar um sistema em que nós não somos confiáveis. E isso é muito ruim**[418-419]. (g.n)

Embora também tenham votado pela modulação os Ministros Luiz Fux[420] e Celso de Mello[421], não houve quórum suficiente para a atribuição de efeitos *ex nunc* à nova orientação[422]; ou seja, **não houve modulação.** O Ministro Marco Aurélio, que se manifestou contrariamente à alteração do âmbito de eficácia da decisão relativa ao Tema 643 (para que

[418] RE 723651, Tribunal Pleno, Relator: Min. Marco Aurélio, DJe 05/08/2016.

[419] Outra passagem da manifestação do Ministro Luís Roberto Barroso que merece ser destacada é a seguinte: "Firmado o entendimento pela possibilidade de incidência do IPI nas operações de importação efetuadas por não contribuintes, é preciso relembrar que há pelo menos oito decisões colegiadas das duas Turmas deste Tribunal em sentido contrário, todos já transitadas em julgado. Essa interpretação influenciou diretamente o Superior Tribunal de Justiça a adotar essa tese em sede de recurso repetitivo, com expressa menção aos precedentes do Supremo. Dessa forma, embora seja absolutamente legítima a mudança de opinião do Tribunal sempre que considerar constitucionalmente mais acertado, é preciso resguardar as expectativas daqueles que confiaram e, portanto, pautaram as suas vidas e os seus negócios segundo os parâmetros previamente estabelecidos pelas decisões do Supremo. Em tais situações, tenho defendido que a mudança da jurisprudência da Corte equivale verdadeiramente à criação de direito novo e, por tal razão, não pode operar efeitos retroativos".

[420] Ministro Luiz Fux: "em respeito à jurisprudência do Supremo e aos juízes que a respeitaram, nos processos pendentes, eu modulo no sentido de não se aplicar esse novo entendimento aos processos pendentes".

[421] Ministro Celso de Mello: "O tema hoje debatido, que motivou ampla discussão neste Plenário, evidencia, Senhor Presidente, a necessidade de esta Suprema Corte conferir modulação ao presente julgamento, porque os cidadãos não podem ser vítimas da instabilidade jurisdicional dos Tribunais, circunstância essa que afeta o postulado da confiança e que compromete, gravemente, a exigência de segurança jurídica, que se qualifica como subprincípio do Estado Democrático de Direito. (...) Desejo acentuar, na linha do que venho discorrendo, que o postulado da segurança jurídica e o princípio da confiança do cidadão nas ações do Estado representam diretrizes constitucionais a que o Supremo Tribunal Federal, em contexto como o que ora se apresenta, não pode permanecer indiferente. (...) Cabe ter presente, ainda, Senhor Presidente, que a técnica da modulação temporal, a ser utilizada mediante ponderação concreta dos valores em conflito, representa, até mesmo, atenuação da doutrina clássica da nulidade, com efeito 'ex tunc', dos atos inconstitucionais".

[422] No caso, "não foi alcançado o quórum para a modulação dos efeitos da decisão" por se entender que "nos casos em que há mudança de jurisprudência, sem declaração de inconstitucionalidade, a modulação pode ser feita por maioria absoluta do Tribunal".

fossem apenas *prospectivos*), fez a seguinte observação: "Há precedentes do Supremo? Sim. Mas a Constituição Federal submete, inclusive, o Supremo"[423] – entendimento que, a rigor, afasta a modulação em toda e qualquer hipótese. Para o Ministro Teori Zavascki, a restabilização não deveria ter seus efeitos modulados porque, no STF, "não se trata de uma jurisprudência que tenha tido efeito vinculante", além do fato de que "no próprio STJ, a questão sempre foi controvertida", e "o recurso repetitivo do STJ sequer transitou em julgado". E arrematou: "Não há dúvida que, em geral, as pessoas pagam o tributo. As pessoas que vão a juízo contestar o tributo, todos nós sabemos, são poucas pessoas, e normalmente pessoas abastadas, provavelmente como deve ser o caso, uma pessoa que importou um automóvel".

Conforme a linha de raciocínio desenvolvida ao longo deste livro, chega-se à conclusão de que a consequência da não modulação, para o sistema jurídico, foi, como alertou o Ministro Luís Roberto Barroso, "muito ruim"; afinal, é problemático para o direito obter a confiança das pessoas quando o seu próprio centro as expõe a situação de perigo decorrente da inobservância da memória normativa do sistema. A frustração dos particulares quanto à expectativa normativa pretérita bloqueia a segurança jurídica, que, por seu turno, deve nortear a produção de comunicação jurídica de um sistema que pretenda existir autonomamente.

Esse "equívoco", isoladamente considerado, não é capaz de causar a desdiferenciação do direito. No entanto, é certo que desgasta a credibilidade do Poder Judiciário. Os tribunais devem prestigiar a sua própria história, a fim de se evitar que a jurisprudência e os precedentes se tornem fontes *não confiáveis* de expectativas normativas[424].

[423] Ainda conforme o Ministro Marco Aurélio, "se chegarmos à modulação: reconhecemos a constitucionalidade da incidência do tributo, o acerto do que decidido pelo Regional Federal da 4ª Região, mas reformamos o acordão para dar o dito pelo não dito, e assim se conta a história do País, não se avançando culturalmente. É o famoso 'jeitinho brasileiro'".

[424] Além disso, a auto-observação da memória do sistema deve partir da premissa inafastável de que um precedente vinculante criado por maioria de votos tem a mesma força normativa que o estabelecido por unanimidade (o que se aplica igualmente aos julgados que serviram de base para a construção de jurisprudência dominante). No julgamento do recurso relativo ao Tema 643/STF, o Ministro Teori Zavascki revelou ter "dúvidas a respeito dos critérios como se deve modular um caso como esse de modificação da jurisprudência; num caso que não tem precedente do Plenário; não se trata de uma jurisprudência que tenha tido efeito vinculante,

2.6.2. Modulação nos casos de exposição do Estado (e do sistema político) a situações de "perigo"

Quando os tribunais mudam expectativa normativa anteriormente estabelecida, e a mudança ocorre em sentido contrário aos interesses da Fazenda Pública, o Estado, que programou seu orçamento à luz do direito até então vigente, deverá conformar suas ações futuras às novas estruturas estabilizadas pelo sistema jurídico.

Em relação ao futuro não há "perigo", pois a reorientação permitirá que, no âmbito da política, sejam tomadas novas decisões, inclusive sob o aspecto orçamentário, considerando-se os riscos passíveis de serem calculados à luz do (novo) contexto normativo pós-restabilização.

No que tange ao passado, cumpre destacar que a atribuição de efeitos retroativos (*ex tunc*) à restabilização não necessariamente exporá o sistema político a "perigo", pois, ao contrário da situação dos particulares, o direito fornece à política programas jurídicos para que o Estado possa *compensar* os *prejuízos orçamentários* decorrentes do dever de restituição do indébito tributário.

Como afirmou Alfredo Augusto Becker, "o Estado existe como unidade viva (ser social)"[425]. E para que sua existência possa se prolongar no tempo,

em matéria que nunca teve uma aceitação pacífica. No próprio STJ, a questão sempre foi controvertida... houve vários votos vencidos". Em relação ao Tema 201 da repercussão geral, em que se discutiu a "a constitucionalidade, ou não, da restituição da diferença do Imposto sobre Circulação de Mercadorias e Serviços - ICMS pago a mais no regime de substituição tributária, quando a base de cálculo efetiva da operação for inferior à presumida", o STF mudou orientação anteriormente fixada em sede de ADI, que havia sido julgada por maioria de votos. Quando houve alteração do quadro de expectativas normativas, o Ministro Marco Aurélio foi contrário à modulação porque, no seu entender, "não há como dizer-se que o tribunal está dando uma guinada em sua jurisprudência. Não está!", inclusive porque no "julgamento pretérito, tivemos três votos vencidos". A confiança das pessoas e dos sistemas nas pautas de conduta estabelecidas pelos tribunais não muda conforme a quantidade de votos obtida para a tomada de decisão judicial (nem poderia ser diferente, pois tal circunstância sujeitaria a sociedade a níveis de complexidade insuportáveis). Por isso, prestigiar a confiança social apenas nos casos em que as expectativas normativas foram amparadas em decisões unânimes implica restrição, sem base constitucional e/ou legal, à concretização do princípio da segurança jurídica, e, consequentemente, exposição do sistema jurídico aos prejuízos decorrentes do operar incongruente.

[425] BECKER, Alfredo Augusto. *Teoria Geral do Direito Tributário*. 7ª ed. São Paulo: Editora Noeses, 2018, p. 208.

"numa perpétua reafirmação de sua própria unidade"[426], a Constituição confere ao sistema político *poderes* (=competências) para preservação da **soberania estatal** frente às pressões/irritações "religiosas, corporativas, **jurídicas**, científicas, relacionais, familiares e mesmo as decorrentes do poder de outros Estados e organizações"[427] (g.n), com vistas a assegurar a "autopoiese da política"[428] e a sua autonomia.

Tais "poderes" são instrumentos de **autodefesa do Estado e da política frente ao direito** e demais sistemas sociais (assegurados pelo Estado de Direito[429]), que, sob a perspectiva da teoria dos sistemas, visa a garantir o **equilíbrio** dos sistemas[430]. Sobre o assunto, confira-se, mais uma vez, Alfredo Augusto Becker:

[426] BECKER, Alfredo Augusto. *Teoria Geral do Direito Tributário.* 7ª ed. São Paulo: Editora Noeses, 2018, p. 166.

[427] NEVES, Marcelo. *Entre Têmis e Leviatã*: uma relação difícil: o Estado Democrático de Direito a partir e além de Luhmann e Habermas. São Paulo: Martins Fontes, 2006, p. 160.

[428] NEVES, Marcelo. *Entre Têmis e Leviatã*: uma relação difícil: o Estado Democrático de Direito a partir e além de Luhmann e Habermas. São Paulo: Martins Fontes, 2006, p. 160.

[429] Sobre a relação entre Estado de Direito e soberania, confira-se Marcelo Neves: "O conceito de soberania será redefinido pela teoria dos sistemas com relação especificamente à política. Diferentemente de sua compreensão medieval como independência do poder político supremo, a soberania é compreendida como autonomia funcionalmente condicionada e territorialmente determinada do sistema político em face de 'interferências religiosas, estamentais (familiais) e jurídico-positivas'. A soberania do Estado significaria, portanto, autopoiese da política. Embora condicionado pelos fatores externos (conexão causal) e sensível às exigências do seu ambiente social (abertura cognitiva), o sistema político diferencia-se funcionalmente na sociedade moderna e, assim, reproduz-se autonomamente de acordo com os seus próprios códigos de preferência e critérios ou programas (fechamento operacional). As influências religiosas, corporativas, jurídicas, científicas, relacionais, familiares e mesmo as decorrentes do poder de outros Estados e organizações só ganham significado político interno através de decisões coletivamente vinculantes se passarem por um processo de filtragem sistêmica e comutação discursiva nos termos dos procedimentos políticos do respectivo Estado". (NEVES, Marcelo. *Entre Têmis e Leviatã:* uma relação difícil: o Estado Democrático de Direito a partir e além de Luhmann e Habermas. São Paulo: Martins Fontes, 2006, p. 160).

[430] Sobre a importância do equilíbrio para a existência do Estado (aqui considerado não apenas o interno, mas também contexto intersistêmico), vale pena destacar, mais uma vez, Alfredo Augusto Becker "Quando o sistema tende ao equilíbrio, o Estado existe em integração; existe continuadamente no sentido de uma maior vitalidade. Caso contrário, quando a tendência é para o desequilíbrio, o Estado existe em desintegração; continua a existir, porém, perdendo gradualmente vitalidade". (BECKER, Alfredo Augusto. *Teoria Geral do Direito Tributário.* 7ª ed. São Paulo: Editora Noeses, 2018, p. 208).

Aquele ser social (Estado), tomando conhecimento de sua própria existência real, por intermédio de sua consciência social, procura defender-se. E a fim de proteger a sua existência (garantir sua sobrevivência), impõe uma disciplina (regras de conduta) obrigatória àquela relação constitucional natural (pré-jurídica) e deste modo assegura a continuidade e a realização da relação. Para impor disciplina (regras de conduta) obrigatória (coercibilidade), o ser social utiliza o seu poder (sua capacidade de agir)[431].

Portanto, se a mudança de orientação dos tribunais causar impactos negativos ao erário (=redução da arrecadação futura e aumento de despesa orçamentária), o Estado deverá:

1º) **reorientar suas expectativas normativas**, considerando a impossibilidade de exigência do tributo em relação aos fatos futuros;
2º) **calcular os impactos orçamentários da restabilização**, levando em conta a perda de arrecadação decorrente da não exigência futura e dos pedidos de compensação que poderão ser apresentados pelos particulares, bem como a previsão de despesa com a devolução dos valores arrecadados no passado; e
3º) iniciar, no interior do sistema político, o **processo de reprodução de comunicação política (=autopoiese)** voltado ao restabelecimento do *equilíbrio orçamentário* necessário à implementação dos programas governamentais. Essa etapa implicará atuação conjunta dos Poderes Executivo e Legislativo, nos limites de suas respectivas competências, para criação de instrumentos normativos (=leis, notadamente) voltados à alteração do orçamento, criação e/ou majoração de tributos[432-433].

[431] BECKER, Alfredo Augusto. *Teoria Geral do Direito Tributário*. 7ª ed. São Paulo: Editora Noeses, 2018, p. 220.

[432] No caso da União, pode ser exercida, inclusive, a *competência tributária residual*, que permite a criação de impostos e contribuições para a seguridade social desde que atendidos os requisitos do art. 154, I, da Constituição (e conforme previsão do art. 195, §4º, da CF).

[433] "Ainda quanto a esse argumento financeiro, tem-se que, no Brasil, a Lei de Responsabilidade Fiscal traz mecanismos que propiciam ao Estado prevenir-se contra desequilíbrios orçamentários involuntários, nomeadamente através do Anexo de Riscos Fiscais e da previsão de reserva de contingência. Assim, cabe ao Estado, ante o risco de declaração de inconstitucionalidade de certo tributo, tomar as providências cabíveis para fazer frente à necessidade de restituição

Cumpre destacar, ainda, que o Estado não manifesta desconfiança no direito apenas em razão da restabilização com efeitos *ex tunc*, pois tanto o ajuste do orçamento como a compensação dos "prejuízos" financeiros relativos ao passado **dependem da existência do direito como sistema autônomo e capacitado para generalizar e estabilizar expectativas normativas.**

O direito permitirá, ao fim e ao cabo, que o sistema político se valha da sua soberania para dividir, com o ambiente, os "prejuízos" decorrentes da mudança do direito por obra do Judiciário[434]. Como afirmou Marcelo Neves, "**o direito põe a sua própria complexidade à disposição da autoconstrução do sistema político**"[435] (g.n), e, ao fazê-lo, condiciona o exercício do poder do Estado à manutenção da diferenciação social do sistema jurídico. Por isso, "a soberania significa também a autonomia operacional do sistema jurídico", de modo que "se houver uma relação hierárquica 'poder – direito', estará ausente a soberania do Estado como conceito sistêmico"[436-437].

Há relação de interdependência entre o direito e a política caracterizada por prestações recíprocas: se, de um lado, o poder estatal depende

de tributo inconstitucional, **ainda que pela elevação constitucional de tributos**". (g.n). (FREIRE, André Borges Coelho de Miranda. Modulação de Efeitos de Decisões Constitucionais do Direito Tributário Brasileiro: Especificidades e Limites. In *Revista Direito Tributário Atual*, n.47, p. 27-51. São Paulo: IBDT, 1o semestre 2021. Quadrimestral, p. 39).

[434] Conforme Betina Treiger Grupenmacher, "Uma das manifestações mais marcantes do poder soberano do Estado concretiza-se na faculdade que tem este ente político, com poderes de supremacia sobre os particulares, de interferir em seu patrimônio, através da instituição de tributos destinados ao custeio da sua atividade pública". (GRUPENMACHER, Betina Treiger. *Tratados internacionais em matéria tributária e ordem interna*. São Paulo: Dialética, 1999, p. 35).

[435] NEVES, Marcelo. *Entre Têmis e Leviatã*: uma relação difícil: O Estado Democrático de Direito a partir e além de Luhmann e Habermas. São Paulo: Martins Fontes, 2006, p. 92.

[436] NEVES, Marcelo. *Entre Têmis e Leviatã*: uma relação difícil: o Estado Democrático de Direito a partir e além de Luhmann e Habermas. São Paulo: Martins Fontes, 2006, p. 160.

[437] Como afirmou Alfredo Augusto Becker, "o Estado não é titular de um direito de soberania; mas o Estado por sua própria natureza é soberano; isto é, tem poder". Essa "parcela de poder", todavia, é justamente "aquela que foi delimitada pelas regras jurídicas que criaram o órgão e disciplinaram a sua função específica". (BECKER, Alfredo Augusto. *Teoria Geral do Direito Tributário*. 7ª ed. São Paulo: Editora Noeses, 2018, p. 220; 226). Em suma: é o direito que confere soberania ao Estado, sendo também de interesse para o sistema político a manutenção da autonomia do sistema jurídico.

da existência de um *direito autônomo* (que confira juridicidade à soberania do Estado), de outro o sistema jurídico é dependente da *diferenciação social da política*, pois os programas que orientam a aplicação do código *lícito/ilícito* (=programas condicionais) são criados pelo Poder Legislativo que, juntamente com o Executivo (que dirige o Estado), integra o sistema político.

Essa forte ligação intersistêmica, que tem amparo na Constituição como mecanismo de acoplamento estrutural, dificulta o rompimento da confiança recíproca entre direito e política, ao mesmo tempo que fortalece a autonomia desses sistemas. É por isso que a segurança jurídica em relação ao Estado não tem a mesma "medida" da segurança que o direito deve proporcionar aos particulares.

Como afirmou Marcelo Neves, "os princípios variam conforme a esfera de comunicação em que se aplicam"[438], e com relação à segurança jurídica não é diferente: por se tratar de norma principiológica, sua compreensão deve partir da complexidade social, que envolve diferentes capacidades de reação frente às comunicações produzidas pelos sistemas sociais[439].

A não concretização *uniforme* do princípio da segurança jurídica faz com que as situações de perigo sejam distintas em relação aos sujeitos da

[438] E prossegue o autor: "o direito geral de liberdade, o direito geral de igualdade, a dignidade humana, assim como também a igualdade e a liberdade econômicas, o princípio constitucional da concorrência, a liberdade religiosa, o direito à educação podem sofrer leituras as mais diversas a partir da esfera social em que o problema constitucional venha a surgir. (...) a compreensão do direito geral de liberdade a partir do sistema econômico pode colidir com a interpretação desse direito na esfera religiosa ou familiar. Da mesma maneira, a visão familiar, educacional ou religiosa do princípio da igualdade pode opor-se à concepção econômica ou política do mesmo princípio. Também a autocompreensão econômica do princípio da livre iniciativa pode chocar-se com a percepção desse princípio no sistema político, educacional, científico ou religioso. Por fim, a compreensão do princípio da dignidade humana varia conforme as perspectivas de cada sistema social". (NEVES, Marcelo. *Entre Hidra e Hércules*: princípios e regras constitucionais como diferença paradoxal do sistema jurídico. 3.ed. São Paulo: Editora WMF Martins Fontes, 2019, p. 162-164).

[439] Cabe falar, portanto, de *segurança jurídica complexa*, assim como "'igualdade complexa'..., 'liberdade complexa', 'dignidade humana complexa, 'solidariedade complexa' etc., variando cada um dos princípios conforme a esfera social em que surja a controvérsia constitucional" (g.n.). (NEVES, Marcelo. *Entre Hidra e Hércules:* princípios e regras constitucionais como diferença paradoxal do sistema jurídico. 3.ed. São Paulo: Editora WMF Martins Fontes, 2019, p. 165).

obrigação tributária. Nesse sentido, os particulares estão mais expostos a perigos que o Estado, pois enquanto a eles são atribuídos *direitos e deveres*, às organizações do sistema político são conferidos *poderes-deveres*. A ausência de *poder* aumenta o nível de exposição das pessoas a prejuízos (decorrentes da restabilização), que, para serem evitados, impõem a implementação de *medida diferente* de segurança em comparação àquela que o sistema político – no qual está inserido o governo – precisa para manter sua diferenciação social.

Mas, afinal, qual é a situação de perigo a que o Estado pode ser submetido?

Para o Estado, o perigo reside na ameaça de desdiferenciação do sistema político, ou seja, na influência do ambiente capaz de gerar prejuízos à produção de comunicação política – como o bloqueio do código do poder (*governo/oposição*) e/ou a dificuldade para implementação dos programas finalísticos do governo[440].

Na restabilização desfavorável aos interesses do Estado, o perigo pode surgir quando a atribuição de efeitos ***ex tunc*** à declaração de inconstitucionalidade e/ou ilegalidade de um tributo for **desacompanhada de regra de transição** (=espécie de modulação), voltada a conferir "tempo" para que o sistema político, por meio da autopoiese, reproduza comunicação política com vistas à compensação dos "danos" orçamentários.

É que a competência legislativa, como forma de o sistema político lidar com questões do orçamento[441], deve ser exercida conforme procedimentos previamente estabelecidos por programas jurídicos (Constituição, leis

[440] Essa situação é extremamente problemática, pois quando o sistema político se vê ameaçado por outro sistema social, o Estado (centro) tende a responder com pressões voltadas ao bloqueio da autopoiese do sistema que o expõe a perigo. São tentativas de corrupção sistêmica como mecanismo de *autodefesa* do sistema da política.

[441] Através do exercício da competência legislativa tributária, "o Estado cria regras jurídicas com a finalidade de garantir a continuidade de sua relação constitucional" – ou seja, cria leis direcionadas ao equilíbrio fiscal do sistema político, que é condição "necessária à sua sobrevivência" como sistema autônomo em relação ao ambiente. (BECKER, Alfredo Augusto. *Teoria Geral do Direito Tributário*. 7ª ed. São Paulo: Editora Noeses, 2018, p. 224). Isso afasta o argumento comumente apresentado pelas procuradorias das fazendas públicas de que a restabilização prejudicial ao Estado deve ter efeitos prospectivos, pois, caso contrário, o poder público não terá condições de prestar serviços essenciais à população (como saúde e educação). Os *problemas de dinheiro* do Estado podem – e devem – ser resolvidos por meio da autopoiese do próprio sistema político.

e regulamentos das casas legislativas); logo, quando as expectativas normativas mudam por obra dos tribunais, ao sistema da política deve ser conferido prazo para cumprimento das etapas do processo de criação de "legislação" direcionada ao equilíbrio fiscal. Se for o caso de criação ou majoração de tributos, é conveniente que se considerem, ainda, os prazos relativos à anterioridade (de exercício e nonagesimal – ressalvadas as exceções previstas na Constituição), para que não haja prejuízos à execução dos programas finalísticos do governo.

A inexistência de intervalo temporal estipulado em **regra de transição** expõe o Estado a situação de **perigo** porque o *desequilíbrio orçamentário* pode levar à desdiferenciação da política pela ruptura da autonomia financeira do seu centro[442-443]. Neste caso, abre-se espaço à desconfiança do poder público – e, consequentemente, do sistema político – em relação ao sistema do direito, cuja diferenciação poderá ser ameaçada por reações políticas adotadas como "defesa" frente à comunicação jurídica[444].

No julgamento do Tema 1093 da repercussão geral (RE 1287019/DF), o Supremo Tribunal Federal declarou a invalidade "da cobrança, em operação interestadual envolvendo mercadoria destinada a consumidor final não contribuinte, do diferencial de alíquota do ICMS, na forma do Convênio nº 93/2015", tendo em vista a ausência de "lei complementar disciplinadora".

[442] O art. 23 da LINDB visa a afastar esse tipo de perigo: "A decisão administrativa, controladora ou judicial que estabelecer interpretação ou orientação nova sobre norma de conteúdo indeterminado, impondo novo dever ou novo condicionamento de direito, deverá prever **regime de transição** quando indispensável para que o novo dever ou condicionamento de direito seja cumprido de modo proporcional, equânime e eficiente e sem prejuízo aos interesses gerais". (g.n.).

[443] Não há prazo específico a ser estipulado em regra de transição. Os tribunais devem estabelecer período que seja coerente com os programas do direito e suficiente à realização da autopoiese do sistema político. Cumpre destacar, ainda, que o regime de transição não é imposição do sistema jurídico para que o político exerça, em prazo certo, sua competência legislativa (pois isso seria inconstitucional). Trata-se, apenas, de oportunidade para que os Poderes Executivo e Legislativo possam agir frente aos impactos orçamentários (se necessário for). Não há qualquer interferência do Judiciário na autopoiese da política.

[444] Ademais, se ao Estado não for conferido "tempo" para viabilizar o ingresso de receitas orçamentárias, inevitavelmente as decisões judiciais serão descumpridas, e a inobservância política das ordens judiciais enfraquecerá a credibilidade do direito em relação às pessoas e aos demais sistemas sociais.

Houve modulação em favor do Estado, para que a inconstitucionalidade de cláusulas Convênio nº 93/2015 produzisse efeitos "a partir do exercício financeiro seguinte à conclusão deste julgamento (2022)".

O caso não compreendia mudança de jurisprudência, nem de precedente vinculante anterior; ademais, além da regra de transição, a modulação também alcançou o passado, dispensando os Estados de devolverem os valores arrecadados antes do pronunciamento do STF. O motivo, porém, da referência ao julgado é a manifestação do Ministro Luís Roberto Barroso, que reconheceu a importância da **modulação** como meio para se conceder **prazo para que o sistema político editasse lei complementar relativa ao diferencial de alíquota do ICMS** – ou seja, "tempo" para que, por meio da autopoiese, a política produzisse comunicação capaz de impedir o desequilíbrio nas finanças dos entes federados. Confira-se:

> Por essas razões, Presidente, também estou julgando procedente os pedidos e declarando a inconstitucionalidade das cláusulas primeira, segunda, terceira, sexta e nona do convênio. Porém, com base, já antecipo, no art. 27, da Lei nº 9.868, entendo por bem conferir efeitos prospectivos à declaração de inconstitucionalidade durante 1 ano, prazo no qual o Poder Legislativo poderá editar lei complementar a fim de regulamentar as alterações feitas pela Emenda no 87/2015. (...)
>
> Portanto, Presidente, como considero que ambas as interpretações têm a sua razoabilidade e os seus fundamentos, e considerando o impacto fiscal que se produziria sobre os estados, estou modulando e conferindo um prazo de 1 ano ao Congresso Nacional para editar a lei complementar que me parece necessária. Findo esse prazo, sem a edição de lei, a inconstitucionalidade se aplica e, portanto, não poderá prevalecer essa sistemática[445-446-447].

[445] RE 1287019/DF, Relator Ministro Marco Aurélio, Relator p/ acórdão: Ministro Dias Toffoli, Tribunal Pleno, DJe 25/05/2021.

[446] No mesmo sentido foi a manifestação do Ministro Dias Toffoli: "Proponho a modulação dos efeitos da declaração de inconstitucionalidade, para estabelecer que a decisão produza efeitos, (i) quanto à cláusula nona, desde a concessão da medida cautelar nos autos da ADI no 5.464/DF e, (ii) quanto às cláusulas primeira, segunda, terceira e sexta, a partir do exercício financeiro seguinte à conclusão deste julgamento (2022)".

[447] A modulação em favor do Estado não pode servir como instrumento de restrição do direito à repetição do indébito. Com razão, portanto, o Ministro Marco Aurélio (neste caso em particular), quando afirmou que "o Supremo não legisla. O Supremo não pode agora, simplesmente,

No julgamento do Tema 852 da repercussão geral (RE 851.108/SP), o STF decidiu que a cobrança do ITCMD sobre doações ou heranças provenientes do exterior depende de lei complementar que estabeleça as "normas gerais" relativas à exação.

Como esse julgado será analisado no último item deste livro (que versará sobre o "consequencialismo"), cumpre destacar, neste momento, apenas a proposta defendida pelos Ministros Dias Toffoli (Relator), Rosa Weber, Luís Roberto Barroso e Nunes Marques, no sentido de "apelo ao Poder Legislativo para que supra tal omissão e discipline a matéria do art. 155, § 1º, III, da Constituição, por meio de lei complementar", se destacando, ainda, que "estamos diante de uma situação de clara tensão entre a Justiça tributária e a reserva de lei, que demanda a atuação do legislador".

Como se pode observar, o tribunal reconheceu a necessidade de produção de comunicação política para lidar com as consequências da decisão do STF. Todavia, **não se criou regra de transição**; houve modulação, mas no sentido de se atribuir efeitos *ex nunc* ao julgado – técnica que, na perspectiva deste trabalho, somente se aplica aos casos em que os particulares são prejudicados pela restabilização.

2.7. Em síntese: *quando* e *como* modular

Quando os tribunais superiores mudam sua jurisprudência (firme/ /dominante), ou alteram orientação outrora estabelecida em precedente vinculante, o sistema jurídico tem que prestigiar a confiança que os particulares e o Estado depositaram nas expectativas normativas que foram válidas e vigentes no passado. Deve-se, por intermédio da regra de

entender que esteve em *stand-by* a Lei das leis, que é a Constituição Federal, e placitar, em um período, não um diploma legal, mas um convênio, ato administrativo que se mostrou frontalmente contrário à Constituição Federal, no que disciplinou o diferencial do ICMS. Não cabe a modulação. Estimula a edição quer de convênios quer de leis contrárias à Constituição Federal, apostando-se na passagem do tempo. Cabe a constatação de haver o conflito com a Lei das leis e proclamá-la. (...) Simplesmente assento – como fiz no voto – indispensável, ao trato da matéria, lei complementar. Fulmino o convênio, com as consequências jurídicas próprias. Mesmo porque, no recurso extraordinário, a vitória da recorrente não pode ser simplesmente de Pirro: ganha, mas não leva, no período compreendido, considerado o ajuizamento da própria ação e a data de hoje, projetando-se a glosa para viger a partir – pelo que compreendi – do término deste ano. Até então, portanto, não se teve Constituição Federal, vigorando com plena eficácia e concretude maior".

modulação, abrir espaço à concretização do princípio da segurança jurídica (a partir da busca da confiança do ambiente *no direito* e na sua *congruência*), na medida necessária ao afastamento da exposição das pessoas e do Estado às situações de perigo. Assim o sistema do direito protege e fortalece sua própria diferenciação social.

Se a restabilização ocorrer em sentido contrário aos interesses dos particulares, deve haver modulação para atribuição de efeitos *ex nunc* à nova orientação, em observância à congruência do sistema jurídico (organização/coerência e história), que é aspecto diretamente relacionado à confiança que o direito precisa para manter sua autonomia.

A modulação também deve ocorrer nos casos em que a mudança do quadro de expectativas normativas "prejudica" o Estado, pois este também é destinatário do princípio da segurança jurídica. Todavia, como o sistema político tem mecanismos legais para promoção do equilíbrio orçamentário, sua segurança é resguardada na medida em o direito lhe confira "tempo" para realização da autopoiese política. Significa dizer: **a modulação deve ocorrer** mediante a criação de **regra de transição** voltada à prorrogação da eficácia da restabilização, que deverá ser *ex tunc* para não prejudicar o direito dos particulares à restituição dos valores que foram pagos a título do tributo ilegal/inconstitucional.

2.8. Os riscos do chamado "consequencialismo" para a diferenciação social do sistema jurídico

O "consequencialismo" tem raízes no âmbito da filosofia moral, e foi objeto de significativos debates ao longo da modernidade. Teorias como a do utilitarismo, desenvolvidas por Jeremy Bentham (1748-1832), John Stuart Mill (1806-1873), Henry Sidgwick (1838-1900) e John Rawls (1921-2002), partiram das consequências práticas da ação para defender a correção ou a incorreção das condutas praticadas pelas pessoas.

Nas palavras de Jeremy Bentham:

> **A tendência geral de um ato é mais perniciosa ou menos perniciosa, de acordo com a soma total das suas consequências** - isto é, conforme a diferença entre a soma das consequências boas e a soma das consequências funestas. Cumpre observar que aqui, bem como a seguir, toda vez que falarmos em consequências, entendemos ocuparmos das materiais. Com efeito, a multidão e a variedade das consequências de qualquer ato são necessariamente

> infinitas, porém só as materiais são credoras de consideração. Ora, para alguém que encara as consequências - quaisquer que sejam - de um ato na qualidade e com a capacidade de um legislador, só podem ser consideradas como materiais as que consistem no prazer ou na dor, ou as que exercem uma influência na produção da dor ou do prazer[448] (g.n).

O "consequencialismo" parte, portanto, da seguinte ideia: a decisão tomada por alguém será correta, ou não, conforme as suas consequências práticas (=materiais). Veja-se o clássico exemplo do "trem desgovernado", ilustrado por Philippa Foot: "motorista de um bonde desgovernado que ele só pode dirigir de um trilho estreito para outro; cinco homens estão trabalhando em uma pista e um homem na outra; qualquer um na pista em que ele entra está fadado a ser morto"[449]. Qual é a atitude *moralmente* correta (não no sentido de *virtude*, e sim à luz da *ética normativa*): manter o curso normal e pôr fim a cinco vidas, ou mudar o rumo do trem e matar uma pessoa? Conforme a corrente utilitarista, por exemplo, que se baseia na maximização do bem-estar, o certo seria preservar o maior número de vidas possível (ou seja, alterar o curso normal do bonde). Essa consequência – manter a vida de cinco pessoas, em detrimento de uma – fundamentaria a correção da ação do maquinista[450-451].

[448] Bentham, Jeremy. Uma introdução aos princípios da moral e da legislação. In: Coleção Os Pensadores – história das grandes ideias do mundo ocidental. São Paulo: Abril, 1974, p. 25.

[449] FOOT, Philippa. The problem of abortion and the doctrine of the double effect. In: *Virtues and Vices and Other Essays in Moral Philosophy*. Berkeley and Los Angeles: University of California Press, 1978, disponível em: https://philpapers.org/archive/FOOTPO-2.pdf.

O mesmo exemplo é tratado por Judith Jarvis Thomson: THOMSON, Judith J. The trolley problem. In: *The Yale Law Journal*, ISSN 0044-0094, 05/1985, Vol. 94, Issue 6, p. 1395-1415, disponível em:
https://openyls.law.yale.edu/bitstream/handle/20.500.13051/16338/56_94YaleLJ1395_1984_1985_.pdf?sequence=2. Acesso em: 16 jun. 2022.

[450] Outro exemplo também apresentado por Philippa Foot: "podemos considerar a história, bem conhecida dos filósofos, do homem gordo preso na boca da caverna. Um grupo de caçadores de buracos permitiu imprudentemente que o homem gordo os conduzisse enquanto eles saíam da caverna, e ele fica preso, prendendo os outros atrás dele. Obviamente, o correto é sentar e esperar até que o gordo emagrece; mas os filósofos organizaram que as águas da enchente deveriam estar subindo dentro da caverna. Felizmente (felizmente?) o grupo preso tem com eles uma banana de dinamite com a qual eles podem explodir o homem gordo para fora da boca da caverna. Ou eles usam a dinamite ou se afogam. Em uma versão, o gordo, cuja cabeça

Neste livro, porém, o termo "consequencialismo" não deve ser compreendido à luz da filosofia moral.

Tendo em vista que este trabalho é focado na modulação dos efeitos das decisões judiciais sobre matéria tributária, as consequências que aqui interessam são aquelas causadas pela mudança da jurisprudência dominante ou de precedente vinculante em relação aos cofres públicos.

A Lei de Introdução às Normas do Direito Brasileiro – LINDB prevê, em seu art. 20, que "não se decidirá com base em valores jurídicos abstratos sem que sejam consideradas as consequências práticas da decisão". Esse dispositivo é comumente utilizado pelo Estado para fundamentar pedidos de modulação, que são ligados às *consequências práticas* da restabilização ao equilíbrio orçamentário e ao princípio da segurança jurídica.

Em geral, o Estado busca a aplicação conjunta das duas técnicas de modulação tratadas nos itens anteriores: *a*) atribuição de efeitos ***ex nunc*** à decisão que o prejudica, para que o poder público não tenha que devolver o montante arrecadado antes da mudança de orientação; e, concomitantemente, *b*) criação de **regra de transição**, para que os efeitos da declaração de inconstitucionalidade e/ou ilegalidade sejam postergados para momento futuro, a fim de se permitir a continuidade da cobrança do tributo *ilegítimo* por certo período de tempo.

Agora, cumpre verificar como o Supremo Tribunal Federal tem se manifestado sobre o assunto – sob o viés do *consequencialismo* orçamentário.

Caso 1) ao julgar o RE 556.664/RS, o STF reconheceu a inconstitucionalidade dos arts. 45 e 46 da Lei 8.212/91, que previam que os prazos

está na caverna, se afogará com eles; na outra será resgatado oportunamente. Problema: podem ou não usar a dinamite?". A partir do consequencialismo se avalia a correção ou incorreção da conduta de usar ou não a dinamite conforme as consequências dessa ação. (FOOT, Philippa. The problem of abortion and the doctrine of the double effect. In: *Virtues and Vices and Other Essays in Moral Philosophy*. Berkeley and Los Angeles: University of California Press, 1978, disponível em: https://philpapers.org/archive/FOOTPO-2.pdf).

[451] CRUZ E SILVA, Victor Cruz e Silva, "a ética consequencialista estipula que o indivíduo, se ele deve tomar a ação 'moralmente correta', deve guiar suas ações pela geração de prazer ou prazer em vez de dor ou desgosto para a sociedade como um todo. Isso dá a cada ação consequencialista uma excelência distinta e condena qualquer outro tipo de esforço não consequencialista. Como tal, a exigência é uma característica 'intrínseca' do utilitarismo, dada a sua natureza consequencialista". (CRUZ E SILVA, Victor. A "justiça como equidade" de John Rawls e o problema da exigência. In: *Acta Scientiarum. Ciências Humanas e Sociais,* v. 41, e45292, 2019, p. 6).

de decadência e prescrição seriam de 10 anos em relação às contribuições destinadas ao financiamento da seguridade social. Reconheceu-se, naquela ocasião, afronta às disposições do CTN, que, na condição de diploma normativo voltado ao estabelecimento de "normas gerais" sobre matéria tributária (conforme o art. 146, III, da Constituição), estabelece prazo de 5 anos para a constituição e cobrança de toda e qualquer espécie tributária[452].

Houve pedido de modulação por parte da União, que foi parcialmente acolhido por maioria de votos (vencido o Ministro Marco Aurélio), nos termos da manifestação do relator:

> Estou acolhendo parcialmente o pedido de modulação de efeitos, tendo em vista **a repercussão e a insegurança jurídica que se pode ter na hipótese**; mas estou tentando delimitar esse quadro de modo a afastar a possibilidade de repetição de indébito de valores recolhidos nestas condições, com exceção das ações propostas antes da conclusão do julgamento[453] (g.n).

Caso 2) no RE 851.108/SP, relacionado ao Tema 852 da repercussão geral, o STF enfrentou a seguinte questão constitucional: possibilidade, ou não, de os Estados fazerem uso da competência legislativa plena relativa ao Imposto sobre Transmissão *Causa Mortis* ou Doação de quaisquer Bens ou Direitos – ITCMD, "ante a omissão do legislador nacional em estabelecer as normas gerais pertinentes à competência para instituir, nas hipóteses previstas no art. 155, § 1º, III, a e b, da Lei Maior", dispositivo segundo o qual a exigência do imposto dependeria de regulamentação em lei complementar – precisamente nos casos em que "o doador tiver domicilio ou residência no exterior", bem como naqueles em que "o *de cujus* possuía bens, era residente ou domiciliado ou teve o seu inventário processado no exterior".

Neste caso, o tribunal fixou tese no sentido de que "é vedado aos estados e ao Distrito Federal instituir o ITCMD nas hipóteses referidas no art. 155,

[452] RE 556664, Rel. Ministro Gilmar Mendes, Tribunal Pleno, DJe 13/11/2008.

[453] O Ministro Marco Aurélio, vencido naquela ocasião, assim se manifestou: "Não vejo com bons olhos, Presidente, a modulação em caso que acaba por diminuir a eficácia da Constituição Federal. A modulação quando, em última análise, há o prejuízo para os contribuintes, já exasperados com a carga tributária e, também, o locupletamento do Estado".

§ 1º, III, da Constituição Federal sem a intervenção da lei complementar exigida pelo referido dispositivo constitucional".

Houve modulação para se atribuir efeitos *ex nunc* ao acórdão, tendo o risco orçamentário sido relacionado com o princípio da segurança jurídica. Confira-se a manifestação do Ministro Dias Toffoli (relator):

> Tenho, para mim, ser o caso de se **modularem** os efeitos da decisão.
>
> Como se sabe, não só o Estado de São Paulo, mas também diversas outras unidades federadas já editaram leis prevendo a cobrança do ITCMD nas hipóteses referidas no art. 155, § 1º, III, da Constituição Federal. (...)
>
> Só no Estado de São Paulo, a consequência da decisão, incluindo a projeção para os próximos cinco anos, será um **negativo impacto orçamentário de R$ 5.418.145.428,86**, em valores estimados, sendo que a maior parte dessa perda é reputada como imediata[454]. (g.n)

Sobre a segurança jurídica, o relator assim se pronunciou:

> Atente-se, de mais a mais, que **já houve algumas decisões proferidas no âmbito da Corte** nas quais foi reconhecida a possibilidade de os estados, com base na competência legislativa plena, editarem leis prevendo a cobrança do ITCMD sobre doações ou bens objetos de herança provenientes do exterior.
>
> Isso aconteceu, v.g., em casos advindos do Estado do Rio de Janeiro (AI no 805.043/RJ, Rel. Min. Ricardo Lewandowski, DJe de 25/6/10) e do próprio Estado de São Paulo (RE no 879.773/SP, Rel. Min. Roberto Barroso, DJe de 2/10/15).
>
> Embora a decisão proferida nesse último feito tenha sido, posteriormente, reconsiderada, com a determinação do retorno dos autos à origem para se aguardar o desfecho do julgamento do presente tema de repercussão geral, **não há dúvida de que esses julgados incutiram na mentalidade dos agentes públicos das unidades federadas, em algum grau, a ideia de que a tributação em tela seria sim legítima em face do texto constitucional**. (g.n)

[454] RE 851.108/SP, Relator Ministro Dias Toffoli, Tribunal Pleno, DJe 20/04/2021.

Ao final, prevaleceu a tese de modulação proposta pelo Ministro Luís Roberto Barroso (o que motivou o ajuste do voto do relator):

> Proponho a **atribuição à decisão de eficácia *ex nunc* a contar da publicação do acórdão em questão**, ressalvando as ações judiciais pendentes de conclusão até o mesmo momento, nas quais se discuta:
> (1) a qual Estado o contribuinte deve efetuar o pagamento do ITCMD, considerando a ocorrência de bitributação; e
> (2) a validade da cobrança desse imposto, não tendo sido pago anteriormente.

Caso 3) em relação ao Tema 490 da repercussão geral (RE 628075), o STF fixou a seguinte tese desfavorável aos particulares: "O estorno proporcional de crédito de ICMS efetuado pelo Estado de destino, em razão de crédito fiscal presumido concedido pelo Estado de origem sem autorização do Conselho Nacional de Política Fazendária (CONFAZ), não viola o princípio constitucional da não cumulatividade".

Esse entendimento, no entanto, foi de encontro à jurisprudência até então consolidada no âmbito do STJ, que impedia o estorno dos créditos apropriados pelos particulares no contexto da chamada "guerra fiscal"[455]. O posicionamento histórico do STF também protegia a confiança dos particulares que, durante anos, se valeram de benefícios fiscais que posteriormente foram declarados inconstitucionais[456].

455 O acórdão proferido no julgamento do AgInt no REsp n. 1535946/MG retrata, de maneira bastante clara, que o "Superior Tribunal de Justiça possui jurisprudência firme no sentido de que, nas operações interestaduais, não cabe ao estado de destino exigir do contribuinte a parte do ICMS que deixou de ser recolhido ao estado de origem em virtude da fruição de benefício fiscal não previamente autorizado pelo Confaz, uma vez que esse impasse federativo deve ser solucionado em ação própria perante a Suprema Corte, não sendo possível atribuir ao contribuinte a responsabilidade tributária pelos eventuais prejuízos à arrecadação decorrentes da denominada 'guerra fiscal'. (AgInt na Tut. Prov no REsp n. 1.667.143/RS, Rel. Ministro Gurgel de Faria, DJe 03/08/2018). No mesmo sentido: AgRg no RMS n. 44.350/MG (Rel. Ministro Benedito Gonçalves, DJe 03/12/2014); AgRg no REsp n. 1.312.486/MG (Rel. Ministro Humberto Martins, DJe 17/12/2012); RMS n. 31.714/MT (Rel. Min. Castro Meira, DJe 03/05/2011); REsp n. 1.125.188/MT (Rel. Min. Benedito Gonçalves, DJe 28/05/2010); e REsp n. 773.675/RS (Rel. Min. Luiz Fux, DJe 02/04/2007)". (AgInt no REsp n. 1535946/MG, Relator Ministro Herman Benjamin, DJe 19/04/2017)".

456 Nesse sentido: "A instituição de benefícios fiscais relativos ao ICMS só pode ser realizada com base em convênio interestadual, na forma do art. 155, §2º, XII, g, da CF/88 e da Lei

A expectativa dos contribuintes era, portanto, que houvesse modulação para se atribuir efeitos *ex nunc* ao acórdão relativo ao Tema 490/STF, a fim de que os Estados fossem impedidos de cobrar o ICMS decorrente do estorno dos créditos apropriados antes da mudança de orientação.

O Ministro Gilmar Mendes, na condição de relator, propôs a atribuição de efeitos *ex nunc* ao acórdão, mas apenas para impedir a lavratura de novos autos de infração relacionados ao período anterior à decisão do STF[457]. Na prática, isso permitiu que os Estados que já haviam lançado o

Complementar nº 24/75. (...). 3. A modulação dos efeitos temporais da decisão que declara a inconstitucionalidade decorre da ponderação entre a disposição constitucional tida por violada e os princípios da boa-fé e da segurança jurídica, uma vez que a norma vigorou por oito anos sem que fosse suspensa pelo STF. A supremacia da Constituição é um pressuposto do sistema de controle de constitucionalidade, sendo insuscetível de ponderação por impossibilidade lógica. 4. Procedência parcial do pedido. Modulação para que a decisão produza efeitos a contatar da data da sessão de julgamento". (ADI 4481, Relator Ministro Luís Roberto Barroso, Tribunal Pleno, DJe 19/05/2015).

"Concessão unilateral de benefício fiscal no âmbito do ICMS. Inconstitucionalidade. Precedentes. 7. Ação direta de inconstitucionalidade julgada procedente". Houve modulação para não prejudicar o particular que, durante anos, se valeram do incentivo fiscal cuja inconstitucionalidade foi declarada: "Há, portanto, razões de segurança jurídica e de interesse social a justificar a modulação dos efeitos no caso em exame para que a declaração de inconstitucionalidade produza efeitos a partir da data da publicação da ata de julgamento". (ADI 3796, Relator Ministro Gilmar Mendes, Tribunal Pleno, DJe 01/08/2017).

"INSTITUIÇÃO UNILATERAL DE BENEFÍCIO FISCAL RELATIVO AO ICMS. EXIGÊNCIA CONSTITUCIONAL DE PRÉVIO CONVÊNIO INTERESTADUAL (ART. 155, § 2º, XII, 'g', da CRFB/88). DESCUMPRIMENTO. RISCO DE DESEQUILÍBRIO DO PACTO FEDERATIVO. GUERRA FISCAL. PROCEDÊNCIA PARCIAL DO PEDIDO, COM EFEITOS EX NUNC". (g.n). (ADI 2663, Relator Ministro Luiz Fux, Tribunal Pleno, DJe 29/05/2017).

"*In casu*, padecem de inconstitucionalidade os dispositivos impugnados da Lei 10.259/2015 do Estado do Maranhão, porquanto concessivos de benefícios fiscais de ICMS sem atendimento à exigência constitucional (artigo 155, § 2º, XII, g). 3. Pedido de declaração de inconstitucionalidade julgado procedente, conferindo à decisão efeitos ex nunc, a partir da data do deferimento da medida cautelar ora confirmada (artigo 27 da Lei 9.868/99)". (g.n). (ADI 5467, Relator Ministro Luiz Fux, Tribunal Pleno, DJe 16/09/2019).

[457] Para tanto, se fez constar no acórdão que "a modulação de efeitos de decisão proferida tanto em controle concentrado quanto em controle difuso julgado sob a sistemática da repercussão geral é poder conferido ao STF, condicionado à presença de interesse social e à necessidade de garantir segurança jurídica aos jurisdicionados. Tal instituto busca evitar que a decisão proferida por esta Corte afete, de forma negativa e relevante, importantes valores sociais, especialmente os princípios da boa-fé e da confiança legítima, que, no caso, respaldam os atos praticados e o

imposto (antes da restabilização) pudessem dar continuidade aos atos de cobrança, frustrando, assim, as expectativas normativas dos particulares que pautaram suas condutas conforme os atos normativos concessivos do benefício fiscal, bem como na jurisprudência que assegurava tal direito até que fosse reconhecida a inconstitucionalidade dos referidos atos.

Nota-se que, neste caso, o STF permitiu que a segurança jurídica em relação aos particulares fosse concretizada *apenas parcialmente*, tendo em vista a preocupação do tribunal com as consequências que a modulação com efeitos *ex nunc* "amplos" (=inclusive para obstar a cobrança de valores já lançados) poderia causar em relação ao erário:

> É que os valores discutidos na presente ação são bilionários, o que pode levar, de um lado, uma empresa à falência ou, de outro, ao aumento do *déficit* público, nas já combalidas finanças estaduais. A título ilustrativo, cito a informação trazida pelo Estado de São Paulo, na condição de *amicus curiae*, o qual informa que, caso prevaleça a tese de que seria vedado o estorno proporcional de crédito de ICMS na presente hipótese, isso representaria

eventual tratamento favorável concedido aos contribuintes beneficiados com legislação estadual que concedeu crédito presumido ou fictício, até o presente julgamento. Tratando-se de ato normativo que vigeu e produziu efeitos, com a presunção de sua constitucionalidade pelos contribuintes do tributo, a situação enseja a necessária proteção das expectativas legitimamente criadas. Esse entendimento também foi aplicado por esta Corte no julgamento da ADI 4.481, Rel. Min. Luís Roberto Barroso, Dje 19.5.2015; e ADI 5.467, Rel. Min. Luiz Fux, Dje 16.9.2019. Neste último, o Ministro relator assentou que a modulação de efeitos da decisão proferida por esta Corte exerce a função de conciliar a validade e a cogência das normas constitucionais com a segurança jurídica dos contribuintes. Ademais, somente quando do julgamento da presente ação está se confirmando (ou proibindo, caso meu voto não prevaleça) o estorno proporcional de crédito de ICMS em razão de crédito fiscal presumido concedido por outro Estado; entendo que o momento mais adequado para que essa decisão produza efeitos é justamente a data de julgamento da presente ação", a fim de se evitar "o risco de que os Estados que não adotaram qualquer medida em relação ao estorno proporcional dos créditos assim o procedam com base no entendimento desta Suprema Corte, de forma retroativa aos últimos cinco anos. (...) Voto para conferir à decisão efeitos *ex nunc*, a partir da decisão do Plenário desta Corte, para que fiquem resguardados todos os efeitos jurídicos das relações tributárias já constituídas. Isto é, caso não tenha havido ainda lançamentos tributários por parte do Estado de destino, este só poderá proceder ao lançamento em relação aos fatos geradores ocorridos a partir da presente decisão". (RE 628075, Relator Ministro Edson Fachin, Relator p/ acórdão: Ministro Gilmar Mendes, Tribunal Pleno, DJe 01/10/2020).

> um risco de devolução de créditos na ordem de R$ 9 bilhões de reais apenas pelo referido Estado. (...)
>
> Enfim, penso que é pertinente fazer esse último registro, quanto às consequências deste julgamento, não como um elemento extrajurídico e, portanto, alheio a este momento, mas como uma questão que tem, sim, íntima conexão com o cerne do sistema tributário e com o papel institucional desta Corte. Deve-se especial atenção ao artigo 20 da Lei de Introdução às normas do Direito Brasileiro (LINDB), o qual expressamente determina que as consequências práticas das decisões judiciais sejam levadas em consideração pelo julgador.

Esses julgados revelam que os **argumentos consequencialistas** ligados ao ***déficit* orçamentário** têm sido considerados pelo STF para:

i) aplicar a modulação em favor do Estado, por meio da atribuição de efeitos *ex nunc* à restabilização, para impedir a repetição do indébito por aqueles que não ingressaram em juízo antes da mudança de orientação, e, cumulativamente, em alguns casos, para criar regra de transição, a fim de se permitir a continuidade da cobrança do tributo, por certo período, mesmo após a declaração de inconstitucionalidade; ou

ii) restringir a eficácia da modulação aplicada em favor dos particulares (como ocorreu em relação ao Tema 490/STF), para o fim de impedir a anulação de créditos tributários lançados pelas administrações fazendárias em período anterior à restabilização ocorrida em favor dos interesses do Estado.

Isso, no entanto, é problemático, pois provoca hipertrofia do Estado em detrimento das pessoas e do próprio sistema jurídico, que fica exposto à desdiferenciação social decorrente da *politização do direito*[458]. O princípio

[458] "os juízes e tribunais constitucionais (em sentido amplo) também têm o papel de reagir aos perigos da desdiferenciação (politização, economicismo, fundamentalismo religioso, cientificismo, corporativismo, moralismo, domínio da mídia etc.) e da negação da dupla contingência (a eliminação de alter por ego ou vice-versa) no processo de concretização constitucional". (NEVES, Marcelo. *Entre Hidra e Hércules*: princípios e regras constitucionais como diferença paradoxal do sistema jurídico. 3.ed. São Paulo: Editora WMF Martins Fontes, 2019, p. 169).

da segurança jurídica acaba sendo traduzido em *segurança orçamentária*, o que implica "expansão da racionalidade econômica em detrimento de outras racionalidades sociais"[459] e desprezo às expectativas normativas criadas pelos indivíduos. Esse tipo de atitude revela "tendência de desdiferenciação 'progressiva'"[460], e aos poucos o direito vai se diluindo no ambiente[461].

Ao admitir a entrada de informações políticas (como dados econômicos relacionados às finanças públicas), sem qualquer filtragem, o direito permite que interesses governamentais passem a reger a aplicação do código *lícito/ilícito*. Isso é corrupção sistêmica, que bloqueia a concretização constitucional; e como alerta Marcelo Neves, uma vez "bloqueada sistematicamente a concretização constitucional, é evidente que a linguagem constitucional (como linguagem do texto e sobre o texto da Constituição) não corresponde à orientação congruentemente generalizada de expectativas normativas", pois "o texto constitucional passa fundamentalmente a ser objeto do discurso político", por meio do qual os dirigentes do Estado buscam "persuadir de que estão identificados com a realização (futura) dos 'valores constitucionais'", quando, na verdade, nunca se sabe ao certo se tais valores serão ou não implementados[462-463]. **O direito deixa de ser sistema voltado à redução da complexidade social, e os**

[459] NEVES, Marcelo. *Entre Hidra e Hércules:* princípios e regras constitucionais como diferença paradoxal do sistema jurídico. 3.ed. São Paulo: Editora WMF Martins Fontes, 2019, p. 147.

[460] NEVES, Marcelo. *Entre Hidra e Hércules:* princípios e regras constitucionais como diferença paradoxal do sistema jurídico. 3.ed. São Paulo: Editora WMF Martins Fontes, 2019, p. 147.

[461] "a decisão tanto mais se justifica quanto maior for sua capacidade de impedir a hipertrofia de uma esfera social (econômica, política, midiática, científica, religiosa etc.), assim como de uma perspectiva de grupo, organização, pessoa ou ordem jurídica na compreensão do respectivo princípio". (NEVES, Marcelo. Entre Hidra e Hércules: princípios e regras constitucionais como diferença paradoxal do sistema jurídico. 3.ed. São Paulo: Editora WMF Martins Fontes, 2019, p. 169).

[462] NEVES, Marcelo. *A constitucionalização simbólica.* Editora WMF Martins Fontes, 2011, p. 133.

[463] Conforme Marcelo Neves, "a ineficácia no processo de concretização relaciona-se com o bloqueio da autoconsistência constitucional do direito por intrusões desdiferenciantes de variáveis sociais as mais diversas, como os fatores políticos (governo/oposição, poder/não poder), econômicos (ter/não ter), relacionais (amigo/inimigo), familiais (parente/não parente)". (NEVES, Marcelo. *Entre Hidra e Hércules:* princípios e regras constitucionais como diferença paradoxal do sistema jurídico. 3.ed. São Paulo: Editora WMF Martins Fontes, 2019, p. 144).

tribunais assumem o papel de resolver os problemas de dinheiro do Estado[464].

Embora os sistemas político e jurídico estejam estruturalmente acoplados pela Constituição, a verdade é que "a complexidade de um é desordem para o outro", sendo necessária a "constante ordenação jurídica de desordem política"[465]. Isso se dá pelos conversores internos do direito, que servem de "filtro" para que as informações do ambiente sejam processáveis pelos códigos e programas jurídicos. **Informações políticas não podem adentrar no sistema jurídico sem que antes sejam convertidas para *informações jurídicas sobre política*, sob pena de o direito operar com elementos que ultrapassam sua capacidade cognitiva.**

O STF tem modulado os efeitos de suas decisões para evitar problemas orçamentários decorrentes da *repetição de indébito*. Porém, isso bloqueia o estabelecimento de relações de confiança entre as pessoas e o direito, que acaba sendo visto como sistema voltado à mitigação das dificuldades financeiras do Estado (mesmo não estando o direito programado para lidar com esse tipo de situação). Isso aumenta ainda mais a complexidade social, pois as decisões jurídicas passam a ser marcadas pelo aspecto da incongruência. O direito, por se mostrar incapaz de cumprir sua função, tende à desdiferenciação, pois as expectativas normativas se mostram como elementos de uma estrutura jurídica debilitada e flexível.

De mais a mais, quando o instituto da modulação é utilizado para atribuir efeitos *ex nunc* à decisão que declara a inconstitucionalidade de norma tributária, e o faz para dispensar o Estado do dever de restituir o que arrecadou no passado, o Judiciário transforma os **riscos** das decisões tomadas no âmbito do sistema político em **perigo** para aqueles que

[464] Como afirmou André Borges Coelho de Miranda Freire, isso implica "lógica perversa e profundamente subversiva do Estado de direito de que, quanto mais inconstitucional a conduta estatal (nesse caso, quanto mais restringidas a liberdade e a propriedade dos contribuintes), maiores as chances de a conduta ficar sem reparação". (FREIRE, André Borges Coelho de Miranda. Modulação de Efeitos de Decisões Constitucionais do Direito Tributário Brasileiro: Especificidades e Limites. *Revista Direito Tributário Atual*, n.47, p. 27-51. São Paulo: IBDT, 1º semestre 2021. Quadrimestral, p. 47).

[465] NEVES, Marcelo. *Entre Têmis e Leviatã*: uma relação difícil: O Estado Democrático de Direito a partir e além de Luhmann e Habermas. São Paulo: Martins Fontes, 2006, p. 92.

foram afetados pela criação e cobrança do tributo inconstitucional[466]. E, conforme se demonstrou anteriormente, situações de perigo ameaçam a autonomia e credibilidade do direito.

Nem mesmo o chamado "interesse público" justifica a modulação com caráter consequencialista[467], como bem observou Roque Antonio Carrazza:

> Convém, neste ponto, afastarmos, de uma vez por todas, a superadíssima ideia de que o interesse fazendário (meramente arrecadatório) equivale ao interesse público.
>
> Em boa verdade científica, o interesse fazendário não se confunde nem muito menos sobrepaira o interesse público. Antes, subordina-se ao interesse público e, por isso, só poderá prevalecer quando em perfeita sintonia com ele.
>
> O mero interesse arrecadatório não pode fazer tábua rasa da igualdade, da legalidade, da anterioridade, enfim, dos direitos constitucionais dos contribuintes.
>
> Nem mesmo o objetivo, em tese louvável, de solucionar os "problemas de caixa" das pessoas políticas tem força bastante para subverter os princípios fundamentais do sistema constitucional tributário brasileiro, que deitam raízes, em última análise, no próprio princípio da segurança jurídica[468].

Problemas orçamentários devem ser tratados no interior do sistema político, por intermédio de sua autopoiese. A salvaguarda do erário, pelos tribunais, a partir da remissão do dever do Estado de restituir os particulares, incentiva o Estado a tomar decisões "erradas". De fato, o Judiciário acaba atuando como fonte indutora de comportamentos ilícitos praticados

[466] Conforme Luhmann, "os riscos que o decisor assume e tem de correr tornam-se um perigo para os afetados". No original: "the risks the decision maker takes and has to take become a danger for those affected". (LUHMANN, Niklas. Risk: a sociological theory. New York: de Gruyter, p. 107).

[467] Conforme Teresa Arruda Alvim, "o dogma de que o interesse público sempre deve prevalecer deve ser afastado, pois se baseia na falsa concepção de que os direitos fundamentais seriam 'direito privado' e nunca poderiam prevalecer sobre interesse público. São oponíveis contra o Poder Público e contra outros particulares, não devendo 'ceder' em nome de interesses públicos". (ALVIM, Teresa Arruda. *Modulação na alteração da jurisprudência firme ou de precedentes vinculantes.* 2.ed. rev., atual. e ampl. São Paulo: Thomson Reuters Brasil, 2021, p. 240).

[468] CARRAZZA, Roque Antonio. *Curso de Direito Constitucional Tributário.* 32.ed., rev., ampl. e atual. São Paulo: Malheiros, 2019, p. 418.

no âmbito da política, pois o Estado, ao saber de antemão que não terá que devolver o que cobrou indevidamente, não verá problema algum em criar ou majorar tributos sem observância aos limites constitucionais[469]. Prestigia-se, assim, o *venire contra factum proprium*, a imoralidade e a irresponsabilidade do agir político.

Insista-se no ponto que a modulação não pode afastar, por completo, as regras e princípios jurídicos que asseguram aos particulares o direito à repetição do indébito, pois isso significaria aplicar o instituto "em detrimento da força normativa da Constituição"[470]. Ademais, invocar "retoricamente um princípio em nome da justiça"[471] (como segurança jurídica, interesse público etc.), com o objetivo de afastar regras constitucionais e legais que resguardam o direito de propriedade dos indivíduos, fragiliza

[469] A esse respeito, cumpre destacar que o consequencialismo encontra óbice na própria análise econômica do direito (que, embora seja incompatível com a teoria dos sistemas, é muitas vezes utilizada para fundamentar decisões baseadas em consequências econômicas em relação ao Estado), pois estimula o Estado à prática de decisões orçamentárias "descuidadas" – e, portanto, dispendiosas sob o aspecto econômico. Veja-se, por exemplo, o que afirmou Richard Posner, defensor da análise do direito sob a óptica da economia: "o juiz (e, portanto, os advogados) não pode ignorar o futuro. Uma vez que qualquer decisão de direito constituirá um precedente, o juiz deve considerar o provável impacto de decisões alternativas sobre o comportamento futuro de pessoas que exerçam atividades que ensejem o tipo de acidente envolvido no caso que lhe foi submetido. Se, por exemplo, a sentença for concedida ao réu sob a alegação de que ele é um sujeito 'merecedor', embora descuidado, a decisão encorajará pessoas semelhantes a serem descuidadas, um tipo de comportamento dispendioso". No original: "The economic theory of law is the most promising positive theory of law extant". "Conversely, the judge (and hence the lawyers) cannot ignore the future. Since any ruling of law will constitute a precedent, the judge must consider the probable impact of alternative rulings on the future behavior of people engaged in activities that give rise to the kind of accident involved in the case before him.1 If, for example, judgment is awarded to the defendant on the ground that he is a "deserving," albeit careless, fellow, the decision will encourage similar people to be careless, a type of costly behavior. (...) The economic theory of law is the most promising positive theory of law extant. While anthropologists, sociologists, psychologists, political scientists, and other social scientists besides economists also make positive analyses of the legal system, their work is thus far insufficiently rich in theoretical or empirical content to afford serious competition to the economists". (POSNER, Richard. *Economic Analysis of Law*. Chicago: Wolters Klumer, 1986, p. 22; 24).

[470] NEVES, Marcelo. *Entre Hidra e Hércules:* princípios e regras constitucionais como diferença paradoxal do sistema jurídico. 3.ed. São Paulo: Editora WMF Martins Fontes, 2019, p. 191.

[471] NEVES, Marcelo. *Entre Hidra e Hércules:* princípios e regras constitucionais como diferença paradoxal do sistema jurídico. 3.ed. São Paulo: Editora WMF Martins Fontes, 2019, p. 191.

as estruturas do direito, que se auto-apresenta ao ambiente como sistema primariamente vocacionado "à acomodação de interesses concretos" do Estado, em detrimento da redução da complexidade social.

Igualmente incompatível com a função do sistema jurídico é a modulação que permite a continuidade da cobrança do tributo declarado inconstitucional[472] (ainda que por curto espaço de tempo). Isso afeta a coerência do sistema, e, como afirmou Chaïm Perelman:

> A condição indispensável ao funcionamento de tal sistema é a coerência, o fato de não se afirmar, dentro do sistema, uma proposição e sua negação. Com efeito, sem o respeito ao princípio de não-contradição, é impossível construir um sistema formal utilizável: se, entre os axiomas ou os teoremas do sistema se encontrassem uma proposição e sua negação, nada garantiria a verdade dos axiomas ou dos teoremas demonstrados, pois uma das proposições demonstradas, ou afirmadas verdadeiras, se mostraria falsa[473].

Cumpre destacar, ainda, que a análise econômica do direito é incompatível com o modelo luhmanniano, pois, como reconheceu Robert Cooter, "os economistas são especialistas em dois valores de política – eficiência e distribuição", sendo que ambos estão fora da capacidade cognitiva dos sistema jurídico[474].

[472] Como afirma Humberto Ávila, "Toda manutenção de efeitos passados de leis inconstitucionais envolve um 'contrassentido': como a norma constitucional, que deveria ter sido respeitada, foi violada, mas os efeitos da violação não foram desencadeados, a transgressão constitucional é, ainda que indiretamente, incentivada, pela ausência de consequências decorrentes da violação. (...) toda manutenção de efeitos de leis inconstitucionais envolve um conflito interno entre as dimensões temporais da própria segurança jurídica: mantém-se a segurança jurídica no passado, pela preservação da intangibilidade dos atos praticados ou dos efeitos produzidos, mas, ao mesmo tempo, restringe-se a segurança jurídica no futuro, pelo incentivo à prática de novo ato inconstitucional". (ÁVILA, Humberto. *Segurança Jurídica*: entre permanência, mudança e realização no Direito Tributário. São Paulo: Malheiros, 2011, p. 563).

[473] PERELMAN, Chaïm. *Ética e direito*. Tradução: Maria Ermantina Galvão. São Paulo: Martins Fontes, 1996, p. 423.

[474] Citação completa: "Explicamos que os economistas são especialistas em dois valores de política – eficiência e distribuição. As apostas na maioria das disputas legais têm valor monetário. Decidir uma disputa legal quase sempre envolve a alocação de interesses entre as partes. A decisão sobre quanto das apostas cada parte recebe cria incentivos para o comportamento futuro, não apenas para as partes dessa disputa, mas também para todos que estão em situação

Além disso, a análise econômica do direito implica "i) **rejeição da autonomia do Direito perante a realidade social e econômica**; ii) utilização de métodos de outras áreas do conhecimento, tais com economia e filosofia; iii) crítica à interpretação jurídica como interpretação conforme precedentes ou o direito, sem referência ao contexto econômico e social[475]" (g.n.) – características inconciliáveis com a visão do direito como sistema autônomo especializado na produção de comunicação jurídica.

As decisões judiciais consequencialistas também interferem na autopoiese do sistema da política; afinal, a dispensa do dever de restituição beneficia o grupo ocupante do poder, que é colocado em situação de vantagem no jogo político que envolve o código *governo/oposição*. Os recursos financeiros "economizados" poderão ser investidos em programas políticos voltados à captação de votos, e assim o direito interfere no funcionamento da democracia e na alternância do poder. O sistema econômico também não fica imune às influências do consequencialismo, pois a preocupação do Judiciário com a segurança financeira do Estado (em

semelhante". No original: "We explained that economists are experts on two policy values –efficiency and distribution. The stakes in most legal disputes have monetary value. Deciding a legal dispute almost always involves allocating the stakes between the parties. The decision about how much of the stakes each party gets creates incentives for future behavior, not just for the parties to this dispute but also for everyone who is similarly situated". (COOTER, Robert. Law and economics. Boston: Pearson Education, Inc., 2012, p. 7).

475 SILVEIRA, Paulo Antônio Caliendo Velloso da. *Direito tributário e análise econômica do Direito: uma visão crítica*. Rio de Janeiro: Elsevier, 2009, p. 13. Mais adiante, o autor destaca que "a análise econômica do Direito em sentido descritivo trata da aplicação de conceitos e métodos não jurídicos no sentido de entender a função do Direito e das instituições jurídicas. Tais como: a aplicação da teoria dos jogos ou da teoria das escolhas públicas (public choice). Há, por outro lado, a análise econômica do Direito que pretende não apenas descrever o Direito com conceitos econômicos, mas encontrar elementos econômicos que participam da regra de formação da teoria jurídica. Desse modo, os fundamentos da eficácia jurídica e mesmo da validade do sistema jurídico deveriam ser analisadas tomando em consideração valores econômicos, tais como a eficiência, entre outros. Estas duas escolas são denominadas de concepção positiva (positive) e normativa (normative) do direito e economia. A teoria positiva tenta explicar o direito, sua eficácia e como as normas jurídicas podem ser consideradas como sendo eficientes. A teoria normativa, por outro lado, tenta determinar o que deve ser do direito a partir da análise da realidade". (SILVEIRA, Paulo Antônio Caliendo Velloso da. *Direito tributário e análise econômica do Direito: uma visão crítica*. Rio de Janeiro: Elsevier, 2009, p. 15).

detrimento da confiança das pessoas – físicas e jurídicas) abre caminho à fuga de investimentos e de empresas para o exterior.

É certo que o direito não deve ignorar as consequências de suas decisões em relação ao ambiente, pois, conforme se demonstrou no capítulo primeiro, a autopoiese do sistema jurídico depende tanto do fechamento operacional como da abertura cognitiva. Mas deve haver "filtragem" dos argumentos consequencialistas pelos conversores internos do direito, para que o código *lícito/ilícito*, que opera apenas com programas condicionais, tenha condições de compreendê-los, processá-los e compatibilizá-los com as expectativas normativas estabilizadas a partir de princípios e regras. Como bem observou Celso Campilongo, é necessário que se tenha "menos de politização ou de mercantilização do direito e mais, simplesmente, de aplicação do próprio direito"[476].

Não se pode esquecer que o direito deve olhar *egoisticamente* para si. Em razão disso, merecem especial atenção as consequências que possam pôr em xeque a diferenciação do sistema jurídico. Ou seja: o Judiciário deve observar as consequências das suas decisões com vistas à manutenção da autonomia do direito.

É importante que os tribunais auto-observem as fronteiras da capacidade cognitiva do sistema que integram; afinal, "ter clareza dos limites do direito é o melhor caminho para maximizar sua eficiência"[477]. Eficiência, para a sociedade, é capacidade de redução da complexidade social. O direito somente terá espaço na sociedade como sistema autônomo e autorreferencial enquanto for capaz de produzir comunicação jurídica por intermédio do seu código e dos seus programas.

[476] CAMPILONGO, Celso Fernandes. *Direito e diferenciação social*. São Paulo: Saraiva, 2011, p. 103.

[477] CAMPILONGO, Celso Fernandes. *Direito e diferenciação social*. São Paulo: Saraiva, 2011, p. 105.

CONCLUSÕES

A sociedade é um conjunto (hiper)complexo de comunicações, e os sistemas surgem para reduzir, para níveis toleráveis, a complexidade social "insuportável".

Nesse contexto, ao direito é atribuída uma função que compete somente a ele desempenhar: reduzir a complexidade através da produção de comunicação jurídica, de modo a generalizar e estabilizar, congruentemente, expectativas normativas. Essa função é desempenhada pela aplicação do código lícito/ilícito, conforme os programas do sistema jurídico (Constituição e leis).

O sistema jurídico é dividido internamente em periferia e centro. Na periferia estão os programas do direito (a Constituição, no sentido de "texto", as leis os decretos etc.), com base nos quais a sociedade cria expectativas normativas. Caso haja conflito de entendimentos sobre o que é lícito e ilícito, competirá aos tribunais, que integram o centro do sistema, decidir qual é a expectativa jurídica que efetivamente integra as estruturas do direito.

Cumpre destacar, ainda, que os tribunais atuam ativamente na autopoiese do sistema jurídico, pois as suas decisões têm força normativa para orientar não apenas as partes envolvidas numa disputa judicial, mas, também, a sociedade e o seu ambiente (sistemas e pessoas). Isso fica muito claro quando se observam as decisões proferidas no controle de constitucionalidade (concentrado e difuso) e nos recursos julgados sob a sistemática da repercussão geral (STJ) e dos repetitivos (STJ).

O processo de concretização do direito envolve a atuação dos tribunais na construção do caso e na construção da norma de decisão, que é resultado da aplicação dos princípios e regras que, por sua vez, são interpretados a partir dos textos normativos e com observação das reflexões da dogmática.

Nesse cenário, a norma de decisão, ao solucionar o caso, de duas uma: *ou* confirma expectativa normativa já existente nas estruturas do direito (=estabilização) *ou* muda a pauta de conduta estabilizada pelo direito no passado (=restabilização). O direito evolui com a restabilização, que decorre da seleção de variação, ou seja, da eleição, entre as comunicações jurídicas apresentadas na cadeia argumentativa, da comunicação desviante do padrão de reprodução comunicativo do sistema (=seleção do argumento desviante das expectativas normativas estabilizadas).

Mas a evolução do direito deve ocorrer com respeito à memória normativa do sistema (=história), em respeito à confiança que o sistema jurídico precisa para manter sua diferenciação social. Por essa razão, sempre que houver mudança de expectativas normativas relacionadas ao direito tributário, e essa alteração ocorrer por obra dos tribunais, deve haver modulação para o fim de afastar as pessoas e os sistemas de situações de perigo causadas pelo sistema jurídico: para o Estado, por meio do estabelecimento de regra de transição; para os particulares, através da atribuição de efeitos *ex nunc*.

A não modulação nas circunstâncias em que tal medida é indispensável, ou na "dose errada" (por exemplo: atribuição de efeitos *ex nunc* para favorecer ao Estado, com fundamento em argumentos "consequencialistas"), frustrará a confiança que as pessoas ou os demais sistemas sociais depositam no sistema jurídico, o que, por seu turno, ameaça a própria existência do direito como sistema social autônomo no âmbito da sociedade.

REFERÊNCIAS

AITH, Fernando. *Reflexões sobre o Princípio da Legalidade na Ciência do Direito contemporâneo*. Revista de Direito Sanitário. v.5. n.3. nov. 2004.

ALEXY, Robert. *Teoria dos Direitos Fundamentais*. Trad. Virgílio Afonso da Silva. 2.ed. São Paulo: Malheiros, 2011.

ALVIM, Teresa Arruda; DANTAS, Bruno. *Recurso especial, recurso extraordinário e nova função dos tribunais superiores*: precedentes no direito brasileiro. 6.ed. rev., atual. e ampl. São Paulo: Thomson Reuters Brasil, 2019.

ALVIM, Teresa Arruda. *Modulação na alteração da jurisprudência firme ou de precedentes vinculantes*. 2.ed. rev., atual. e ampl. São Paulo: Thomson Reuters Brasil, 2021.

AMADO, Juan Antonio Garcia. *La Filosofía del Derecho de Habermas y Luhmann*. Serie de Teoría Jurídica y Filosofía del Derecho, n.5. Colombia: Universidad Externado de Colombia, Kindle.

ARENDT, Hannah. *Eichmann em Jerusalém* - Um relato sobre a banalidade do mal. Trad. José Rubens Siqueira. São Paulo: Companhia das Letras, 1999.

ATALIBA, Geraldo. *República e Constituição*. 2.ed. atualizada por Rosolea Miranda Folgosi. São Paulo: Malheiros, 2007.

ÁVILA, Humberto. Princípios e Regras e a Segurança Jurídica. In *Revista de Direito do Estado*, ano 1, nº 1, jan/mar/2006.

________. *Segurança Jurídica*: entre permanência, mudança e realização no Direito Tributário. São Paulo: Malheiros, 2011.

________. *Teoria dos Princípios*: da definição à aplicação de princípios jurídicos. 17. ed. São Paulo: Malheiros. 2016.

BACHUR, João Paulo. *Capitalismo e diferenciação funcional*: rupturas e continuidades entre Marx e Luhmann. In *Teoria crítica dos sistemas:* crítica, teoria social e direito. Org. Lucas Fucci Amato; Marco Antonio Loschiavo Leme de Barros Porto Alegre: Editora Fi, 2018.

BARALDI, Von Claudio; CORSI, Giancarlo; ESPOSITO, Elena. GLU: *Glossar zu Niklas Luhmanns Theorie sozialer Systeme.* Redaktion: Johannes F. K. Schmidt. Frankfurt: Suhrkamp, 1997.

BARROS, Marco Antonio Loschiavo Leme de. Precedentes segundo a teoria dos sistemas de Niklas Luhmann: elementos para reconsiderar a crítica do distanciamento do *common law* e do *civil law*. In *Revista Arquivo Jurídico da UFPI.* vol.2, n.2, Teresina, Piauí, Jul./Dez. de 2015.

BAUMAN, Zygmunt. *Modernidade e ambivalência.* Trad. Marcus Penchel. Rio de Janeiro: Zahar, 2014.

BECKER, Alfredo Augusto. *Teoria Geral do Direito Tributário.* 7.ed. São Paulo: Noeses, 2018.

BENTHAM, Jeremy. Uma introdução aos princípios da moral e da legislação. In *Coleção Os Pensadores* – história das grandes ideias do mundo ocidental. São Paulo: Abril, 1974.

BERTALANFFY, Ludwig Von. *Teoria Geral dos Sistemas. Fundamentos, desenvolvimento e aplicações.* Tradução de Francisco M. Guimarães, 3 ed., Petrópolis, RJ: Vozes, 2008.

BORGES, José Souto Maior. Princípio da Segurança Jurídica na criação e aplicação do tributo. In: *Revista de Direito Tributário,* n. 63. São Paulo: Malheiros, 2003.

BRASIL. *Constituição da República Federativa do Brasil.* Brasília, DF: Senado Federal: Centro Gráfico, 1988.

_______. Decreto-Lei nº. 4.657, de 4 de setembro de 1942. *Lei de Introdução às Normas do Direito Brasileiro.* Disponível em http://www.planalto.gov.br/ccivil_03/decreto- lei/Del4657compilado.htm. Acesso em: 24 ago. 2021.

_______. Lei nº 13.105, de 16 de março de 2015. *Institui o Código de Processo Civil.* Diário Oficial da União, Brasília, DF, 17 março 2015.

_______. Lei nº9.868, de 10 de novembro de 1999. *Dispõe sobre o processo e julgamento da ação direta de inconstitucionalidade e da ação declaratória de constitucionalidade perante o Supremo Tribunal Federal.* Disponível em: http://www.planalto.gov.br/ccivil_03/leis/l9868.htm. Acesso em: 12 jun. 2022.

BRASIL. Superior Tribunal de Justiça. *AgInt na Tut. Prov no REsp n. 1.667.143/RS.* Relator Ministro Gurgel de Faria, DJe 03/08/2018.

_______. *AgInt no REsp n. 1.535.946/MG.* Relator Ministro Herman Benjamin, DJe 19/04/2017.

_______. *AgRg no AREsp n. 692.987/RN.* Relator Ministro Benedito Gonçalves, DJe de 16/2/2022.

_______. *AgRg no REsp n. 1.312.486/MG.* Relator Ministro Humberto Martins, DJe 17/12/2012.

_______. AgRg no RMS n. 44.350/MG. Relator Ministro Benedito Gonçalves, DJe 03/12/2014.

BRASIL. Supremo Tribunal Federal. *ADI 2663/RS*. Relator Ministro Luiz Fux, DJe 29/05/2017.

________. *ADI 3796/PR*. Relator Ministro Gilmar Mendes, DJe 01/08/2017.

________. *ADI 4481/PR*. Relator Ministro Luís Roberto Barroso, DJe 19/05/2015.

________. *ADI 5467/MA*, Relator Ministro Luiz Fux, DJe 16/09/2019.

________. *ADI no 5.464/DF*. Relator Ministro Dias Toffoli, DJe 28/10/2021.

________. *ADPF 786/DF*. Relator Ministro Alexandre de Moraes, DJe 10/02/2021.

________. *AgR no AI 603.537/SE*. Relator Ministro Eros Grau, DJe 30/03/2007.

________. *AgR no AI 710.361/MG*. Relatora Ministra Cármen Lúcia, DJe 08/05/2009.

________. *AgR no AI 712.880/MG*. Relator Ministro Ricardo Lewandowski, DJe 19/06/2009.

________. *AgR no RE 255090/RS*. Relator Ministro Ayres Britto, DJe 07/10/2010.

________. *AgR no RE 255682/RS*. Relator Ministro Carlos Velloso, DJe 10/02/2006.

________. *AgR no RE 412045/PE*. Relator Ministro Ayres Britto, DJe 17/11/2006.

________. *AgR no RE 501773/SP*. Relator Ministro Eros Grau, DJe 14.08/2008.

________. *AgR no RE 550170/SP*. Relator Ministro Ricardo Lewandowski, DJe 03/08/2011.

________. *AgR no RE 615595/DF*. Relator Ministro Ricardo Lewandowski, Dje 04/05/2011.

________. *AgR no RE 627844/RJ*. Relator Ministro Celso de Mello, Dje 12/11/2012.

________. *AgR no RE 643525/RS*. Relator Ministro Dias Toffoli, Dje 26/04/2013.

________. *AgR RE 587.941/SC*. Relator Ministro Celso de Mello, DJe 22/11/2008.

________. *AgRg na Reclamação 30003/SP*. Relator Ministro Roberto Barroso, DJe 13/06/2018.

________. *ED em RE 574706/PR*. Relatora Ministra Cármen Lúcia, DJe 12/08/2021.

________. *RE 1287019/DF*. Relator Ministro Dias Toffoli, DJe 25/05/2021.

________. *RE 556664/RS*. Relator Ministro Gilmar Mendes, DJe 13/11/2008.

________. *RE 593849/MG*. Relator Ministro Edson Fachin, DJe 21/10/2016.

________. *RE 628075/RS*. Relator Ministro Gilmar Mendes, DJe 01/10/2020.

________. *RE 723651/RS*. Relator Ministro Marco Aurélio, DJe 05/08/2016.

________. *RE 79343/BA*. Relator Ministro Leitão de Abreu, DJe 02/09/1977.

________. *RE 851.108/SP*. Relator Ministro Dias Toffoli, DJe 20/04/2021.

________. *REsp n. 1.125.188/MT*. Relator Ministro Benedito Gonçalves, DJe 28/05/2010.

________. *REsp n. 1.396.488/SC*, Relator Ministro Humberto Martins, DJe de 17/03/2013.

________. *REsp n. 773.675/RS*. Relator Ministro Luiz Fux, DJe 02/04/2007.

________. *RMS n. 31.714/MT*. Relator Ministro Castro Meira, DJe 03/05/2011.

BÜLLESBACH, Alfred. Princípios da teoria dos sistemas. In *Introdução à Filosofia do Direito e à Teoria do Direito Contemporâneas*. Org. A. Kaufmann e W. Hassemer. Trad. Marcos Keel. rev. e coord. António Manuel Hespanha. Lisboa: Fundação Calouste Gulbenkian, 2002.

CABRAL, Antonio do Passo. *Segurança Jurídica e Regras de Transição nos Processos Judicial e Administrativo*: introdução ao art. 23 da LINDB. 2.ed., rev., atual. e ampl. Salvador: Juspodivm, 2021.

CAMPILONGO, Celso Fernandes. *Política, sistema jurídico e decisão judicial*. 2.ed. São Paulo: Saraiva, 2011, p. 67.

_______. *Direito e diferenciação social*. São Paulo: Saraiva, 2011.

CANARIS, Claus W. *Pensamento sistemático e conceito de sistema na ciência do direito*. Introdução e tradução de A. Menezes Cordeiro. 3.ed. Lisboa: Fundação Calouste Gulbenkian, 2002.

CANOTILHO, José Joaquim Gomes. *Direito Constitucional e Teoria da Constituição*. 7.ed. Coimbra: Almedina, 2003.

CARRAZZA, Roque Antonio. *Curso de Direito Constitucional Tributário*. 32.ed., rev., ampl. e atual. São Paulo: Malheiros, 2019.

_______. FERRAZ JUNIOR, Tércio Sampaio. JUNIOR, Nelson Nery. *Efeito ex nunc e as decisões do STJ*. 2.ed. Barueri: Manole, 2009.

CARVALHO, Aurora Tomazini de. *Curso de Teoria Geral do Direito:* o constructivismo lógico-semântico. 2.ed. São Paulo: Noeses, 2010.

CARVALHO, Paulo de Barros. *Curso de Direito Tributário*. 30.ed. São Paulo: Saraiva, 2019.

_______. O Princípio da Segurança Jurídica em Matéria Tributária. In *Revista de Direito Tributário*, n.61, 2017.

COOTER, Robert. *Law and economics*. Boston: Pearson Education, Inc., 2012.

CORSI, Giancarlo. *GLU: Glosario sobre la teoría social de Niklas Luhmann*. México: Universidad Iberoamericana, 1996.

CRUZ E SILVA, Victor. A "justiça como equidade" de John Rawls e o problema da exigência. In *Acta Scientiarum, Revista de ciências humanas e sociais*, v. 41, 2019.

DAVID, René. *Os Grandes Sistemas do Direito Contemporâneo*. Trad. Hermínio A. Carvalho. 5.ed. São Paulo: Martins Fontes, 2014.

DERZI, Misabel Abreu Machado. *Modificações da Jurisprudência no Direito Tributário:* Proteção da confiança, boa-fé objetiva e irretroatividade como limitações constitucionais ao Poder Judicial de Tributar. São Paulo: Noeses, 2009.

DI PIETRO, Maria Sylvia Zanella. *Direito administrativo*. 30.ed. Rev., atual. e ampl. – Rio de Janeiro: Forense, 2017.

DWORKIN, Ronald. *Levando os Direitos a Sério*. Trad. Nelson Boeira. São Paulo: WMF Martins Fontes, 2010.

FERRAZ JR., Tércio Sampaio. Segurança jurídica e normas gerais tributárias. In: *Revista de Direito Tributário*, n.17/18. São Paulo: Malheiros, 1981.

________; MARANHÃO, Juliano Souza de Albuquerque. Função pragmática da justiça na hermenêutica jurídica: lógica do ou no direito? In *Revista do Instituto de Hermenêutica Jurídica: RIHJ*, Belo Horizonte, v. 1, n. 5, jan./dez. 2007.

________. *Conceito de Sistema no Direito: uma investigação histórica a partir da obra jusfilosófica de Emil Lask.* São Paulo: Revista dos Tribunais e Editora da Universidade de São Paulo: 1976.

________. *Introdução ao estudo do direito: técnica, decisão, dominação.* 11.ed. São Paulo: Atlas, 2019.

________. *Conceito de Sistema no Direito:* uma investigação histórica a partir da obra jusfilosófica de Emil Lask. São Paulo: Revista dos Tribunais e Editora da Universidade de São Paulo: 1976.

FOOT, Philippa. The problem of abortion and the doctrine of the double effect. In: *Virtues and Vices and Other Essays in Moral Philosophy*. Berkeley and Los Angeles: University of California Press, 1978, disponível em: https://philpapers.org/archive/FOOTPO-2.pdf. Acesso em: 12 jun. 2022.

FREIRE, André Borges Coelho de Miranda. Modulação de Efeitos de Decisões Constitucionais do Direito Tributário Brasileiro: Especificidades e Limites. In *Revista Direito Tributário Atual*, n.47, p. 27-51. São Paulo: IBDT, 2021.

GOLDSCHMIDT, Fabio Brun. *O princípio do não-confisco no Direito Tributário.* São Paulo: Revista dos Tribunais, 2003.

GONÇALVES, Guilherme Leite. *Teoria dos sistemas sociais*: direito e sociedade na obra de Niklas Luhmann. São Paulo: Saraiva, 2013.

GRAU, Eros R. *Ensaio e discurso sobre a interpretação e aplicação do direito.* 4. ed. São Paulo: Malheiros. 2006.

________. *O direito posto e o direito pressuposto.* 7.ed. São Paulo: Malheiros, 2008. Disponível em: https://openyls.law.yale.edu/bitstream/handle/20.500.13051/16338/56_94YaleLJ1395_1984_1985_.pdf?sequence=2. Acesso em: 13 mar. 2022.

GRUPENMACHER, Betina Treiger. *Eficácia e aplicabilidade das limitações constitucionais ao poder de tributar.* São Paulo: Editora Resenha Tributária, 1997.

________. *Tratados internacionais em matéria tributária e ordem interna.* São Paulo: Dialética, 1999.

JÚNIOR, Jorge Alberto de M. Acosta; CANTARINI, Paola; FILHO, Willis Santiago Guerra. Ocasionar da crítica: capitalismo como ecologia sistêmico-destrutiva e a imunização poético-erótica do direito. In: *Teoria crítica dos sistemas*: crítica, teoria social e direito. Org. Lucas Fucci Amato; Marco Antonio Loschiavo Leme de Barros Porto Alegre: Editora Fi, 2018.

KANT, Immanuel. *Crítica da Razão Pura.* Tradução e notas de Fernando Costa Mattos. 4.ed. Petrópolis, RJ: Vozes, 2015.

KING, Michael; THORNHILL, Chris. *Niklas Luhmann's theory of politics and law.* New York: Palgrave Macmillan, 2003.

LUHMANN, Niklas; BARRETT, Rhodes. *Organization and Decision*. Cambridge, United Kingdom; New York, NY: Cambridge University Press, 2018.

_______. DE GIORGI, Raffaele. *Teoria della società*. Milano: Franco Angeli, 1992.

_______. *A Nova Teoria dos Sistemas*. In Clarissa Baeta Neves e outra (coord.). Porto Alegre: Editora Universidade Federal do Rio Grande do Sul – Goethe Institut, 1977.

_______. A posição dos tribunais no sistema jurídico. In *Revista da Ajuris*, Porto Alegre, n. 49, jul. 1990.

_______. *Complejidad y modernidad*: de la unidad a la diferencia. Madrid: Editora Trotta, 1998.

_______. *Confianza*. México: Universidad Iberoamericana, 1996.

_______. *Das Recht der Gesellschaft*. Frankfurt: Suhrkamp, 1993.

_______. Deconstruction as Second-Order Observing. In *New Literary History*, vol. 24, n. 4, Papers from the Commonwealth Center for Literary and Cultural Change, 1993.

_______. *Die Gesellschaft der Gesellschaft*. Frankfurt: Suhrkamp, 2 Tomos, 1997.

_______. *El arte de la sociedade*. México: Herder, 2005.

_______. *Essays on self-reference*. New York: Columbia University Press, 1990.

_______. *Introduction to Systems Theory*. Translated by Peter Gilgen. Cambridge: Polity Press, 2013.

_______. *La economía de la sociedad*. México: Herlder, 2017.

_______. *La religión de la sociedad*. Madrid: Editorial Trotta, 2007.

_______. *La sociedad de la sociedad*. México: Editorial Herder, 2006.

_______. Legal Argumentation: An Analysis of Its Form. In *The Modern Law Review*, vol. 58, no. 3, 1995.

_______. *Legitimação pelo procedimento*. Trad. de Maria da Conceição Côrte-Real. Brasília: Editora Universidade de Brasília, 1980.

_______. *O direito da sociedade*. São Paulo: Martins Fontes, 2016.

_______. Operational closure and structural coupling: the differentiation of the legal system. In *Cardozo Law Rev.*, n.13, 1992.

_______. *Risk*: a sociological theory. New York: de Gruyter, 1998.

_______. *Sistema jurídico y dogmática jurídica*. Buenos Aires: Ediciones Olejnik, 2018.

_______. *Sistemas sociais*: esboço de uma teoria geral. Petrópolis, RJ: Vozes, 2016.

_______. Society, Meaning, Religion: Based on Self-Reference. In *Sociological Analysis*, v.46, n.1, 1985.

_______. Sociologia como teoria dos sistemas sociais. In SANTOS, José Manuel (org.). *O pensamento de Niklas Luhmann*. Universidade da Beira Interior, 2005.

_______. Sociologia como teoria dos sistemas sociais. In. *O Pensamento de Niklas Luhmann*. Org. José Manuel Santos. Covilhã: Serviços Gráficos da Universidade da Beira Interior, 2005.

________. Speaking and Silence. In *New German Critique*, No. 61, Special Issue on Niklas Luhmann, 1994.

________. Tautology and Paradox in the Self-Descriptions of Modern Society. In *Sociological Theory*, v.6, n.1, 1988.

________. *Teoría política en el estado de Bienestar*. Madrid: Alianza Editorial, 1993.

________. The Code of the moral. In: *Cardozo Law Review*, v.14, 1992.

________. *The Differentiation of society*. New York: Columbia University Press, 1982.

________. *The reality of the mass media*. Stanford: Stanford University Press, 2000.

________. The Third Question: The Creative Use of Paradoxes in Law and Legal History. In *Journal of Law and Society*, v.15, n.2, 1988.

________. *Trust and power*. Brisbane: Pitman Press, 1979.

________. *Vertrauen*: ein Mechanismus der Reduktion sozialer Komplexität. Stuttgart: Lucius und Lucius, 2000.

________. *Organización y decisión*. México: Universidad Iberoamericana. 2010.

MATURANA, Humberto R. VARELA, Francisco J. *A Árvore do Conhecimento:* as bases biológicas da compreensão humana. Tradução de Humberto Mariotti e Lia Diskin, São Paulo: Palas Athena, 2001.

MÁYNEZ, Eduardo García. *Filosofía del Derecho*. México: Porrua, 1980.

MELLO, Celso Antônio Bandeira de. *Curso de Direito Administrativo*. 32.ed. São Paulo: Malheiros, 2015.

MOTA, Rodrigo. Confiança e complexidade social em Niklas Luhmann. In *LURAL, Revista do Programa de Pós-Graduação em Sociologia da USP*, São Paulo, v.23.2, 2016.

MÜLLER, Friedrich. *Teoria Estruturante do Direito*. São Paulo: Revista dos Tribunais. 2008.

NEVES, Marcelo. *A constitucionalização simbólica*. Editora WMF Martins Fontes, 2011.

________. *Constituição e Direito na Modernidade Periférica*: uma abordagem teórica e uma interpretação do caso brasileiro. São Paulo: WMF Martins Fontes: 2018.

________. *Entre Hidra e Hércules*: princípios e regras constitucionais como diferença paradoxal do sistema jurídico. 3.ed. São Paulo: Editora WMF Martins Fontes, 2019.

________. *Entre Têmis e Leviatã:* uma relação difícil: o Estado Democrático de Direito a partir e além de Luhmann e Habermas. São Paulo: Martins Fontes, 2006.

PARSONS, Talcott. *El Sistema de las Sociedades Modernas*. Traducción de Agustín Contin. 2ª reimpresión. Ciudad de México: Editorial Trillas, 1987.

________. Psychology and Sociology. In GILLIN, John (Org.). *For Science of Social Man*. trad. de Gabriel Bolaffi. Nova York: The Macmillan Company, 1954.

________. *The social system*. London: Routledge, 1991.

PEDRON, Flávio Quinaud; OMMATI, José Emílio Medauar. *Teoria do Direito Contemporânea*. Belo Horizonte: Conhecimento Editora, 2020.

PEREIRA NETTO, Antonio Alves. *Modulação de efeitos em matéria tributária*: análise quanto aos fundamentos constitucionais e às possibilidades de aplicação. Rio de Janeiro: Lumen Juris, 2015.

PERELMAN, Chaïm. *Ética e direito.* Tradução: Maria Ermantina Galvão. São Paulo: Martins Fontes, 1996.

POSNER, Richard. *Economic Analysis of Law.* Chicago: Wolters Klumer, 1986.

RADBRUCH, Gustav. *Filosofia do Direito.* Trad. Prof. L. Cabral de Moncada. 6.ed. rev. e ampl – reimp. Coimbra: Arménio Amado Editor, 1997.

RIBEIRO, Diego Diniz. A modulação de efeitos no controle de constitucionalidade em matéria tributária e a jurisprudência do STF. In *Revista Dialética de Direito Tributário,* São Paulo, n. 178, jul. 2010.

RIBEIRO, Ricardo Lodi. *Temas de Direito Constitucional Tributário.* Rio de Janeiro: Lumen Juris, 2009.

SANTOS, José Manuel (org.). *O pensamento de Niklas Luhmann.* Covilhã: Serviços Gráficos da Universidade da Beira Interior, 2005.

________. A complexidade do mundo. In *O Pensamento de Niklas Luhmann.* Org. José Manuel Santos. Covilhã: Serviços Gráficos da Universidade da Beira Interior, 2005.

SARLET, Ingo Wolfgang. Do caso Lebach ao caso Google vs. Agência Espanhola de Proteção de Dados. *Revista Consultor Jurídico,* 5 de junho de 2015. Disponível em: https://www.conjur.com.br/2015-jun-05/direitos-fundamentais-lebach-google-vs-agencia-espanhola-protecao-dados-mario-gonzalez. Acesso em: 09 ago. 2021.

SICHES, Luis Recasens. *Tratado General de Filosofía del Derecho.* 19.ed. México: Editorial Porrúa, 2008.

SILVEIRA, Paulo Antônio Caliendo Velloso da. *Direito tributário e análise econômica do Direito: uma visão crítica.* Rio de Janeiro: Elsevier, 2009.

TEODOROVICZ, Jeferson. Modulação de efeitos e tributos inconstitucionais. In: DANTAS, José André Wanderley; ROSENBLATT, Paulo (Orgs.). *Direito tributário*: os 30 anos do Sistema Tributário Nacional na Constituição: estudos e homenagem a Ricardo Lobo Torres. Recife: editora dos Organizadores, 2018.

THOMSON, Judith J. The trolley problem. In: *The Yale Law Journal,* n.5, v.94, Issue 6, pp. 1395-1415, 1985.

USA. Supreme Court of The United States. *United States v. Davis et al.,* n. 18–431, decided June 24, 2019.

VALLE, Maurício Dalri Timm. *Os princípios constitucionais e regra-matrizes de incidência do imposto sobre produtos industrializados – IPI.* São Paulo: Noeses, 2016.

VIANA, Ulisses Schwarz. *Direito e Justiça em Niklas Luhmann*: complexidade e contingência no sistema jurídico. Porto Alegre: Sergio Antonio Fabris Editor, 2015.

VIEIRA, Jorge Albuquerque. Organização e Sistemas. In *Revista Informática na Educação*: Teoria & Prática. PG/E-UFRGS. vol.3. n.1, Setembro de 2000.

XAVIER, Alberto. *Os princípios da legalidade e da tipicidade da tributação.* São Paulo: RT, 1978.